国家级精品资源共享课程系列教材

U0906877

Biochemistry of Sports and Health

运动健康生物化学

主　编◎李裕和　翁锡全

编写组成员

主　　编　李裕和　翁锡全

编写人员（按姓氏笔画排序）

李裕和　何晓嫱　陈晓彬

林文弢　林洁如　孟　艳

徐国琴　翁锡全　黄丽英

广东高等教育出版社
Guangdong Higher Education Press
·广州·

图书在版编目（CIP）数据

运动健康生物化学/李裕和，翁锡全主编．—广州：广东高等教育出版社，2016.5（2021.7 重印）

（国家级精品资源共享课程系列教材）

ISBN 978-7-5361-5552-7

Ⅰ．①运…　Ⅱ．①李…　②翁…　Ⅲ．①运动生物化学-高等学校-教材　Ⅳ．①G804.7

中国版本图书馆 CIP 数据核字（2016）第 033329 号

YUNDONG JIANKANG SHENGWU HUAXUE

出版发行	广东高等教育出版社 社址：广州市天河区林和西横路 邮编：510500　营销电话：（020）87553335 http://www.gdgjs.com.cn
印　　刷	广州市怡升印刷有限公司
开　　本	787 毫米×1 092 毫米　1/16
印　　张	13.25
字　　数	330 千字
版　　次	2016 年 5 月第 1 版
印　　次	2021 年 7 月第 2 次印刷
定　　价	29.00 元

（版权所有，翻印必究）

前　言

人体健康是以身体化学组成的数量、功能及代谢状态的正常与否为基础，但是，随着生活水平的提高和科技高速向日常生活的渗透，大众在尽享现代文明成果的同时，由于体力活动（physical activity）或运动锻炼（exercise）不足导致的慢性病却急剧上升，故有人将体力活动不足引起疾病的这种状态称之为体力活动缺乏综合征或坐以待毙综合征（sedentary death syndrome），是一种现代生活“流行病”；而适宜的体力活动或运动则对于几乎所有慢性病的预防、治疗都有益处，运动是“免费”的良药，运动对健康是一种投资，是促进健康的一种重要手段和方法。但是，对于怎样运动才能促进健康，适宜运动又为何能调节机体代谢、维持机体平衡而达到强身健体的效果，其生化机制是什么等问题应该是科学指导运动锻炼的理论基础。然而，迄今为止，我国运动人体科学、运动保健与康复以及特殊教育等与运动健康促进相关的专业还没有一本专门关于运动健康生物化学的教材，因为现有运动生物化学教材的内容绝大多数都为竞技体育运动的内容，远远不能满足专业发展的需要，在这种大背景下，广州体育学院运动生物化学教学团队于2012年开始筹划编写针对运动健康相关专业的《运动健康生物化学》教材，期望该教材的编写、出版对运动人体科学学科理论建设和运动健康的促进与实践指导都有重要的意义。

本教材以“健康第一、科学运动”为理念，以“运动促进健康体适能生化平衡”为中心进行编写，教材除绪论外，分为九章。编写内容充分体现基础性、先进性和实用性。第一章介绍人体化学组成与健康的关系，在此基础上，第二、三章介绍运动时人体无氧和有氧代谢；第四、五章重点介绍运动健身保障生化基础和健康体适能的生化分析；第六章介绍运动调节代谢增进健康的生化效应；第七章介绍衰老的生化变化及运动延缓衰老的生化效应；第八章重点从生化角度探讨运动防治常见慢性病的方法；第九章介绍健康体适能的生化评价。本书可作为体育院校和师范院校运动人体科学、运动保健与康复、特殊教育、社会体育等专业的教材，也可供体育科研人员、健身教练及相关人员研习及参考。

本书由李裕和、翁锡全两位教授担任主编，编写人员还有林文弢教授、黄丽英教授、何晓嫱副教授、徐国琴副教授、孟艳副教授、林洁如助教和陈晓彬讲师。本书的编写前后花了3年时间，其间经过了多次的研讨、修改，并多方征求了同行专家学者的意见。感谢全体编者的努力和专家的宝贵建议，他们为教材的顺利完成倾注了大量的心血。由于是初次尝试，也限于编者的知识水平和经验，缺点和错误在所难免；同时，在编写过程中，教材中参考和引用了大量前人的著作和研究成果，我们尽量引注作者的名字和出处，以表尊重，但由于种种原因，引注又做不到完全和无遗漏。因此，期望同行和读者多提意见，以期再版时补充、修订。

主　编

2015年8月

目 录

绪 论

随着生活水平的提高，大众关注的重点逐渐从以往解决生存温饱的问题转变为如何有效提高健康水平而最终达到延年益寿的问题上来，“健康”已成为生存的第一要素。怎样才能促进健康，特别是怎样通过运动促进健康的问题不断使我们思索。人类的进化历程说明，只有劳作才能使人类具有强健的身躯并得以适应自然环境而发展。然而，现代社会的发展却使人类日常生活陷入了尴尬局面，那就是缺乏身体活动（physical activity）或运动锻炼（exercise）。人们业已知道，缺乏运动是许多慢性非传染疾病的危险因子，缺乏运动可增大肥胖、糖尿病、高血压和心脑血管疾病等的发病率而缩短健康寿命，而适当的身体活动则可减少慢性疾病的风险，延长健康寿命。鉴于运动锻炼对健康的重要性，2007 年美国学者提出了“Exercise is Medicine（EIM）”的观点，认为 EIM 是人类的健康处方。故此，我们需要运动。然而，怎样运动才能促进健康？适当运动又为何能调节机体代谢、维持机体平衡而达到强身健体的效果，其机制是什么？作为运动人体科学、运动康复、休闲体育和社会体育专业的学生，肩负着研究和指导大众科学运动的重任，通过学习运动健康生物化学，可以了解机体化学组成与健康之间的关系以及运动时物质和能量代谢变化的生化原理，从而树立科学运动的健康观，并为运动健身指导提供理论基础。

一、运动生物化学与健康促进

运动生物化学是生物化学的分支学科。运动生物化学就是从分子水平上研究运动对人体化学组成的影响以及运动时物质代谢和能量代谢的特点及规律与运动能力、身体机能及健康之间的关系的一门学科。化学组成是决定生物体生命的基础，而化学变化则是决定生命现象的本质。因此，在人体生命活动过程中，其物质组成及其生物功能、代谢与健康、体能关系密切。运动是人类生命活动形式之一。为探明运动对人体化学组成、结构及其变化的影响和健康与体能的关系，体育工作者应用生物化学原理、方法与技术对运动状态下人体内的物质化学变化及适应情况和身体健康效应做了大量的研究，形成了运动健康生物化学学科内容体系，并在运动健康促进中发挥重要的作用。

从发展的历史上看，运动生物化学是体育科学和生物化学结合的产物，它起源于 20 世纪 20 年代，在 20 世纪 40—50 年代得到较大的发展，在 20 世纪 60 年代成为一门独立学科，在20世纪80年代进入蓬勃发展时期。目前，运动生物化学已与其他生物化学学科的研究同步，其研究成果在运动训练和健康促进领域中得到广泛应用。

（一）运动中身体生化变化的早期研究

早期在研究肌肉收缩过程的生化变化时就涉及运动生物化学的问题，最早的研究可以追溯到1807年英国学者Berzelius关于肌肉收缩产生乳酸的研究，其后在1887年Chauveau报道了运动时血糖代谢的特点。20世纪20年代开始，相继有学者对不同运动状态下体内物质代谢和能量代谢的特点做了大量的研究，如1920年Meyerhof、1923—1925年Hill报道了乳酸生产与缺氧关系、肌糖原是乳酸的前提物质等。1928年Lohmann在研究肌肉收缩过程中能量释放的化学反应时，首次在肌肉的浸出物中发现了三磷酸腺苷（ATP）。而正式研究运动对机体的生化影响则始于1927年G. K. Enbden的有关运动能提高骨骼肌糖原和磷酸肌酸含量的研究报道，说明运动锻炼可以促进机体物质合成。因而可以认为，研究运动时物质和能量的代谢及其效应是运动生物化学的一个重要起点。

（二）运动生物化学与健康促进的研究和成果

第二次世界大战以后，生物化学研究技术的发展推动了运动生物化学的研究，尤其是苏联的雅科夫列夫等进行了较为系统的研究，并于1955年出版了第一本运动生物化学专著《运动生物化学概论》，初步建立了运动生物化学的学科体系。这一时期欧美也从血液分析研究运动对身体物质代谢影响的规律，特别是1962年Bergsttrom应用肌肉活检技术直接研究运动时骨骼肌物质代谢的特点，从而对肌肉运动时能量的储量、消耗、供能、代谢物的转变等有了更深入的了解，同时，运动生物化学在运动训练和健康指导实践中的应用也日益广泛和深入，出现了大量运动生物化学研究成果。在这种形势下，1968年在联合国教科文组织的国际体育科学和体育教育理事会（International Council of Sport Sciences and Physical Education，ICSSPE）的倡议下，成立了国际运动生物化学研究组（International Research Group on the Biochemistry of Exercise，IRGBE，网址：http://www.biochemistryofexercise.org/），并于同年在比利时的布鲁塞尔举办了第一届国际运动生物化学学术会议（International Biochemistry of Exercise Conference，IBEC），标志着运动生物化学学科的成熟，成为一门独立的学科。从1973年第二届国际运动生物化学学术会议以后每3年召开一届，至2015年共举行了16届（见表0－1），第16届IBEC于2015年9月5—7日在巴西圣保罗举行，大会主要包括6个议题：①肌肉代谢，主要内容有肌肉疲劳的历史和生化视角、疲劳的综合视角、疲劳的生化新见解；②运动与疾病；③肌肉的运动适应；④营养与运动；⑤肌萎缩和肥大与运动；⑥遗传与运动。另外，国际运动生物化学研究组还针对运动训练的生物化学生理生化问题举办了5次专题讨论会。当然，在其他国际学术会议中，如世界运动医学大会、奥林匹克科学大会等也涉及运动生物化学的研究内容。

另外，20世纪80年代以来，随着运动生物化学的迅猛发展，有关运动生物化学的教材和专著也陆续出版，如J. R. Poortmans的《运动生物化学原理》（*Principles of Exercise Biochemistry*，1st，1988；2nd，1993；3rd，2004），Wayne C. Miller的《运动和代谢适应的生物化学》（*The Biochemistry of Exercise and Metabolic Adaptation*，1992），Ron Maughan、Michael Gleeson、Paul L. Greenhaff的《运动和训练生物化学》（*Biochemistry of*

Exercise and Training, 1997), Atko Viru 和 Mehis Viru 的《运动训练的生化监控》(*Biochemical monitoring of sport training*, 2001), Ron Maughan 和 Michael Gleeson 的《运动能力的生化基础》(*The Biochemical Basis of Sports Performance*, 2004) 和 Vassilis Mougios 的《运动生物化学》(*Exercise Biochemistry*, 2006), Michael E. Houston 的《运动科学的生化原理》(*Biochemistry Primer for Exercise Science*, 2006) 以及 2010 年 Eric Newsholme 与 Anthong Leech 合作出版的《健康与疾病的功能生物化学》(*Functional Biochemistry in Health and Disease*), 还有就是 Donald MacLean 于 2011 年 3 月出版的《体育和运动科学的生物化学》(*Biochemistry for Sport and Exercise Science*)。

表 0－1　第 1～16 届 (1968—2015 年) 国际运动生物化学学术会议

届次	年份	地点	主题
1	1968	比利时布鲁塞尔	激烈运动时的身体变化
2	1973	瑞士马林津	长时间运动的代谢适应
3	1976	加拿大蒙特利尔	运动时的代谢调节
4	1979	比利时布鲁塞尔	运动时的激素调节
5	1982	美国波士顿	运动性疲劳
6	1985	丹麦哥本哈根	运动时生物化学基础与保持健康
7	1988	加拿大伦敦	运动机能提高的生化适应
8	1991	日本名古屋	医学和体育科学的结合
9	1994	苏格兰阿伯丁	肌肉收缩的生化
10	1997	澳大利亚悉尼	疲劳与代谢
11	2000	美国阿肯色州小石城	运动与衰老的分子观点
12	2003	荷兰马斯特里赫	运动健康效果的生物学基础
13	2006	韩国首尔	从骨骼肌信号到脂肪利用的关系
14	2009	加拿大安大略省奎尔夫	肌肉和分子代谢机制
15	2012	瑞典斯德哥尔摩	
16	2015	巴西圣保罗	

从历届国际运动生物化学学术会议和其他学术会议的主题可以归纳出运动生物化学研究的历程和当今运动生物化学的研究动向。运动生物化学研究始于了解运动时体内物质代谢的特点和规律，进而探讨运动对身体化学组成的影响及其运动生化适应，从而进一步明确运动训练提高运动能力的生化本质；随着现代生活方式的改变及其对健康的影响，从第 6 届国际运动生物化学学术会议起学者们开始关注运动促进健康的生化作用，紧接着几届会议均涉及运动锻炼与健康，甚至运动延缓衰老生化机制的研究。由此可

见，运动健康生物化学的研究成果日益丰富，其在科学训练和健康促进中的地位也日益重要，因此，可以说，运动健康生物化学是运动人体科学中的一门重要学科。

（三）我国运动生物化学与健康促进的研究与成果

我国运动生物化学的教学和研究始于20世纪50年代，当时主要是引进苏联的研究成果和理论，如运动时物质代谢过程和神经调节、超代偿理论和应用、运动素质的生化基础等。1959年北京体育学院首先开设“运动生物化学”课程，开展运动生物化学的教学工作，我国运动生物化学的研究工作也随之开始于20世纪50年代末。1979年体育科学学会成立后，在运动医学会中开设了运动生化和营养学组，2010年9月还成立了中国体育科学学会运动生理生化分会，并在成都体育学院召开首届年会。在历届的全国体育科学大会、运动医学学术会议及运动生理、生化学术会议中，运动生物化学都作为专门的学科组参加活动。

我国运动生物化学学者非常重视运动生物化学教材的建设，先后出版了体育院校系列和师范院校系列等教材，按出版时间顺序有体育院、系教材编审委员会的《运动生物化学》（人民体育出版社，1972，1983），全国高师体育系的《运动生物化学》（高等教育出版社，1986），冯炜权主编的《运动生物化学》（人民体育出版社，1990），许豪文的《运动生物化学概论》（华东师范大学出版社，1990），王永清、王元勋和郝盛发的《运动生物化学指南》（人民体育出版社，1990），张林、郑植友的《简明运动生物化学》（人民体育出版社，1990），冯炜权主编的《运动生物化学原理》（北京体育大学出版社，1995），许豪文、冯炜权和王元勋等的《运动生物化学》（高等教育出版社，1998），冯炜权的《运动训练的生物化学》（北京体育大学出版社，1998），林文弢主编的《运动生物化学》（人民体育出版社，1st，1999；2nd，2009），冯美云主编的《运动生物化学》（人民体育出版社，1999），徐晓阳的《运动生物化学》（广西师范大学出版社，2000），张爱芳主编的《实用运动生物化学》（北京体育大学出版社，2005），张蕴琨、丁树哲主编的《运动生物化学》（高等教育出版社，2006），谢敏豪、林文弢、冯炜权主编的《运动生物化学》（人民体育出版社，2008），以上是针对本、专科学生的教材；同时，针对研究生教学还出版了相关教材，如许豪文的《运动生物化学概论》（高等教育出版社，2001）和冯炜权等的《运动生物化学研究进展》（北京体育大学出版社，2007）。

广州体育学院历来给予运动生物化学课程高度重视，自1981年以来，运动生物学是体育教育、运动训练、民族传统体育、运动人体科学、社会体育、休闲体育、保健康复、特殊体育教育等专业的必修课程。1996年，广州体育学院运动生物化学课程被评为广东省重点课程，1999年《运动生物化学》教材，成为广东省“九五规划”重点教材出版，2003年建成广东省高校教学型运动生物化学重点实验室，2005年被评为广东省高校精品课程，2007年又被评为国家级精品课程。2003、2005和2007年在广州体育学院连续三次召开全国运动生物化学学术研讨会和运动生物化学实验技术培训班。

二、运动生物化学在健康促进中的作用

体适能与健康是随现代生活的发展而产生的学科，由于当代科学与技术的发展，机械化和自动化程度越来越高，人们体力活动减少、生活节奏加快、心理压力加剧、生活

水平提高而不注意合理膳食和运动不足等，导致文明病的出现，主要表现为代谢综合征，如肥胖、高血脂、糖尿病和高血压等亚健康状态和慢性疲劳综合征。在这种情况下，通过加强体育活动、合理营养，达到身心适应当前社会发展的要求，以充沛的精力、乐观的精神投入工作和各种业余活动，是当前社会发展的需要。目前，为提高健康水平的体适能运动随之兴起，有氧代谢运动是体适能与健康、人体增强体质的科学基础。因此，在运动生化研究中应加强研究有氧代谢运动与健康和体适能的关系；加强研究有氧代谢运动与减肥，防治高血脂、糖尿病和心血管病过程中的机理，发挥运动生化在全民健身中的作用。

运动生物化学为全民健身服务，首先应根据运动时的供能物质磷酸肌酸、糖、脂肪和蛋白质之间的相互关系，以及不同项目、不同生理负荷量和强度运动时各代谢基质间的关系，然后以健身运动时基质代谢特点制定运动处方；或者以身体成分和代谢的关系以选择确定单方、复方营养补充品的合理营养补充方法。再如有氧代谢运动是健身和康复的基础，如进行健身运动处方、控制体重和代谢综合征、糖尿病、高血脂、冠心病、亚健康状态和慢性疲劳综合征等的康复体育锻炼。

因此，在这种社会发展的大背景下，运动生物化学学科要为促进健康服务，还要大力开展体育活动和体力活动对提高健康水平的科学基础的研究，深入探讨纠正缺乏运动而危害健康并研究合理的、适应各种人群的运动处方。

三、运动生物化学在健康促进中的任务

运动生物化学的研究内容十分广泛。从总体来说，主要是以能量代谢为中心，深入研究体育运动对人体的影响，从而达到提高人体运动能力、促进身体健康、增强体质的目的。

（一）探讨运动维持人体化学组成平衡的作用及其与健康的关系

体育运动与人体化学组成的变化是相适应的，适应的本质是要符合提高运动能力和促进健康的要求，主要表现在两个方面。

1. 人体基本化学组成与健康

肌肉蛋白质是实现肌肉收缩的基本成分；肌糖原、肝糖原是运动时的主要能量来源；水和电解质是维持机体内环境相对稳定的主要成分；微量元素对某些特殊机能十分重要；脂肪在体内要保持适当的数量；身体化学成分的适应性改变还要适合于运动专项、性别、年龄、体质状况等。因此，目前在运动训练中增加肌肉收缩蛋白、健康人群减肥等，都是运动生化的热门课题。随着时间的推移，这些研究譬如人体与其他动物的化学组成基本一致，但他们之间的运动能力却存在很大的差别，如男子百米跑迄今最好成绩为9″58（2009 年 8 月 16 日德国柏林田径世锦赛牙买加运动员博尔特创造），而猎豹的最好成绩为6″13（美国动物园饲养的雌性猎豹“莎拉”创造），两者相差3″45，这种结果的产生肯定与其机体某些物质含量不同有关。另外，体力活动或运动训练（锻炼）可使机体化学组成及代谢发生适应性变化，从而提高健康水平、增强体质，并且可以提高运动能力；而缺乏体力活动或运动训练，则可能引起身体代谢紊乱而危害健康。当人体从静态转入运动时，体内的化学组成以及物质代谢将发生很大的变化。

2. 运动促进机体调节物质平衡与健康

机体调节物质主要是指酶、激素、某些氨基酸、多肽、微量元素、维生素等。运动可改善体内代谢调节功能，提高运动能力，促进健康，酶、激素、神经递质等调节物质都可适应体育运动对身体的要求，如力量和骨骼肌中肌酸激酶（CK）活性提高有关，血清皮质醇和睾酮升高可加速对运动调节的适应，随着运动员营养要求而增加微量元素（铁、锌、镁等）和维生素的供给，这些都是从化学组成适应提高运动能力的要求的重要问题。

（二）探讨运动时人体物质代谢和能量代谢的特点与健康关系

从生物化学角度来看，人体运动时能量代谢过程不单是以供氧为依据，而是以物质代谢和能量代谢为理论基础。无氧代谢过程主要是磷酸原代谢和糖酵解供能系统；有氧代谢运动时存在磷酸原代谢及糖、脂肪和蛋白质分解供能系统的代谢过程，并把供能系统分解为磷酸原系统、无氧糖酵解系统、糖有氧代谢系统和脂肪有氧代谢系统四个供能代谢系统，从而概括了不同运动方式和运动持续时间在运动时的供能特点，当然，在人体运动时或某一项目运动时，都不可能是单一供能系统供能，一定是以某一系统为主和其他系统参与供能。因此，怎样以物质代谢为基础深入研究运动时的基质代谢及供能特点、不同运动项目、不同运动方式、不同训练周期基质如何消耗、恢复与提高物质代谢和能量代谢间的协调性特征，为科学健身或运动康复和提高健康水平提供科学基础。

（三）探讨运动锻炼对体能及健康影响的生化作用

提高人体的运动能力，除遗传因素外，运动训练是决定性的因素。从运动生物化学的观点分析，人体的运动能力主要取决于人体各供能系统的供能能力：不同的运动项目，由于运动的特点不同，运动时所需的能量供应系统也不同。因此在训练时，应根据运动时供能系统的特点来选择训练的计划、制定训练方法。运动训练科学化的另一个难点是负荷强度的控制与评定问题。适宜的运动负荷，不仅可提高训练效果，更重要的是能提高人的身体机能，一般来说，同一运动负荷施加于不同的个体其反应是不同的。同一运动负荷在不同的时间、不同的环境，施加于同一个或者不同个体其反应都应该是不同的。因此，根据运动生物化学的原理，可根据不同个体对运动负荷的反应来制定运动处方安排合适的运动负荷。

健康与长寿是医学永恒的主题，也是体育的根本目的所在。生命在于运动，运动能否延年益寿，这是当前体育界研究的热题，也是运动生物化学研究的重要课题之一。适宜的体育锻炼，能促进身体健康，增强体质，这是无可非议的。然而，如果不注意锻炼方法，不控制锻炼强度、时间，不仅不能达到预期的目的，反而有害身体。因此，应根据人体能量供应的特点，指导体育锻炼。

四、运动健康生物化学的研究方法

运动健康生物化学研究的是机体内的化学成分，因此，其研究方法不同于其他学科。首先必须有研究的样本，如某些组织或血液等，其次是必须有一定的测试仪器。

（一）样本的采集

人体从事运动是通过骨骼肌的收缩与舒张来完成的。因此，最直接的是骨骼肌的生化变化，自从1962年伯格史特龙（Begerstrom）将临床中应用的肌肉活检法引入运动肌肉的研究中，肌肉活检法就成为运动生物化学研究的重要方法。在运动中骨骼肌产生的代谢产物（包括中间产物）会不断进入血液，而人体的尿液、汗液也与血液关系密切。因此，血、汗、尿液的生化分析也成为运动生物化学研究的主要方法。目前采用耳垂、指尖末梢血液分析运动中某些物质的变化已广泛应用于运动实践。

由于运动健康生物化学研究中人体实验样品的采集有限，大多只能采集到血液、尿液等创伤性小或无创伤的标本，因而限制了运动生物化学的研究。因此，在运动生物化学的研究中也采用动物实验，且大多采用大鼠和小鼠，通过一定的运动干预后可采集动物的各个组织器官的样品进行实验。实验动物在采集样品之前，还需进行一系列的实验操作，如实验动物的抓取、实验动物的麻醉、实验动物血液及组织器官样品的采集等多个操作步骤。

（二）化学物质的测定

运动中和运动后血液、汗水、尿液的化学变化是不能一眼看穿的，它需精密的仪器进行测量。目前，较常用的测定方法有化学测试方法和仪器分析法。

1. 化学测试方法

化学测试方法一般无须贵重仪器，但测定时间长，使用化学试剂较多。化学测试常根据化学反应的原理，用一种化学试剂与待测的物质产生反应，并生成某种络合物，而这种络合物会显示特定颜色，再根据其显色的程度进行测量，从而计算出待测指标的含量，如利用二乙酰一肟反应，就是根据血尿素在强酸的条件下与二乙酰一肟反应，生成红色化合物的原理进行的。

2. 仪器分析法

测定乳酸的化学方法很繁杂，所需时间较长，但如果用乳酸分析仪，则几十秒钟内就可显示测定的结果。测定磷酸原的含量往往需采用肌肉活检法，利用核磁共振仪，则无须取运动员的骨骼肌。然而仪器分析法除需昂贵的仪器外，还需要一定的环境和掌握仪器的操作方法。目前，许多仪器均趋于简单化，如袖珍式乳酸分析仪只有小型计算器大小，尿液分析仪体积也很小，这些携带方便的仪器，在运动生物化学研究普及中起了重要的作用。

五、运动健康生物化学的学习方法

运动健康生物化学在内容上着重介绍运动对人体化学组成的影响以及运动时人体物质代谢和能量代谢的特点与规律，并在此基础上研究运动锻炼和体育健身的科学方法与效果的评定。因此，全面了解生物化学的基本内容是学习运动健康生物化学的基础。

在学习方法上，首先要掌握“知识点”，即先要掌握人体的化学组成以及“运动”状态时其变化的基本知识；其次，要掌握物质和能量代谢的特点与规律，并以运动时的能量代谢为主线，将各“知识点”贯串起来，才能充分理解不同运动状态下能量代谢的联系性和主次性以及以此制定的训练、锻炼计划，选择和发展不同性质的运动项目、锻炼目的及训练方法的理论。因此，学习运动健康生物化学时不应机械地、静止和孤立地对待每个问题，而必须特别注意它们的相互联系、相互制约以及发展变化，自觉地运用辩证的观点来学习和分析问题。

另外，还要理论联系实际，通过实验与实践环节加强对理论的理解。因为运动时机体的物质变化特点和规律都可以通过实验来验证。学生可通过教学基础实验、开放综合性实验和设计性实验验证和应用运动健康生物化学的理论知识，使运动生化与运动实践相结合，达到强化理论联系实际，提高运动生化原理评价和运动实践的应用能力。

在学习手段上要充分利用多媒体和网络资源，本课程为国家级精品资源共享课程（https://www.icourses.cn/coursestatic/courses_6988）和国家级精品课程（http://jpkc.gipe.edu.cn/sh/index.asp），其网络学习资源比较全面，包括教学大纲、教学进度、章节教学录像、授课教案、课堂课件、课程实验、学习指南、课外资源、在线测验、网上答疑等，学生可根据教学进度进行预习、自习和复习，并就学习中的问题通过网络与同学、教师进行交流和探讨。

本章小结

运动生物化学就是从分子水平上研究运动对人体化学组成的影响以及运动时物质代谢和能量代谢的特点及规律与运动能力、身体机能及健康之间的关系的一门学科。本章概括性地从运动生物化学的学科发展和研究内容简要介绍运动生物化学与健康促进的关系，并提出运动健康生物化学在运动健康中的主要研究内容，包括：①探讨运动维持人体化学组成平衡的作用及其与健康的关系；②探讨运动时人体物质代谢和能量代谢的特点与健康的关系；③探讨运动锻炼对体能及健康产生影响的生化作用。同时介绍了运动健康生物化学的研究方法和程序，运动健康生物化学研究时首先必须收集研究样本，如某些组织或血液等，并进行处理，然后采用仪器对样品成分和含量进行分析。

为了帮助运动人体科学和康复保健专业学生更好地学习运动健康生物化学，本章还对学生提出了以掌握人体的化学组成以及“运动”状态时的变化的基本知识；其次，要掌握物质和能量代谢的特点与规律，并以运动时能量代谢为主线，将各“知识点”贯串起来，才能充分理解不同运动状态下能量代谢的联系性和主次性以及以此制定的训练、锻炼计划，选择和发展不同性质的运动项目和锻炼目的训练方法的理论。此外，在学习运动健康生物化学中还要理论联系实际，通过实验与实践环节加强对理论的理解。

思考与练习

1. 解释运动生物化学的概念，并简述学习运动生物化学对运动健康促进的指导作用。
2. 简述运动健康生物化学的研究任务。
3. 简述运动健康生物化学的研究方法。

第一章

人体化学组成

人类生命活动的本质就是物质代谢过程，在人体复杂的化学组成中，蛋白质是细胞的基本结构物质，核酸是遗传的物质基础，两类生物信息大分子都是生命的重要物质基础和存在形式。糖类、脂类是人体运动时能量的主要来源。水、无机盐、维生素的含量及其代谢平衡对人体正常的生理功能和运动起着重要作用。酶和激素是人体各种代谢过程的重要调节物质。生命活动及运动过程中人体化学组成均呈动态平衡状态，当任何一种化学组成物质含量发生变化时，均会引起健康及身体机能状态的变化。

第一节 人体化学组成概述

人体的身体健康状态及身体机能、体能水平都是由身体化学组成的数量、结构、功能及其代谢状态决定的，任何化学组成的数量、结构出现变化，功能及代谢状态出现异常，均会引起身体机能的减退，甚至出现疾病。如体脂过高会引起肥胖，继而导致高血脂、动脉粥样硬化、高血压和脂肪肝等疾病的发生。适宜的运动能优化机体的化学组成，使身体更适应于健康和运动的需要。

一、人体基本化学组成

自然界的任何生物体都由一定的物质构成，人体也不例外。从生物化学角度来讲，人体化学组成从原子水平上来讲主要由碳（C）、氢（H）、氧（O）等元素组成，从分子水平上来讲主要由蛋白质、脂肪、糖、水、核酸、维生素和无机盐等 7 大类物质组成。构成机体的各种物质根据其分子结构特点可分为有机分子和无机分子，其中有机分子包括蛋白质、糖、脂肪和核酸等，无机分子包括水、无机盐等；根据其供能特点可分为能源物质和非能源物质，其中能源物质包括三磷酸腺苷（ATP）、磷酸肌酸（CP）、糖、脂肪、蛋白质，非能源物质包括核酸、维生素等。人体含水 60% ~70%、蛋白质 15% ~18%、脂肪类 10% ~15%、无机盐 3% ~4% 及糖类 1% ~2%。除水和无机盐外，主要是蛋白质、脂类和糖类。这些化学物质在人体内的功能各异，它们构成了人体的各种细胞和细胞间质，并供给细胞活动的能量。任何一种物质的缺乏，都会导致人体的障碍和损伤。人体的各化学物质组成及其功能见表 1－1。

表 1－1 人体的化学物质组成及其功能

物质组成	含量	功能
水	60% ~70% 体重	主要构成人体的体液
糖	2% 人体干重	供能与储能，细胞的组成成分
脂肪	30% ~40% 人体干重	储能与供能，细胞的组成成分
蛋白质	54% 人体干重	是人体主要的结构和功能物质
核酸	5% ~15% 细胞干重	储存和传递遗传信息
无机盐	4% ~5% 体重	既可以作为结构物质，也可与蛋白质相结合
维生素	含量很低	参与体内辅酶的构成，调节代谢

二、人体化学组成与健康

构成人体的各项化学物质在体内的含量并不是一成不变的，而是时刻处于新陈代谢过程中。在生命活动以及运动过程中，新陈代谢可分为合成代谢和分解代谢两个方面，根据代谢过程是否存在能量产生又分为物质代谢和能量代谢。体内各项化学物质的新陈代谢均处于动态平衡过程中，并且随着机体的需要量和客观条件的变化呈现出相应的改变，即化学物质的适应。在身体活动和运动训练过程中，机体会产生物质代谢和能量代谢的变化，身体形态、结构和机能也会随之变化，以对抗身体活动的刺激，使这种刺激对身体的破坏或影响越来越小，从而使身体机能得到提高。长期的体力活动和运动训练可使机体各项化学物质的组成、物质代谢及能量代谢的能力发生适应性的改变，且运动性质不同，所引起的这种变化也有所差异。如长期、系统的力量训练可使肌肉蛋白质含量增加，骨骼肌增粗；耐力训练可使脂肪的氧化代谢能力增强等。

第二节　蛋白质

蛋白质是一类重要的生物大分子，是生命的物质基础，人体的生长、发育、运动、繁殖、遗传等一切生命活动过程都离不开蛋白质。蛋白质不仅是构成细胞的基本结构物质，还是多种生物活性物质如酶、多肽类激素、神经递质等的基本成分，参与机体代谢或生理机能的调节。蛋白质的种类不同，其功能也不同。

一、蛋白质的化学组成

所有蛋白质都有类似的元素组成，一般含有 50% ~60% 的碳，6% ~8% 的氢，19% ~24% 的氧，13% ~19% 的氮（N），有的蛋白质还含有少量硫、铁、铜、磷、锡、镁、锰等元素。不同生物来源的不同蛋白质，其含氮量非常接近，平均约为 16%，即每 1 g 氮就相当于 6. 25 g 蛋白质。故常用组织的含氮量来计算组织的蛋白质含量，即：样品中蛋白质含量 = 样品含氮量 ×6. 25。

蛋白质的分子很大，结构复杂，但它的组成单位并不复杂。对不同种类的蛋白质进行分析，结果表明所有的蛋白质都是由 20 种基本氨基酸组成的，只是在不同的蛋白质中，这 20 种氨基酸的数量、排列组合不同。

氨基酸是指含有氨基的羧酸，其基本结构如图 1 -1 所示。

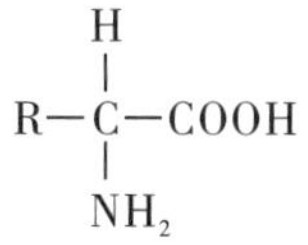

$$\begin{array}{c} \text{H} \\ | \\ \text{R}-\text{C}-\text{COOH} \\ | \\ \text{NH}_2 \end{array} \qquad \text{R指氨基酸的侧链}$$

图 1 -1　α - 氨基酸的基本结构

在自然界中，参与蛋白质组成的 20 种氨基酸都是 α - 氨基酸，不同氨基酸间的差别主要是侧链“R”基团的不同。从人体的组成和营养学上可将 20 种氨基酸分为必需和非必需两类。必需氨基酸是指人体需要，但体内不能合成或合成不足，而必须从食物中补充的氨基酸；非必需氨基酸并不是说人体不需要这些氨基酸，而是指人体可以自身合成或由其他氨基酸转化而得到，不一定依赖从食物直接摄取（表 1 -2 是氨基酸的名称及营养分类）。有些非必需氨基酸如胱氨酸和酪氨酸，如果供给充裕，可以节省必需氨基酸中蛋氨酸和苯丙氨酸的需要量。

表 1-2 氨基酸的名称及其营养分类

必需氨基酸	英文名称及缩写	非必需氨基酸	英文名称及缩写
赖氨酸	Lysine（Lys）	甘氨酸	Glycine（Gly）
苯丙氨酸	Phenylalanine（Phe）	丙氨酸	Alanine（Ala）
亮氨酸	Leucine（Leu）	天门氨酸	Aspartic acid（Asp）
异亮氨酸	Isoleucine（Ile）	天门酰胺	Asparagine（Asn）
苏氨酸	Threonine（Thr）	谷氨酸	Glutamic acid（Glu）
蛋氨酸	Methionine（Met）	谷氨酰胺	Glutamine（Gln）
缬氨酸	Valine（Val）	精氨酸	Arginine（Arg）
色氨酸	Tryptophan（Trp）	半胱氨酸	Cysteine（Cys）
		丝氨酸	Serine（Ser）
		酪氨酸	Tyrosine（Tyr）
		组氨酸	Histidine（His）
		脯氨酸	Proline（Pro）

二、蛋白质的分子结构特点

蛋白质的分子结构是指蛋白质分子中氨基酸的连接方式和氨基酸组成和排列顺序以及蛋白质的空间结构。

（一）肽键和肽链

蛋白质分子中氨基酸之间是靠肽键连接成链状结构。一个氨基酸分子的 α-羧基可与另一个氨基酸分子的 α-氨基脱水缩合，所形成的酰胺键称为肽键（如图 1-2 所示），氨基酸通过肽键连接的化合物叫作肽。两个氨基酸分子缩合成二肽，三个氨基酸分子缩合成三肽，多个氨基酸分子缩合成的肽叫多肽。多肽呈链状结构，故称为多肽链。多肽链中的氨基酸称为氨基酸残基。多肽链有两端，一端具有自由氨基，称为氨基末端（N-末端）；另一端具有自由羧基，称为羧基末端（C-末端）。书写时，习惯上将氨基末端写在左侧。从蛋白质的元素组成及分子组成，认为蛋白质是由氨基酸通过肽键连接组成的含氮的高分子有机化合物。

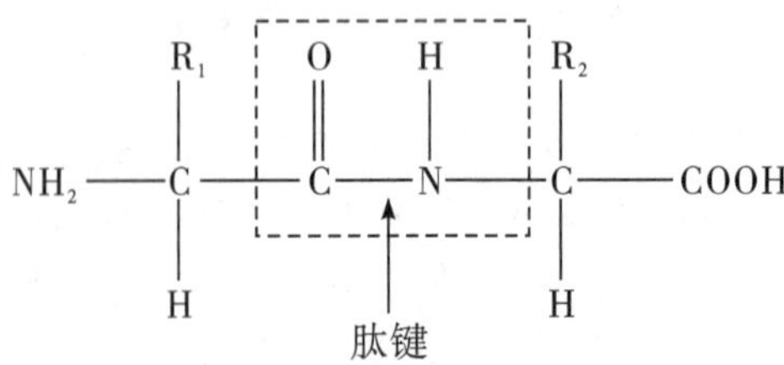

图 1-2 肽键的形成

（二）蛋白质分子的空间结构

根据蛋白质分子结构的水平可分为一级结构、二级结构、三级结构和四级结构（如图1－3所示）。蛋白质分子的一级结构是指蛋白质分子内氨基酸以肽键连接的排列顺序。其所含氨基酸的种类及比例，是蛋白质的基本结构，是决定蛋白质生物学活性和结构特点的基础。蛋白质的二级结构是指多肽链本身有规则的绕曲折叠而形成的重复性结构，二级结构的基本类型有α－螺旋、β－折叠。氢键在维持蛋白质分子的二级结构上具有重要意义。

一级结构

二级结构

α－螺旋 β－折叠

三级结构

四级结构

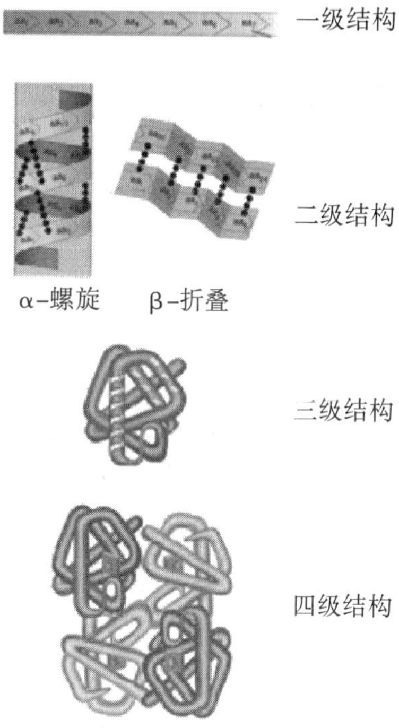

图1－3 蛋白质的空间结构

在二级结构的基础上，蛋白质多肽链借助各级键（氢键、盐键、疏水键、范德华力、二硫键）的相互作用，进一步折叠盘曲形成球状或椭圆状的三级结构。由两条以上具有三级结构的多肽链通过非共价键结合而成蛋白质的四级结构。四级结构中每个球状蛋白质称为亚基或亚单位，它们没有活性，必须通过次级键结合形成特定的结构后，才具有生物学活性。如肌红蛋白是肌细胞内储氧和运氧的蛋白，由一条多肽链和一个血红素辅基构成，它和血红蛋白的亚基在氨基酸顺序上具有明显的同源性，功能上也十分相似。而血红蛋白是由四条多肽链分别与辅基血红素形成两种亚基，并当两种亚基相互交叉结合成四聚体的血红蛋白时，才具有运输氧气的功能。

（三）蛋白质结构与功能的关系

蛋白质生物功能的结构基础，决定于它的一级结构。因此，一级结构的确定意味着相应空间结构的确定，而空间结构的确定又意味着蛋白质功能的确定。例如“镰刀型细胞贫血病”，由于血红蛋白中有两条肽链上的两个谷氨酸被缬氨酸替代，这种替代改变了血红蛋白的一级结构，导致血红蛋白空间结构的改变，因而使得血红蛋白的氧运输能力下降，形成“镰刀型细胞贫血病”。根据蛋白质结构与功能间的关系，人们可通过人工合成生产具有治疗作用的蛋白类药物，或是人工设计蛋白质去修复损伤的组织。

三、人体内蛋白质的分布与贮量

身体的每一个细胞和各种组织，都有蛋白质的存在，组成人体的蛋白质约占人体体重的18.3%。在人体内蛋白质无固定的贮存量与贮存部分，所以必须经常不断地从食物中摄取才能满足正常的生理需要。如骨骼肌中蛋白质分布不均，用总氮百分数表示其分布状况（见表1－3），其中65%是收缩纤维蛋白。成人体内每天总计有600 g蛋白质被分解及再合成，其中肌肉蛋白质占450 g。可见即使在不运动时，肌肉蛋白质代谢至少在数量上是最大的。肌肉蛋白质中，肌纤维蛋白更新一半的时间是7.2 d，其他肌蛋白更新一半的时间为2.8 d，肝组织中蛋白质更新速度最快。但实际人体各组织中仍然存在着数量可变化的少量蛋白质，肝脏中的含量相对较多些，全身体内可变蛋白质的总量只有300 g左右。

表1－3 人体骨骼肌的蛋白质分布（以腿肌为例，%总氮）

非蛋白氮	肌浆蛋白	纤维蛋白	细胞外蛋白
9.7	22.0	65.6	4.6

（引自冯炜权等，1995）

在进行长时间大强度运动时如果需要蛋白质积极参与能量代谢，首先消耗的是这些“生理贮备量”少而可变的蛋白质，然后再进一步消耗组织细胞的结构蛋白质，尤其是骨骼肌的结构蛋白质。运动时体内氨基酸代谢库的质和量都会出现相应的变化。

四、运动时蛋白质的生物学功能

蛋白质分子的组成和结构特点，决定其种类、性质和功能的多样性和复杂性，人类机体中蛋白质的种类达10万种以上。它们表现出千差万别的性质和功能。

（一）蛋白质是细胞的基本结构物质

蛋白质是细胞的主要组成成分，占细胞干重的80%以上，蛋白质构成细胞膜和细胞内物质。头发、皮肤、指甲、腱和韧带都是特殊结构的蛋白质。血液内也有一些特殊蛋白质的成分，例如血液凝血酶原等参与血液凝结，红细胞内可以结合氧的血红蛋白等。构成身体结缔组织的胶原蛋白直接决定了皮肤的弹性。机体的组织细胞处于不断衰老更新的平衡之中，蛋白质是维持组织的修复和新生的原料。体育运动使人体新陈代谢得到加强，骨骼粗壮，肌肉发达，体内蛋白质含量相对提高。

（二）蛋白质具有调节机体的生理机能

体内的各种生物化学反应，包括运动时糖、脂类与蛋白质的分解代谢反应等都必须在催化活性酶的参与下才能完成，而酶的化学本质就是蛋白质。蛋白质在调节体液酸碱平衡中也起着重要作用，当剧烈运动引起酸性增强时，血液蛋白质就起着十分重要的缓冲作用，从而保持了机体内环境的相对稳定。调节生理功能的激素中也有很多是由不同的氨基酸和蛋白质所组成的化合物。例如调节血糖水平的胰岛素、脑垂体激素等。

（三）蛋白质也可以作为机体的能源物质

蛋白质主要维持机体组织的生长发育、更新和修补，同时也可作为机体的能源物质。在长时间大强度运动中，蛋白质也可以作为细胞能源物质，机体内存在一定量游离的氨基酸，其中大部分存在于骨骼肌中。组织更新代谢下来的蛋白质也能分解成为不同的氨基酸，在有关酶的催化作用下，一些氨基酸也能够分解释放能量。1 g蛋白质完全氧化分解可产生16.76 kJ的能量。人体处于基础代谢状态时蛋白质供能占总能量代谢的17%左右。通常蛋白质供能可由糖和脂肪部分代替，所以蛋白质的供能不占主要地位。如长时间大强度运动引起肌糖原大量消耗时，肝脏和运动肌内蛋白质分解加速，肝脏中有300 g左右的生理上可变的储存蛋白，是运动时蛋白质氧化供能的主要来源。但总体参与比例不高，一般为总能耗的5%～18%。

（四）蛋白质具有收缩与运动作用

机体内某些蛋白质具有细胞和器官收缩的功能，可使其改变形状或运动。如骨骼肌收缩过程中，肌细胞中的肌球蛋白和肌动蛋白组成的粗肌丝、细肌丝，在神经的调节下，相互滑行而实现肌肉的收缩和舒张，完成各种动作。

五、磷酸肌酸

磷酸肌酸（CP）是一种由精氨酸、甘氨酸、蛋氨酸和磷酸结合的高能磷酸化合物，是人体内重要的能源物质，其分子内均含有高能磷酸键，在代谢中均能通过转移磷酸基团的过程释放能量。磷酸肌酸是肌肉或其他兴奋性组织（如脑和神经）中的一种高能磷酸化合物，是高能磷酸基团的储存形式。

（一）CP的化学组成

在骨骼肌、心肌、大脑等身体组织中都含有磷酸肌酸，磷酸肌酸是一种氨基酸衍生物，由精氨酸、甘氨酸、蛋氨酸和磷酸组成，其分子结构表示如图1－4所示。

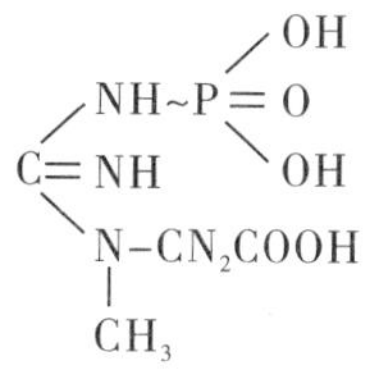

OH
NH~P＝O
C＝NH　OH
N－CN_2COOH
CH_3

图1－4　磷酸肌酸的分子结构

（二）人体内CP的分布与贮量

CP广泛分布于身体各组织，不同组织细胞中CP的贮量不同，由于肌肉组织是主要的耗能器官，故有90%的CP存在于肌肉组织中。研究发现，正常人骨骼肌（干）中CP含量为75.5±7.63 mmol/kg，有人检测安静时骨骼肌CP浓度为20 mmol/kg湿肌左右。不同类型肌纤维内CP含量不同，有研究发现，在安静状态下人体骨骼肌Ⅱ型纤维中的CP含量高于Ⅰ型纤维。肌肉内CP的含量是ATP含量的3～4倍。

由于不同的运动有不同的供能方式，故CP在不同运动中的含量变化也有不同的特点，与运动强度密切相关。研究发现，当受试者在功率自行车上以60%～70%最大摄氧量（VO_2max）强度运动75 min后，骨骼肌的CP水平仅下降到安静时的40%。Norman等人让受试者以68% VO_2max强度运动80 min后，也得出相似的结论。当以低于60% VO_2max强度运动时，CP储量几乎不下降。当以75% VO_2max强度持续运动达到疲劳时，CP储量可降到安静值的20%左右，ATP储量略低于安静值。极量运动至力竭时，CP储量接近耗尽，其含量在安静值的3%以下，而ATP储量不会低于安静值的60%。经证实，在50%～100% VO_2max范围的运动中，肌肉CP贮量下降几乎与运动强度呈线性关系。

（三）运动时CP的生物学功能

CP分子是高能磷酸基团的贮存库，内含有一个高能磷酸键，每摩尔化合物水解时释放43.1 kJ的自由能，比ATP释放的能量（30.56 kJ/mol）多些，由于骨骼肌不能直接利用磷酸肌酸分解释放的能量，所以磷酸肌酸不是骨骼肌的直接能源物质。但肌肉收缩时，ATP水解释放能量生成二磷酸腺苷（ADP）的同时，胞质中的肌酸激酶对ADP浓度变化极为敏感，几乎与ATP水解同步作用，催化磷酸肌酸分解，将高能磷酸基团转移至ADP，快速合成ATP。另外，由于细胞的线粒体合成的ATP不能透过线粒体膜，只有在肌酸激酶的作用下，将能量转移给肌酸，以磷酸肌酸的形式将能量转移到胞质中。

第三节 脂类

脂类是构成人体组织的重要物质，大量储存在脂肪组织、肝脏和骨骼肌内。是人体正常安静状态、饥饿或中低强度运动时体内能量的主要来源。

一、脂类的化学组成

脂类是一大类有机化合物，它们在化学组成和分子结构上有很大差别，但都有一个共同的物理特性，即不溶于水，而易溶于乙醚、氯仿和苯等有机溶剂中。

（一）元素组成

根据化学分析，脂类的元素组成与糖类相似，主要是 C、H、O 三种元素，有的也含有氮（N）和磷（P）。与糖类比较，脂类分子中原子之间的结合方式不一样，特别是氢与氧原子数比值不同，碳、氢所占比例更大。如最普通的脂肪是硬脂酸甘油酯（$C_{21}H_{110}O_6$），其分子内氢与氧原子数比值是 110:6，而葡萄糖（$C_6H_{12}O_6$）分子内比值是 12:6。

按照脂类在体内的分布可分为两大类。一类是脂肪，它作为能源物质贮存于脂肪组织中。脂肪可因生理状况不同而发生很大的变化，故又称为可变脂。另一类是类脂，它是构成生活细胞的各种生物膜的主要成分，如磷脂、糖脂和胆固醇等。这部分脂类不会因各种生理状况发生变动，因此又称必需脂或基本脂。

脂类被碱所水解，其共同的产物有醇和脂肪酸，因此，从化学组成的角度来说，脂类被定义为由脂肪酸和醇所组成的酯类及其衍生物。不同类别的脂其分子组成差别很大。

1. 脂肪

脂肪，也叫甘油三酯，是能源储备的主要形式。由 1 分子的甘油和 3 分子的脂肪酸脱水缩合而生成的甘油酯，分子中含有三个酯键（如图 1－5 所示）。

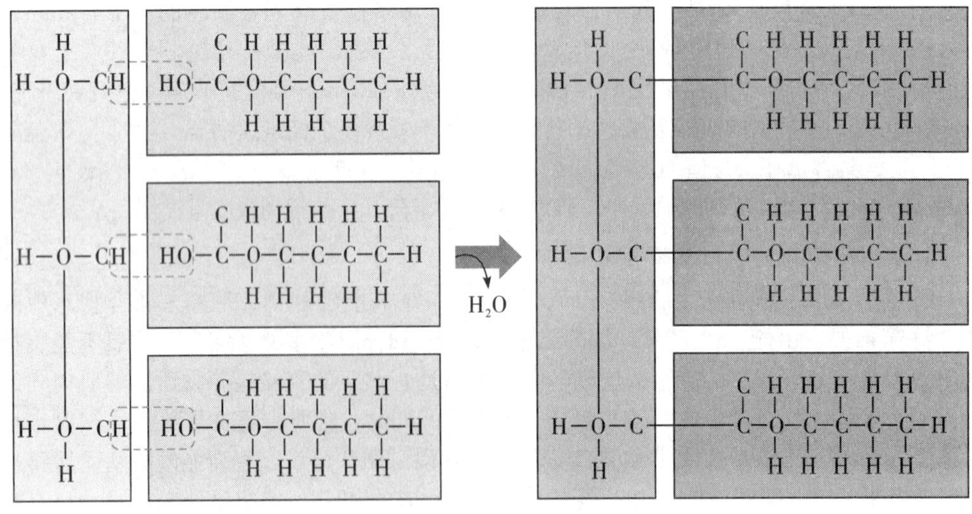

图 1－5 甘油三酯的合成

组成甘油的3个脂肪酸相同称为单甘油酯；若不同则为混合甘油酯。自然界中脂肪酸通常具有偶数碳原子，碳氢链长一般为12～22个碳原子（如图1－6所示）。碳氢链有的是饱和的，如硬脂酸（十八碳酸）和软脂酸（十六碳酸）等，为饱和脂肪酸；也有的碳氢链含有一个或几个双键，为不饱和脂肪酸，如油酸（十八碳烯酸）、亚油酸（十八碳二烯酸）、亚麻酸（十八碳三烯酸）和花生四烯酸（二十碳四烯酸）等。人体内含量最多的饱和脂肪酸有硬脂酸和软脂酸，不饱和脂肪酸是油酸。人体能够合成饱和脂肪酸和单个双键的不饱和脂肪酸，但亚油酸和亚麻酸只能从植物中获得，而花生四烯酸只能由亚油酸合成。通常把维持人体正常生长所需而体内又不能合成的脂肪酸，称为必需脂肪酸。如二十五碳烯酸（EPA）和二十二碳六烯酸（DHA），主要生物学功能是合成前列腺素、降血脂、抑制血小板聚集、延缓血栓形成等。

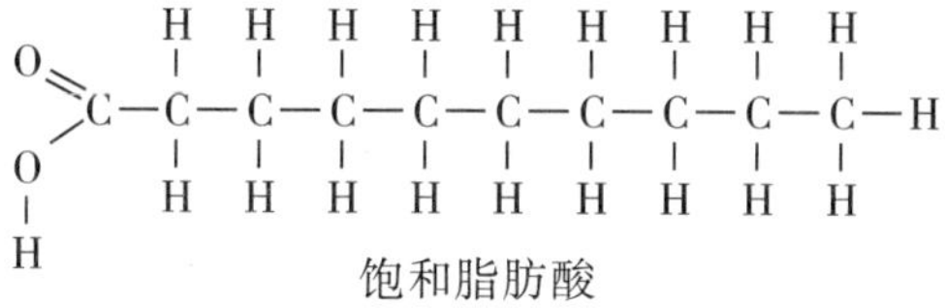

饱和脂肪酸

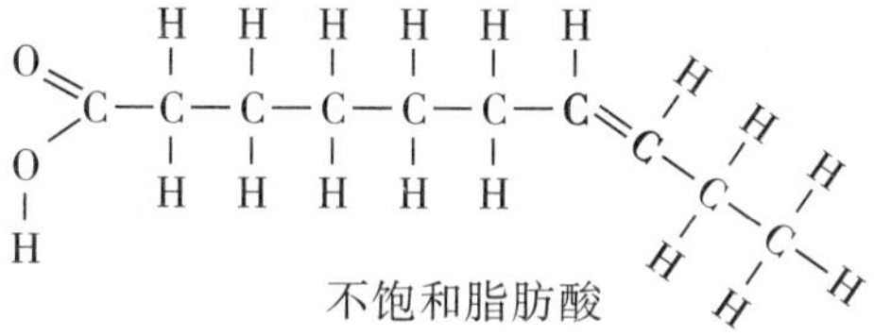

不饱和脂肪酸

图1－6　脂肪酸的分子结构

2. 类脂

类脂包括磷脂、糖脂、固醇类及其酯。

磷脂在体内主要有卵磷脂、脑磷脂、丝氨酸磷脂、肌醇磷脂等，磷脂是细胞的组成成分，有其特殊的功能，因而，在食物中增加磷脂类成分对细胞膜有保护作用，尤其在肝、肾中抗自由基损伤的能力加强，所以目前磷脂已被用来作为特殊功能的膳食补充品。

固醇类物质广泛存在于生物体的一切细胞，以环戊烷多氢菲为基本结构式。胆固醇是固醇类物质的一种，它是细胞的重要组分，是胆汁酸、固醇类激素及维生素D的前体，具有维持生物膜正常透过能力、神经鞘绝缘体的作用。

二、人体内脂的分布与贮量

脂类广泛分布于皮下组织、腹腔大网膜、肠系膜、内脏周围，肌间结缔组织中。类脂是生物膜的组织成分；人体内的脂肪主要存于皮下组织和内脏周围的脂肪组织中，大约有12 kg；骨骼肌中也有一定量的脂肪储存，湿肌中有7～40 mmol/kg，人体肌肉内储存脂肪的总量大约为300 g，但其变化幅度比肌糖原要大。在血液中也有少量脂肪以脂蛋白的形式进行运载，少量脂肪与清蛋白结合而存在，血浆中甘油三酯的含量大约有4.0 g，而血浆游离脂肪酸则约有0.4 g。下面以常用于衡量人体内脂肪含量及代谢状况的体脂、血脂进行阐述。

（一）体脂

人体内总脂肪量占体重的百分率随年龄、性别、生理状况等的不同而有所不同。近年研究表明，从婴儿出生到成年人期间，脂肪细胞的数目和体积都增加了4～5倍。常参加体育锻炼的人其体成分与正常人相比，瘦体重较大、体脂较少。这是由于经常性的体育锻炼所致。此外，运动水平和运动项目不同，其体脂也会有所不同（见表1－4）。

表1－4　不同人群体脂占体重百分比

不同人群	性别	体脂占体重百分比（%）	资料来源
7岁	男	13.4±2.0	马军等，2007
	女	17.8±3.4	
10岁	男	18.5±6.4	
	女	23.9±5.0	
13岁	男	15.8±5.1	
	女	29.3±4.4	
15岁	男	10.7±3.2	
	女	26.1±4.8	
正常成年人	男	18～19	《运动生理学》
	女	28～30	
老年人	男	26	
	女	38	
短跑运动员	男	9～11	《优秀运动员身体机能评定方法》
	女	15.5～17.4	
竞走运动员	男	12.8±4.4	冯美云等，2000
	女	19.8±3.5	
国家花样游泳队	女	12～22.5	冯连世等，2002

（二）血脂

血浆所含脂类统称血脂，主要包括甘油三酯、磷脂、胆固醇及其酯和游离脂肪酸等。血脂的来源有两个方面，一为外源性，从食物摄取的脂类经消化吸收进入血液；二是内源性，肝、脂肪细胞以及其他组织合成后释放入血。血脂含量不如血糖恒定，受膳食、年龄、性别、职业以及代谢等的影响，波动范围较大。患糖尿病时，由于脂类代谢紊乱，血脂一般都是明显升高；短期饥饿也可因储存的脂肪大量动员，而使血脂暂时升高。血脂在血浆中不是以自由状态存在，而与血浆中的蛋白质结合，以脂蛋白的形式而运输。根据其密度由小到大把血浆脂蛋白分为乳糜微粒（CM）、极低密度脂蛋白（VLDL）、低密度脂蛋白（LDL）、高密度脂蛋白（HDL）等四种，不同血浆脂蛋白其功能不一样，其组成及功能见表 1－5。

表 1－5　血浆脂蛋白的分类、组成功能及含量

分类		乳糜微粒	极低密度脂蛋白	低密度脂蛋白	高密度脂蛋白
组成	蛋白质（%）	0.5～2	5～10	20～25	50
	甘油三酯（%）	80～95	50～70	10	5
	磷脂（%）	5～7	15	20	25
	胆固醇（%）	1～4	15	45～50	20
合成部位		小肠黏膜细胞	肝细胞	血浆	肝、肠、血浆
功能		转运外源性甘油三酯及胆固醇	转运内源性甘油三酯及胆固醇	转运内源性胆固醇	逆向转运胆固醇
正常参考值（mg/100 mL）	男	痕量	150	458	241
	女	痕量	87	422	345

三、运动时脂类的生物学功能

脂类不仅是体内最大的能量贮存库，还是构成生物体的主要成分，是维持机体正常生命活动不可缺少的物质。其生物学功能主要如下。

（一）脂肪储存并提供能量

脂肪是较理想的能量贮存形式，从其 C、H、O 元素组成分析，脂肪的 C、H 元素含量比糖、蛋白质要多，故单位重量脂肪携带的能量比糖和蛋白质多。每克脂肪在体内完全氧化可释放能量 37.71 kJ，是等量葡萄糖或蛋白质氧化释放能量的 2 倍多。但是，脂肪酸氧化时的耗氧量高。如 80 kg 体重男性成人和 60 kg 体重女性成人，具有正常范围平均体脂百分率，各自可以提供 450 000 kJ 和 550 000 kJ 的能量。用马拉松跑的速度进行运动，脂肪供能从理论上可以跑 119 h 之多。体育运动时，脂肪提供长时间低强度运动时机体所需的大部分能量。

（二）类脂是细胞的重要结构成分

类脂是组成生物膜（细胞膜、核膜、线粒体膜、内质网膜等的总称）的基本原料。细胞的各种膜主要是由类脂（磷脂和胆固醇）与蛋白质结合而形成的脂蛋白构成的。此外，磷脂和胆固醇还是神经髓质的重要成分，有绝缘作用，可维持神经系统的正常传导；此外在胆汁中，磷脂与胆盐、胆固醇一起形成胶粒，有利于胆固醇的溶解和排泄。

（三）脂肪是脂溶性维生素的溶剂

食物脂肪是脂溶性维生素的吸收携带者，当脂类吸收不良时，脂溶性维生素的吸收大大减少，甚至会引起维生素缺乏症，因此，摄入适量的脂类食物是必需的，故需要控制体重时，在节食期间，应注意适当补充脂溶性维生素。

(四) 脂肪具有防震和隔热保温的作用

脂肪具有隔热和防震的作用。在冷环境下运动时，如游泳、各种冰雪运动等，较厚的皮下脂肪有利于运动员体温的保持，但在热环境下运动时，则不利于散热。人体各大内脏器官周围的脂肪，则可在一定程度上避免在跑动、跳跃、翻腾、翻滚时对内脏器官的震动。

(五) 脂肪的氧化利用具有降低蛋白质和糖消耗的作用

在耐力性运动中，脂肪作为能源物质被氧化动用能力提高时，则与糖一样，具有降低蛋白质消耗的作用，有助于延长运动时间和提高运动能力。运动员进行长时期耐力训练后，体内动用脂肪氧化供能的能力提高。高水平耐力运动员脂肪氧化分解的能力明显高于一般人，运动时脂肪供能的比例显著增加，还可降低糖的消耗，维持血糖的稳定，有效地提高运动能力。

(六) 脂肪组织还可以作为内分泌器官分泌细胞因子，参与机体某些生理和病理过程

脂肪组织不仅是能量储存器官，还是通过分泌各种激素及细胞因子参与能量代谢及肥胖相关疾病发生的内分泌器官。瘦素是一种饱食因子，它的主要功能是调节能量平衡，另外还能够影响神经内分泌及免疫功能。脂肪组织的性激素及糖皮质激素代谢决定了体脂分布，参与心血管病的发生。其他一些由脂肪组织产生的蛋白质，如前炎症细胞因子、补体、纤溶凝血成分也介导了与肥胖有关的心血管及代谢病的发生。

第三节　糖

糖是自然界分布最广泛的有机物，是生物体内的重要成分之一，也是生物体的重要能源物质。自然界中，绿色植物利用太阳光能和二氧化碳、水经光合作用合成糖，人和动物则利用植物所合成的糖类化合物。

一、糖的化学组成

糖是自然界存在的一类有机化合物，是自然界最丰富的物质之一。绝大多数糖由 C、H、O 组成，其分子式通常以 $C_n(H_2O)_n$ 表示。由于一些糖分子中氢和氧之比往往是 2∶1，故习惯上把糖称为碳水化合物。但有的糖中氢和氧的比例不是 2∶1，如脱氧核糖（$C_5H_{10}O_4$），而有些物质氢和氧的比例是 2∶1，但不是糖，如甲醛（CH_2O）。

自然界存在的糖种类繁多，其结构也是复杂多样。根据能否水解成更简单的糖，可把它分成单糖、寡糖和多糖等 3 类。下面分别从 3 类糖简述其分子组成。

(一) 单糖

单糖是指不能再水解的糖。它是构成各种糖分子的基本单位，通常单糖分子含有 3 ~ 7 个碳原子。生物体内重要的单糖有核糖、脱氧核糖、葡萄糖和果糖等。葡萄糖是单糖中重要的一种，其分子是由 6 个碳原子、12 个氢原子和 6 个氧原子组成，分子式为 $C_6H_{12}O_6$，其化学结构式可用链式与环状立体结构式表示（如图 1 - 7 所示）。从结构上

看，6个碳原子连成葡萄糖的碳链骨架，在第一个碳原子上是由C、H、O三个原子组成的原子团，称作醛基（-CHO），在2、3、4、5、6碳原子上均连接由H、O组成的羟基（-OH）基团。因此，葡萄糖是具有多个羟基的醛，简称为多羟基醛。

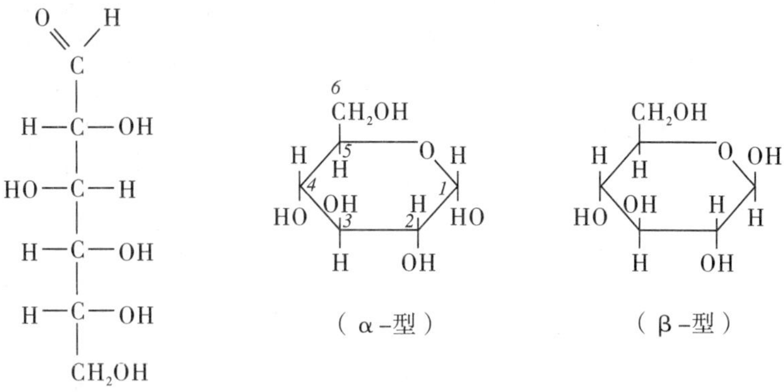

图1-7　葡萄糖的链式和环状立体结构

果糖也是由6个碳原子、12个氢原子和6个氧原子组成的糖（$C_6H_{12}O_6$），但从其分子结构分析（如图1-8所示），却与葡萄糖不完全相同，果糖分子结构中具有酮基和多个羟基，故将果糖称为多羟基酮。

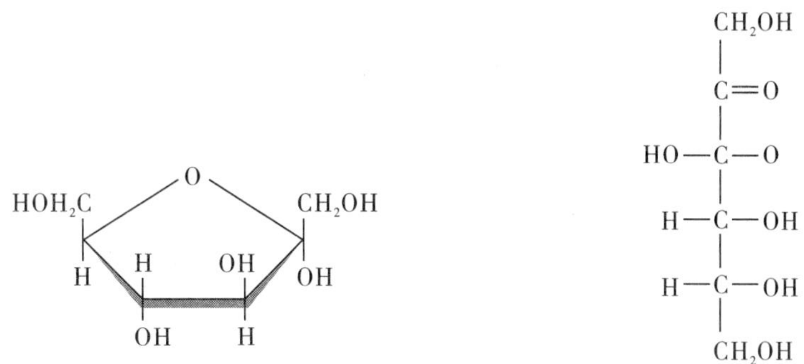

图1-8　果糖的链式和环状立体结构

（二）寡糖

寡糖又称为低聚糖，是由2~10个单糖分子脱水缩合后由糖苷键连接而成的低聚化合物。在体内，低聚糖常常与蛋白质或脂类以共价键结合，以糖蛋白或糖脂的形式存在。最主要、最简单的寡糖是双糖。

双糖是两个单糖分子缩合脱去1分子水后而成的，主要的双糖有蔗糖、乳糖和麦芽糖。

蔗　糖⟶葡萄糖 + 果　糖
乳　糖⟶葡萄糖 + 半乳糖
麦芽糖⟶葡萄糖 + 葡萄糖

（三）多糖（高聚糖）

多糖是一类高分子有机化合物，一般由300～500个单糖（或单糖衍生物）分子脱水缩合而成。一般无甜味，大多不溶于水。

自然界中多糖分布甚广，是最常见的糖类，通常可分植物多糖和动物多糖两大类。

淀粉和纤维素是植物多糖的两种常见形式。淀粉是植物的贮存养料，也是人类食物中的主要营养素之一。淀粉可为直链淀粉（10%～20%）和支链淀粉（80%～90%）两类。纤维素组成植物纤维或者植物结构成分，主要存在于叶、茎、根、种子和果实的外皮等处。由于人类的消化系统内缺乏分解纤维素的酶，故无法直接利用，但纤维素能促进肠胃蠕动，有利于食物消化。

糖原又称动物淀粉，是存在于人和动物体内的多糖。糖原分子在结构上与支链淀粉相似，但链的分支长度比支链淀粉短，数目更多。通常由几百至几千个葡萄糖分子脱水缩合后连接而成。

综上所述，从单糖、寡糖和多糖的组成和结构特点，我们可以从化学结构上给予糖确切的定义。即糖是一类含有多羟基醛或多羟基酮及其衍生物的化合物。所以，不能简单地从元素组成把糖看作是碳水化合物。

二、人体内糖的分布与贮量

人体内糖的含量不超过人体体重的2%。糖以游离态和化合态两种形式广泛分布于人体内各组织器官中，总量约500 g，运动员可达550～750 g；游离态的糖主要是葡萄糖，是糖的运输形式，如血糖；而化合态的糖是肌糖原和肝糖原，是糖在体内的贮存形式。

（一）血糖

血糖的基本来源是食物糖（主要是淀粉）。饥饿状态下，肝脏释放的葡萄糖是血糖的又一来源。血糖的去路主要是进入组织细胞合成糖原、氧化分解供能及转换成脂肪和氨基酸（如图1－9所示）。

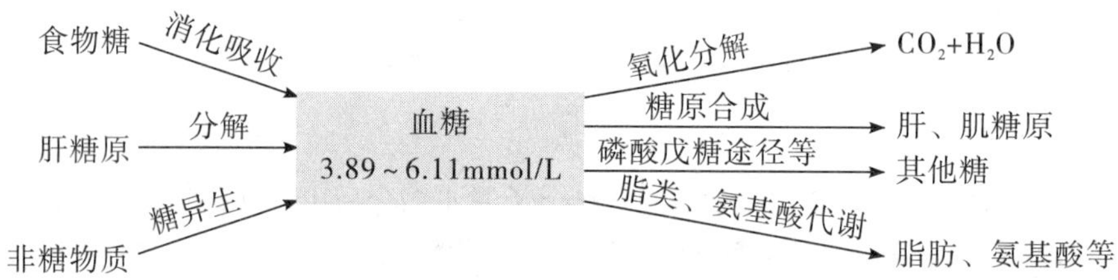

图1－9 血糖的来源和去路

血糖正常水平相对恒定，维持在3.89～6.11 mmol/L之间，这是血糖来源和去路相对平衡的结果。空腹状态人体血糖浓度低于3.33～3.89 mmol/L时称为低血糖，脑组织几乎完全依赖摄取血糖进行能量代谢，因此，在进行耐力运动时，血糖浓度显著降低，就会出现中枢神经系统机能紊乱，而使机体出现显著疲劳。

临床上将空腹血糖浓度高于7.22～7.78 mmol/L称为高血糖。当血糖浓度高于

8.89 ~ 10.00 mmol/L，即超过了肾小管的重吸收能力，则可能出现糖尿，这一血糖水平称为肾糖阈。运动增加机体能量消耗，使骨骼肌吸收葡萄糖增加，并可改善胰岛素的功能，提高机体各组织对胰岛素的敏感性，提高胰岛素的利用效率。因此，要长期坚持适量的运动，促进物质代谢，增强免疫功能和抵抗力，预防或减少糖尿病的发病概率。

（二）肌糖原

人的骨骼肌中糖原含量为每100 g湿肌1 ~ 1.5 g，总量为350 ~ 400 g。但不同肌肉中糖原的含量也不同，股四头肌、腓肠肌中的糖原平均含量为100 g湿肌1.4 g，三角肌中只含有0.98 g。一般认为快肌纤维中糖原含量比慢肌纤维中略多些。

机体的肌糖原储量对于有氧运动和无氧运动能力的发挥都有重要意义。提高体内肌糖原储量、加快运动后的糖原恢复，对运动能力的提高尤其重要。

（三）肝糖原

休息状态肝糖原含量波动较大，每100 g肝组织含糖原1.5 ~ 8.0 g，平均4.4 g，总量为75 ~ 100 g。故肝糖原总量比肌糖原总量要少得多，只占体内贮存糖原总量的20%左右，但是肝糖原对于维持血糖浓度的正常水平，保持良好的运动能力及健康有极其重要的作用。

三、运动时糖的生物学功能

正常生理活动中能量主要来自糖的氧化过程，所以糖是体内主要能源物质。同时对于某些重要的生命器官，如脑组织则更是主要的能源物质。此外，糖还参与组成细胞内结构成分，且与细胞膜的抗原性有关，并可组成某些功能性物质，如糖蛋白等。

（一）糖可在不同运动状态下分解供能

糖是人体的基本供能物质，正常生理活动中60% ~70%的能量来自糖氧化的过程。1 g糖含能量18 kJ；以80 kg体重的男性成人为例，其全身的糖能产生能量8 000 kJ。而且糖是体内唯一能进行无氧和有氧氧化分解代谢，为肌肉在不同运动状态下提供能量的物质。无氧的条件下糖在细胞液中进行酵解合成ATP，是速度耐力运动项目所需能量的主要来源；有氧条件下糖在细胞液和线粒体中彻底氧化，释放大量ATP，是长时间持续运动能量的主要来源。

（二）糖是中枢神经系统的主要能源物质

不同组织对糖的依存性有所不同，大脑存在血脑屏障，且缺乏能源物质，糖的贮量仅2 g左右，而大脑每天需要氧化约120 g葡萄糖，且血糖能通过血脑屏障，故大脑主要依靠血糖在脑中氧化而获得能量，以维持其正常生理功能。当血糖浓度降低时，会首先影响中枢神经系统的机能，产生疲劳或头晕等现象，从而影响运动能力。

（三）糖能加快恢复期物质和体力的恢复过程

服用含糖丰富的食品，运动后恢复期明显缩短，如对长跑和自行车运动员的实验表明，一个运动员进行剧烈的运动后，若食用高糖膳食，其体力可在42 h内完全恢复；但若食用高蛋白低糖膳食，体力则需要5 ~ 7 d才完全恢复。

（四）糖参与脂肪代谢的调节

当摄入的糖超过体内能量消耗时，除合成少量糖原储存在肝及肌肉外，还可转变为脂肪储存在脂肪组织中。然而，脂肪分解代谢的强度有赖于糖代谢的正常进行。当饥饿或糖供给不足或糖代谢障碍时，会引起脂肪大量动员，部分脂肪不能被完全氧化，则产生中间产物——酮体，酮体具有强酸性，它的大量堆积，会造成酮体中毒症。而糖的充足可以使酮体完全氧化（如图 1－10 所示）。因此，糖具有调节脂肪代谢和抗酮体生成的作用。

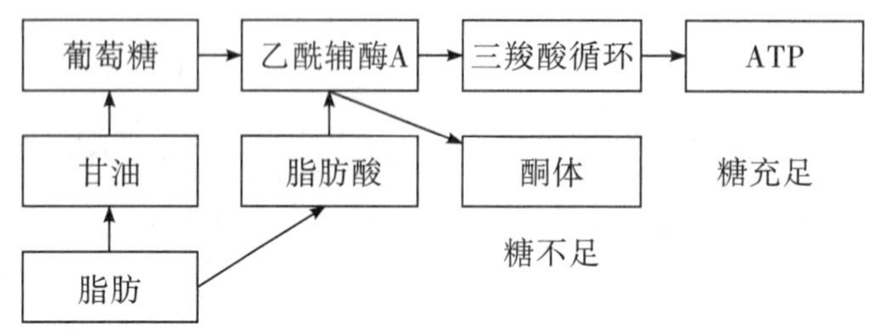

图 1－10 糖对脂及分解代谢调节

（五）糖具有节约蛋白质的作用

蛋白质在体内主要起维持和修复组织的作用以满足机体生长需要，较少起供能作用。但是，当糖在体内的储量下降，不能满足机体能量需要时，蛋白质分解代谢加强，参与氧化供能比例增加。长时间耐力运动中，蛋白质氧化供能补充糖的作用将更为突出。但体内蛋白质降解增多，尤其是肌肉蛋白质数量的暂时减少，会造成机能下降，引起疲劳的产生。因此，机体保持充足的糖储备，将减少运动中蛋白质的消耗，有利于组织蛋白质数量的保持和机能的发挥。

第四节 水与无机盐

水、无机盐是人体的重要组成部分，其含量和代谢平衡对人体保持正常的生理功能和运动健康起着重要作用。

一、水

水是人体各种细胞和体液的重要组成部分，人体的许多生理活动一定要有水的参与才能进行。水是生命体内各种化学反应的介质；水是运输媒介，它可以将氧气和各种营养素直接或间接地带给人体各个组织器官，并将新陈代谢的废物和有害有毒的物质通过大小便、出汗、呼吸等途径即时排出体外。

（一）水平衡

人体每日从食物和饮料中获取所需水分。在饮水量方面，由于存在个体差异及气候条件、活动强度与生理状况等的不同而有较大的差别。一般情况下，成年人每天饮水量在 1 200 ~ 1 500 mL 之间，从食物中摄入的水量约为 1 000 mL，食物在体内氧化产生的代谢水约 300 mL。

人体每天排出水的数量与其每天摄取的数量有密切关系，多摄取则多排出，少饮水则少排出。正常成人一般情况下每天随尿排出的水 500 ~ 1 500 mL，由于成年人每天须经肾排出 35 g 左右固体溶质（主要是蛋白质代谢终产物和电解质），尿液的最大浓度为 6 g% ~8 g%，排出 35 g 固体溶质的最低尿量应为 500 mL，称为最低尿量。除此以外，每天经呼吸道黏膜不感蒸发所排出的水约为 350 mL，经皮肤不感蒸发和发汗排出的水约 500 mL，而从粪便排水约 150 mL。

从上可见，正常人每天的出入水量相等。在一般情况下，正常成人的出入水量约为 2 500 mL，从而保证了水的平衡。

人体在剧烈运动时，体内产热量增加，若环境温度增高时，则排汗成为调节体液平衡的主要或唯一的途径。一次大强度、大运动量训练的排汗量可高达 2 000 ~ 7 000 mL，如不能及时补充适量水分，将会造成脱水，引起人的身体机能的明显降低，严重时还会危害健身者的身体健康，因此，健身运动时要特别重视水的平衡问题。

（二）运动中水的生物学功能

水是仅次于氧气的维持生命所必需的物质，是健身者最重要的营养素之一。健身者在水分充足时才能维持良好的细胞功能，调节体温，获得最佳体能。

1. 构成细胞和体液的重要组成部分

人体细胞内外都充满了水。成人体内细胞水分含量占体重的 65% 左右，血液中含水量占 80% 以上，水广泛分布在组织细胞内外，构成人体的内环境。

2. 水是生物化学反应进行的场所并参与人体内物质代谢

水是良好的溶剂，能使物质溶解，加速化学反应，有利于营养物质的消化、吸收、运输和代谢废物的排出。机体内大部分生物化学反应都在细胞中进行，并由此完成各种新陈代谢和生理活动。

3. 调节体温

水的比热值大，1 g 水升高或降低 1 ℃需要约 4. 2 J 的热量，大量的水可吸收代谢过程中产生的能量，使体温不至显著升高。水的蒸发热量也大，在 37℃体温的条件下，蒸发 1 g 水可带走 2. 4 kJ 的热量。因此在高温下，体热可随水分经皮肤蒸发散出，以维持人体体温的恒定。

4. 润滑作用

在关节、胸腔、腹腔和胃肠道等部位，都存在一定量的水分，对器官、关节、肌肉、组织能起到缓冲、润滑、保护的功效。关节液对于关节活动可起润滑作用，而食管与胃肠道保持湿润有助于食物的吞咽和蠕动及残渣的排泄。

（三）水的过量或缺乏对运动健康的影响

机体摄入或输入水过多，导致水在体内潴留，引起血液渗透压下降和循环血量增多，称为“水中毒”或稀释性低钠血症，开始表现为头昏眼花、呕吐、虚弱无力、心跳加快等症状，严重时甚至会出现痉挛、意识障碍和昏迷。由于水的摄入受口渴感调节，而排出受神经中枢系统和肾排尿的调节实现，因此，一般情况下不会出现“水中毒”。但在夏季运动时，汗流浃背，体内钠盐等电解质流失时，如果此时大量饮用淡水而电解质摄入不足时，吸收的水分很快进入血液，可造成体内水分过多，引起水分过多症或水中毒。任何原因造成的人体内水分增加超过正常水平的10%或以上时，都会表现为水肿。

水分的大量丢失会引起脱水，对健康和运动能力都产生一定的影响。在运动过程中，不可避免地出现大量出汗，当水摄入不足或水丢失过多，可引起体内失水亦称脱水。根据水与电解质丧失比例不同，分为3种类型。

1. 高渗性脱水

其特点是以水的丢失为主，电解质丢失相对较少。当失水量占体重的2%～4%时，为轻度脱水，表现为口渴、尿少、尿比重增高及工作效率降低等。失水量占体重的4%～8%时，为中度脱水，除上述症状外，可见皮肤干燥、口舌干裂、声音嘶哑及全身软弱等表现。如果失水量超过体重的8%时则为重度脱水，可见皮肤黏膜干燥、高热、烦躁、精神恍惚等。若脱水达10%以上，可危及生命。

2. 低渗性脱水

以电解质丢失为主，水的丢失较少。此种脱水特点是循环血量下降，血浆蛋白质浓度增高，细胞外液低渗，可引起脑细胞水肿，肌肉细胞内水过多并导致肌肉痉挛。早期多尿，晚期尿少甚至尿闭，尿比重低，尿 Na^+、Cl^- 降低或缺乏。

3. 等渗性脱水

此类脱水较为常见，表现为水和电解质按比例丢失，体液渗透压不变。其特点是细胞外液减少，细胞内液一般不减少，血浆 Na^+ 浓度正常，兼有上述两型脱水的特点，有口渴和尿少表现。

失水或脱水会影响运动能力。一般人的失水量达到体重的2%时，工作能力会下降10%～15%，失水量为体重的5%时，运动员的运动能力可下降10%～30%。运动员在训练或比赛中发生肌肉抽搐与严重的脱水可能有关。运动员在热环境下运动时，物质代谢产热过程激烈，加上外环境热的作用，为了防止机体过热，会大量排汗散热来维持体热的平衡。排汗所丢失的主要是水分。这些水主要来自血浆、细胞间液和细胞内液体。运动中的排汗率和排汗量与运动强度、密度和持续时间等因素有关。如在气温27～30℃条件下，4 h长跑训练的出汗量可达到4.5 L；在气温37.7℃，70 min的足球运动，出汗量可达到6.4 L，汗丢失量可达到体重的6%～10%。

二、无机盐

无机盐是人体的组成成分，总储量为43～44 g/kg·wt，占人体重量的4%～5%。人体已发现有20多种必需的无机盐，其中含量较多的（>5 g）为钙、磷、钾、钠、氯、镁、硫七种；每天膳食需要量都在100 mg以上，称为常量元素。另外一些含量低微，随着近代分析技术的进步，利用原子吸收光谱、中子活化等离子发射光谱等痕量的分析手段，发现了铁、碘、铜、锌、锰、钴、钼、硒、铬、镍、硅、氟、钒等元素也是人体必需的，每天膳食需要量为1 μg～100 mg的称为微量元素。由于新陈代谢，每天都有一定数量的无机盐从尿、汗和粪便等各种途径排出体外，因此必须通过膳食予以补充。无机盐的代谢可以通过分析血液、头发、尿液或组织中的浓度来判断。在合适的浓度范围有益于人的健康，缺乏或过多都能致病，而疾病又影响其代谢，往往增加其消耗量。在我国钙、铁和碘的缺乏较常见。硒、氟等随地球化学环境的不同，既有缺乏病如克山病和大骨节病、龃齿等，又有过多症如氟骨症和硒中毒。

（一）人体无机盐分布和组成

由于无机盐在人体各部位发挥的功能不同，因此，无机盐在人体内体液、组织、细胞分布和组成各不一样。

1. 体液各部分无机盐

人体内电解质主要是指体液中的无机盐。体液中含有大量电解质，对维持人体内环境的渗透平衡和酸碱平衡起着十分重要的作用。其中，各系统中的阳离子与阴离子总数相同，以此保持电荷平衡，维持体液的电中性。

细胞内液中的离子分布与细胞外液截然不同。细胞内液中的阳离子以钾离子（K^+）为主，其次为镁离子（Mg^{2+}），钠离子（Na^+）则极少。阴离子以磷酸氢根（HPO_4^{2-}）和蛋白质为主，氯离子（Cl^-）极少。细胞内液中蛋白质含量又多于血浆，这将十分有利于细胞内与组织间液之间的物质交换。此外，细胞内液中还含有少量的钙离子（Ca^{2+}）、Na^+以及硫酸根（SO_4^{2-}）、碳酸氢根（HCO^{3-}）与Cl^-等。

2. 其他主要部位的无机盐类

无机盐在体内的分布极不均匀。例如钙和磷绝大部分在骨和牙等硬组织中，铁集中在红细胞，碘集中在甲状腺，钡集中在脂肪组织，钴集中在造血器官，锌集中在肌肉组织。人体骨骼中含有丰富的钙、磷、镁等无机盐，它们构成骨骼的主要无机成分如羟磷灰石结晶。骨骼除了作为机体的支架外，还在维持细胞外液钙、磷的含量方面起着重要作用。人体骨骼肌中也储存着一定数量的Ca^{2+}，而骨骼肌的收缩也是由Ca^{2+}启动和控制的。

（二）运动时无机盐的生物学功能

无机盐虽不供给能量，但是对维持机体正常功能具有重要的作用。

（1）构成机体组织的重要材料。如硬组织如骨骼和牙齿，大部分是由钙、磷和镁组成，而软组织含钾较多。

（2）维持机体的渗透压平衡和体液的酸碱平衡，对细胞内外水分的转移、物质交换和内环境起稳定作用。

（3）维持神经肌肉的兴奋性，以保持其正常的应激能力，参与神经活动和肌肉收缩等。

（4）参与体内某些酶和激素的组成等，有些无机盐构成酶的辅基以及激素、维生素、蛋白质和核酸的成分，或作为多种酶系统的激活剂，参与许多重要的生理功能。

第五节　核酸及其化合物

在人体的化学组成中，有一类很重要的分子，就是遗传的基础物质多核苷酸——核酸及能量代谢过程中重要的能源物质单核苷酸——三磷酸腺苷（ATP）。

一、核酸

核酸称多核苷酸，可分为两大类，即核糖核酸（RNA）和脱氧核糖核酸（DNA），它们都由单核苷酸组成。

（一）核酸的化学组成

组成核酸的主要元素有碳（C）、氢（H）、氧（O）、氮（N）和磷（P）。与蛋白质比较，核酸的元素组成有两个特点，一是天然核酸不含硫（S），二是核酸中磷的含量较多，并且相对恒定，平均为9%～10%。因此，通常以测定样品中磷的含量来计算组织中核酸的含量。

核酸的基本组成单位是核苷酸。组成DNA的核苷酸是脱氧核糖核苷酸，组成RNA的核苷酸是核糖核苷酸。核苷酸可以进一步水解为核苷和磷酸，核苷又可以水解为戊糖和碱基。

核苷酸中的戊糖有核糖和脱氧核糖两种，分别存在于核糖核酸和脱氧核糖核酸中。核苷酸中的碱基均为含氮杂环化合物，分属于嘌呤衍生物和嘧啶衍生物。核苷酸中的嘌呤碱基主要有鸟嘌呤和腺嘌呤；嘧啶碱基主要有尿嘧啶、胞嘧啶和胸腺嘧啶。其中尿嘧啶只存在于RNA中，而胸腺嘧啶只存在于DNA中。碱基与戊糖以糖苷键相连接构成核苷，通常是戊糖的C－1′与嘧啶碱的N1或嘌呤碱的N9相连接。核苷中的戊糖与磷酸以磷酸酯键连接构成核苷酸。

（二）核酸的生物学功能

核酸在人体内广泛分布，具有多种生物学功能。体育锻炼和运动训练能促进蛋白质的合成，蛋白质的合成正是通过核酸的活动来实现的。研究运动对核酸的影响，可作为运动能力的遗传与选材及运动训练对身体在分子水平上影响的依据，以便科学地提高训练效果。

（1）核酸是细胞结构的重要成分。核酸只存在于细胞内，细胞以外的细胞间质和细胞外液都无核酸存在，自然界最简单的生物如病毒，其组成成分除蛋白质外，就是核酸。

（2）核酸是遗传特殊的物质，主要表现在：核酸具有储存、复制和传递遗传信息的功能；核酸能指挥体内蛋白质的生物合成，包括具有特殊功能的酶蛋白等的合成。

（3）核酸是运动员选材的基础和依据。运动能力是由控制人体运动方面各性状的基因决定的，而基因是DNA分子的某一特定节段，由于性状的遗传性，使其能在人的一生中保持一定的稳定性和一定的极限性，所以，在运动员科学选材中，可依据这一遗传的稳定性，预测待选运动员将来可能达到的运动水平，为科学选材提供有力的证据和依据。

（4）部分核酸还具有特殊生理功能，如三磷酸腺苷（ATP）是机体唯一的直接能源物质。

二、三磷酸腺苷（ATP）

三磷酸腺苷是核苷酸的衍生物，广泛参与体内糖类、脂类、蛋白质、核酸等物质代谢过程。它不仅是体内多种合成反应的直接能源物质，而且是肌肉收缩时唯一的直接能源物质。

（一）ATP的化学组成

ATP是体内重要的单核苷酸，根据元素分析，ATP由C、H、O、N、P组成。ATP

是由一分子腺嘌呤、一分子核糖和三分子磷酸残基组成，有活性的 ATP 分子内还结合镁离子（Mg^{2+}）或锰离子（Mn^{2+}）。细胞在 pH 为 7 时，ATP 分子离子化，由于分子内双键外的电子是均匀分布的，使三磷酸残基的氧原子带负电荷（如图 1－11 所示）。ATP 分子中含有两个高能磷酸键（～P），在体外标准条件下测定的结果，每一个～P 水解时可释放能量约 30.5 kJ/mol 或者更多一些。当运动引起钙离子释放进入肌液时，启动 ATP 水解，反应释放的能量直接供肌纤维利用，是肌纤维收缩过程唯一可使用的能量。ATP 水解产物是二磷酸腺苷（ADP）和磷酸（Pi）。

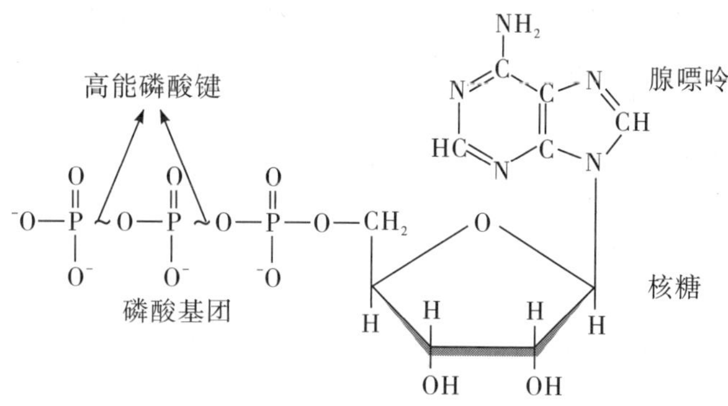

图 1－11　ATP 分子结构

$$ATP + H_2O \xrightarrow{ATPase} ADP + Pi + 能量$$

（二）人体内 ATP 的分布与贮量

细胞内 ATP 被分隔存在于线粒体、细胞核和其他亚细胞器内，或者结合在细胞液内某些组织成分上。在细胞核和细胞液之间，不存在 ATP 浓度的明显差异。不同组织的细胞内 ATP 浓度相差很大，骨骼肌一般在 4.7～7.8 mmol/kg 湿肌，心肌细胞的 ATP 浓度较低，约 5 mmol/kg 湿肌。即使是同类细胞，由于物种不同，也存在不同水平的 ATP 浓度。此外，生理条件、年龄、生长速度、药物和营养等因素也影响细胞内 ATP 浓度。

骨骼肌细胞的 ATP 贮量少，当以最大输出功率进行运动时，只能为肌肉工作提供 0.5～0.8 s。然而运动训练不能明显增加 ATP 贮量，肌细胞也不能直接吸收血液或邻近细胞的 ATP。运动时，骨骼肌消耗的 ATP 必须随时得到补足，方能维持正常的能量平衡。所以，从能量观点看，肌内 ATP 消耗后的恢复速度是影响运动能力的最重要的因素。

（三）运动时 ATP 的生物学功能

生物体内各种活动所需要的能量形式都是由 ATP 直接水解提供的，但由于 ATP 在组织细胞内含量极少，为保持恒定的肌力产生，要求释放能量的代谢系统不断地合成 ATP，其作用特点如下：

1. ATP 是肌肉工作时唯一的直接能源

ATP 分解所释放的能量能直接提供肌肉工作时的能量，其他能源物质在代谢过程中所释放的能量必须通过 ADP 磷酸化合成 ATP，才能作为肌肉工作的能量。即其他能源物质分解时所释放的能量，通过磷酸化合成 ATP，来维持 ATP 供能的相对稳定，确保运动训练的持续进行。

2. ATP 含量少，转化率高而快

ATP 在骨骼肌、心肌的贮存量很少，很快就水解，每千克骨骼肌（湿）含 6 mmol，每千克心肌（湿）约含 5 mmol，而肌肉收缩时所需要的 ATP 数量为 10 mmol/ kg · sec，因此需要 ATP 的再合成，以维持 ATP 的相对稳定。细胞内 ATP 不断地消耗和重新合成，虽然贮量较少，但转换率却极高，利用的 ATP 总量非常大，研究表明，大运动量运动过程中 ATP 转化量甚至相当于 70 kg 体重的人。为了维持肌肉收缩强度，必然相应地加快 ATP 的合成速度，以保证 ATP 浓度处于较高水平的动态平衡之中。从能量的观点来说，运动水平的高低取决于其 ATP 的再合成能力。

ATP 合成基本上是 ATP 水解过程的逆转：

$$ADP + Pi + 能量 \longrightarrow ATP + H_2O$$

ATP 合成的能量依赖于细胞内能源物质的分解。运动状态不同，细胞内提供能量合成 ATP 的分解代谢途径也有所不同。

3. ATP 不能透过细胞膜，只能在细胞内生成而被利用

线粒体是“能量工厂”，但在线粒体内所生成的 ATP 却不能直接透过膜状结构为肌纤维提供能量，必须经 CP 的携带后再合成 ATP，才能作为肌肉的直接能源。

第六节　酶与激素

机体除了具备完整的糖、脂类、蛋白质与氨基酸以及核苷酸与核酸代谢和与之偶联的能量代谢以外，还存在着复杂完整的代谢调节网络，这些复杂的代谢调节网络是由一系列参与调节生物化学反应的酶和激素组成的，其中酶的调节又称为细胞水平的调节，激素往往通过细胞水平的酶进行调节，两者之间是层层相扣，密切关联的。

一、酶

细胞内有多种酶，催化不同物质的物质代谢与能量代谢。但不同的细胞，不同的代谢状态，酶的含量、分布及活性是不同的，因而酶参与代谢的调节包括酶的含量、分布、活性等调节。代谢调节表现为酶活性的升高、降低或酶含量的增加、减少来调节代谢进行的速度与方向。在体育锻炼和运动训练中，物质代谢的化学反应极为顺利和迅速，如在 21 s 左右完成 200 m 跑，机体需提供近 250 kJ 的能量，其根本原因就在于体内存在一种起催化作用的特殊物质——酶。体育锻炼和运动训练引起细胞内酶活性发生的适应性变化，是身体健康和机能提高的基础。

（一）酶的概念及其化学组成特点

酶是生物细胞产生的具有催化功能的物质。绝大多数酶的化学本质是蛋白质，少数酶是由其他生物大分子组成，如核酶的化学本质是核糖核酸（RNA）。酶所催化的反应称为酶促反应；在酶促反应中被酶催化的物质称为底物；反应的生成物质称为产物。酶

所具有的催化能力称为酶活性。酶失去催化能力称为酶的失活。

酶具有蛋白质的理化性质，也具有蛋白质的各级结构，酶的催化功能是由其特定的空间结构所决定的。根据酶的化学组成，可将酶分为单纯蛋白质酶和结合蛋白质酶两类。单纯蛋白质酶仅由蛋白质所构成，其催化活性由蛋白质结构所决定。人体大多数水解酶类都属于单纯酶，例如蛋白酶、淀粉酶、脂肪酶等。结合蛋白质酶除由蛋白质部分（即酶蛋白）外，还有非蛋白质部分，即所谓酶的辅助因子。辅助因子可以是金属离子，也可以是辅酶（或辅基），维生素可通过组成辅酶或辅基的形式，参与酶的活性的调节及体内的物质能量代谢（表1－6是某些含金属离子的酶及其生物学功能，表1－7是体内重要辅酶的组成与维生素的关系和生物学功能）。辅酶与酶蛋白结合疏松，可以用透析和超滤方法除去；辅基与酶蛋白结合紧密，则不能用透析或超滤方法除去。酶蛋白与辅助因子单独存在时均无催化活性，只有当两者结合成全酶才具有催化活性。

表1－6　部分含金属离子的酶及其生物学功能

酶	金属离子	生理功能
质膜 ATP 酶	Na^{+}	加速 ATP 的水解
ATP 酶	Ca^{2+}	加速 ATP 的水解
细胞色素	Fe^{2+}/Fe^{3+}	传递电子，加速氧化还原
细胞色素氧化酶	Cu^{+}/Cu^{2+}	氧化还原
己糖激酶	Mg^{2+}	加速糖分解或合成
碳酸酐酶	Zn^{2+}	加速 CO_2生成和 H_2CO_3分解
丙酮酸激酶	K^{+}	加速糖代谢过程中丙酮酸的生成

表1－7　某些辅酶及其组分的维生素与生理功能

辅酶名称及英文缩写	含维生素	生理功能
辅酶Ⅰ（NAD^{+}）	维生素 PP	传递氢原子
辅酶Ⅱ（$NADP^{+}$）	维生素 PP	传递氢原子
黄素单核苷酸（FMN）	维生素 B_2	传递氢原子
黄素腺嘌呤二核苷酸（FAD）	维生素 B_2	传递氢原子
焦磷酸硫胺素（TPP）	维生素 B_1	丙酮酸脱羧氧化，加速糖代谢
磷酸吡哆醛（B_6－P）	维生素 B_6	转氨基作用，加速氨基酸代谢

（二）酶分子结构特点

酶分子结构与蛋白质分子一样具有特定的空间构型，而酶催化功能是由空间构型中的特定区域——活性中心决定的。如果其空间构型遭到破坏，酶的催化活性就会降低或完全丧失。

1. *酶分子组成特点*

根据组成酶蛋白分子的多肽链分析，酶蛋白分子具有以下特点，即有的酶只由一条多肽链组成，称为单体酶，如大多数水解酶。有的酶是由两条至十数条多肽链聚合组成，称为寡聚酶，其最小单位的肽链称为亚基。例如，琥珀酸脱氢酶由两个亚基组成；乳酸脱氢酶由四个亚基组成。此外还可由几种酶彼此嵌合形在复合体称为多酶体系，例如丙酮酸脱氢酶系，是由三种酶组成的多酶体系。

2. 酶活性中心

酶促反应时，并不是整个酶分子都参与催化作用，而是少数带有功能基因（或称活性基因），例如 $-NH_2$、$-COOH$、$-SH$、$-OH$ 等的氨基酸残基，才与酶的催化功能有关。这些氨基酸残基常分散在酶分子肽链的各处，当肽链盘绕折叠形成特定的空间构型时，可使某些活性基团集中到酶分子的特定区域，形成活性中心。因此，酶分子中活性基团比较集中并与底物结合起催化作用的区域，称为酶的活性中心（如图 1－12 所示）。

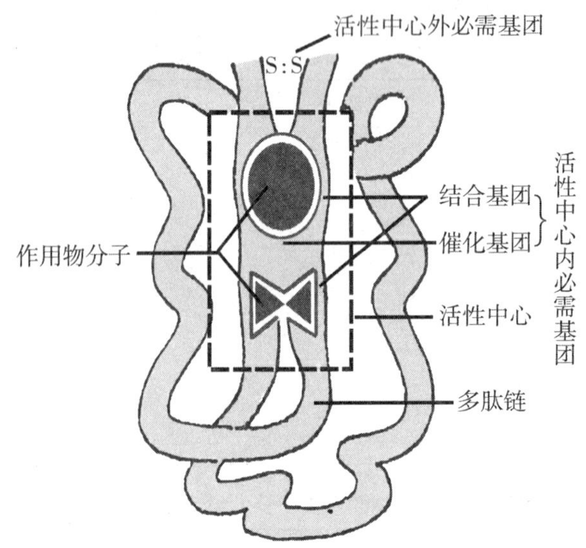

图 1－12 酶活性部位示意图

构成酶活性中心的活性基团又称必需基团，按其功能的不同分为结合基团和催化基团。结合基团是与底物结合的基团；催化基团是催化底物转变为产物的基团。此外，在活性中心以外的区域，尚有某些参与维持酶活性中心空间构型所必需的基团，称为活性中心以外的必需基团。

（三）酶促反应特点及酶的作用机理

酶促反应包括酶与底物的结合和催化反应的加速两个过程。酶的活性中心中催化基团的精确位置对酶促反应甚为重要，当酶蛋白变性时，使这些基团在空间的排列状态受到破坏，酶因而失去活性。酶的活性中心及中心以外的必需基团对酶的催化活性具有决定性的作用。酶既然是生物催化剂，它除具有催化剂的一般特殊外，还具有以下独特的催化特点。

1. 不稳定性

酶的催化功能依赖于酶的结构。酶蛋白具有蛋白质的结构特性，易受各种理化条件的影响，体温变化和失水使体内环境离子浓度、酸碱度改变，各种代谢基质或产物改变都可以对酶活性发生影响，体现酶的不稳定性及可调控性。如大强度运动时肌肉 pH 值下降，可使糖无氧代谢的关键酶——磷酸果糖激酶活性下降，甚至被抑制；湿热环境下长时间运动时，机体产热增加而散热不良，体温升高后可使体内一系列能量代谢酶的活性下降，从而造成容易产生运动性疲劳。酶促反应的环境一般宜在体温 37℃左右和近中性（pH≈7）的溶液中进行。

2. 高效性

酶的催化效率极高，比一般催化剂要高 $10^6 \sim 10^{13}$。例如，蔗糖酶催化蔗糖水解的速度要比用氢离子催化蔗糖水解的速度高 2.5×10^{12} 倍。每个酶分子，每分钟能催化 $10^2 \sim 10^5$ 个反应分子发生反应。因而，在生物体细胞内，酶表现出量微而催化效率极高的特点。在运动时，代谢过程的速率更高，比平常要高几十甚至上千倍，可见酶活性大小和运动能力关系十分密切。

3. 特异性

酶对其作用的底物有严格的选择性并产生一定的产物，这就是酶的特异性，常称为酶与底物间的锁匙结构关系（如图 1-13 所示）。一般催化剂如盐酸可以促进蛋白质、脂肪和淀粉等多种物质的水解，亦即对作用物无严格要求。但酶促反应则不同，一般酶只能催化一种底物，或同一类型的化学键，如淀粉酶只能催化淀粉水解，蛋白水解酶只能催化蛋白质水解，脂肪酶只能催化脂肪水解。酶的这种特性，也表现在对不同专项代谢机能训练的适应不同，酶会产生专项的适应，因此，训练要求要有针对性，如力量、速度与 ATP 酶、CK 的活性关系最为密切；耐力则和柠檬酸合成酶、琥珀酸脱氢酶以及细胞色素氧化酶的活性关系最大。

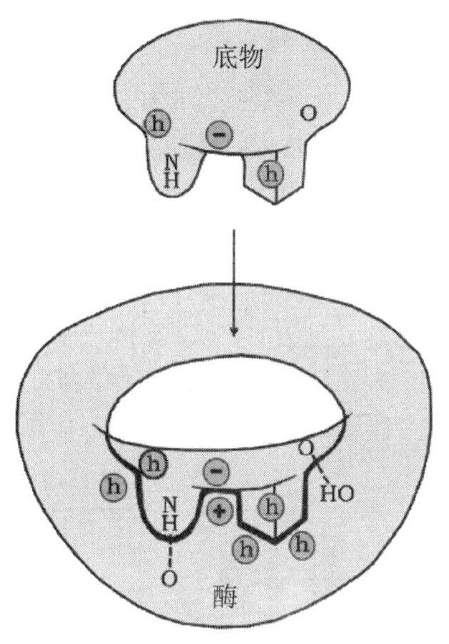

图 1-13　酶与底物间的锁匙结构

（四）影响酶促反应速度的因素

生命活动过程中的物质代谢和能量代谢都是由一系列的酶促反应组成，酶活性的大小，直接影响到酶促反应的快慢，从而影响运动训练中的物质能量代谢。

酶是蛋白质，其催化功能除由自身结构决定外，一切影响蛋白质性质的因素都可影响酶的催化功能，从而影响酶促反应，包括温度、酶酸碱度、物质浓度、激动剂和抑制剂等（见表 1-8）。在一定范围内，底物浓度越高，反应速度越快，增加酶浓度也可有效提高反应速度，合理的运动训练可提高体内组织细胞中相关的酶含量及相关底物的储存量；环境 pH 值会影响酶分子中某些基团的解离程度而改变酶分子的空间结构从而影响酶的催化活性，在运动过程中，骨骼肌糖、脂肪等分解代谢加快，酸性代谢产物增多，可引起肌细胞 pH 值下降，抑制某些酶的活性而影响物质代谢的速度；化学反应的速度随温度的增高而加快，但对于酶促反应，过高的温度会破坏酶分子的空间结构，使酶失去催化能力，运动前常要求做准备活动，原因之一就是准备活动能提高肌肉的温度，有利于提高酶的活性，以适应运动中快速的物质代谢要求。

表1-8 外部条件对酶促反应速度的影响

条件变化	酶促反应速度
温度升高（0~40℃），最适温度为37℃	升高，遵循化学反应的温度与速度关系原理
pH值（6~8）	升高（一定范围内）
底物浓度增加	升高，达最大值后不再升高
加激动剂	升高
加抑制剂	下降

二、激素

激素是体内某些器官或特殊组织不经导管而直接向体液分泌的微量的生理活性物质，它们是机体内传递调节信息的重要物质。激素随体液运到全身各部，并对与其敏感的一种或几种组织或细胞产生一定的生物效应，以调节物质代谢和生理机能。

（一）激素的分类

体内的激素按其化学本质可分为氨基酸衍生物、多肽蛋白质、类固醇和脂肪酸衍生物等四类（见表1-9）。不同化学本质的激素进入细胞发挥作用的方式不同，氨基酸衍生物、多肽蛋白质等属水溶性激素，主要通过细胞膜受体发挥作用，类固醇和脂肪酸衍生物等属脂溶性激素，主要通过细胞胞浆或核中受体发挥作用。

表1-9 体内重要激素的化学本质

化学本质	激　素
氨基酸衍生物	甲状腺素、肾上腺髓质激素、松果体激素等
多肽蛋白质	胰岛素、胰高血糖素、甲状旁腺素、垂体下丘脑激素、胃肠激素、降钙素等
类固醇	肾上腺皮质激素、性激素等
脂肪酸衍生物	前列腺激素等

（二）激素对体内代谢的调节作用

由于激素发挥调节作用首先必须与相应受体、非共价可逆识别结合，且其结合具有高度亲和力、可饱和性，且各靶细胞上有各种激素特异受体分布，故激素调节具有微量、高效、放大效应，且有较高的组织特异性与作用效应特异性，其产生的生物效应决定于激素与受体结合的量，而不单纯决定于激素的量或血中的浓度。激素本身不直接参与糖、脂类、蛋白质等代谢，而是通过关键酶，限速酶的磷酸化、环腺苷酸化等化学修饰发挥调节作用，另外，还可调节基因开放、控制酶蛋白量等发挥调节作用（见表1－10）。

表1－10　激素对体内代谢的调节作用

代谢类型	激　　素
糖代谢	胰岛素及膝高血糖素、肾上腺素、甲状腺激素、生长激素、糖皮质激素等
脂类代谢	肾上腺素、胰岛素、甲状腺激素、糖皮质激素等
蛋白质代谢	糖皮质激素、甲状腺激素、生长激素、催乳素等
核酸代谢	所知甚少，主要是通过蛋白质和氨基酸代谢调节
能量代谢	甲状腺激素等
水盐代谢	抗利尿激素、肾上腺盐皮质激素、降钙素、甲状旁腺素等

（三）运动对血激素水平的影响

适宜的运动使内分泌系统功能呈适应性的变化，主要表现为，安静状态下血激素在正常范围内，完成训练后血激素的应激性变化减小。血激素对一次性运动的应激反应可表现为升高、降低和不确定。主要呈升高变化的激素有：生长激素、促甲状腺激素、促肾上腺皮质激素、催乳素、β－内啡肽、抗利尿激素、皮质醇、醛固酮、儿茶酚胺（包括肾上腺素、去甲肾上腺素、5－羟色胺）、甲状腺素、三碘甲腺原氨酸、甲状旁腺素、雌激素、孕激素、睾酮、心钠素等，而主要降低变化的激素是胰岛素。运动应激时主要激素的分泌特点及其对代谢的作用见表1－11。

表1－11　运动应激时主要激素的分泌特点及其对代谢的作用

名称	变化	对代谢的作用
糖皮质激素	增加	1. 提高血管对儿茶酚胺的敏感性
		2. 促进糖异生
		3. 稳定溶酶体膜，减少其对细胞的损害
儿茶酚胺	增加	1. 动员机体应付紧急情况
		2. 促进多种激素分泌，如胰高血糖素、甲状腺素、降钙素、肾素、EPO等
生长激素	增加	促进糖原、脂肪分解，蛋白质合成
抗利尿激素	增加	肾小管收缩，泌尿减少
胰岛素	减→增	1. 抑制糖、脂肪、蛋白质分解
		2. 增加蛋白质合成，肌肉葡萄糖利用
胰高血糖素	增加	促进糖原、脂肪分解，糖异生加强
雄性激素	增→减	降低蛋白质、糖原合成代谢

各种激素的变化是和运动时物质、能量代谢过程的特点相适应的。其变化水平与运动时间、强度、运动员身体机能状态等因素有关。虽每种激素对代谢的调节作用各不相同，但总的来说均有助于提高运动时的能量供应，确保体力充沛。

本章小结

人类生命活动的本质就是物质代谢过程，从生物化学角度来讲，人体化学组成可分为蛋白质、脂肪、糖、水、核酸、维生素和无机盐等七大类，这些化学物质在人体内的功能各异，它们构成了人体的各种细胞和细胞间质，并供给细胞活动的能量。生命活动及运动过程中人体化学组成均呈动态平衡状态，当任何一种化学组成物质含量发生变化时，均会引起健康及身体机能状态的变化。任何一种物质的缺乏，都会导致人体的障碍和损伤。

蛋白质是一类重要的生物大分子，是细胞的基本结构物质，参与蛋白质组成的20种氨基酸可分为必需和非必需两大类。蛋白质分子结构可分为一级结构、二级结构、三级结构和四级结构。蛋白质不仅构成细胞的基本结构物质，还是多种生物活性物质如酶、多肽类激素、神经递质等的基本成分，参与机体能量代谢或生理机能的调节。

脂类是构成人体组织的重要能源物质，大量储存在脂肪组织、肝脏和骨骼肌内。按照脂类在体内的分布可分为脂肪和类脂两大类。脂类是生物膜的重要组成部分，参与细胞识别及信息传递，同时也是机体正常安静状态、饥饿或中低强度运动时体内能量的主要来源。

糖是自然界分布最广泛的有机物，是生物体内重要成分之一，也是生物体重要能源物质。糖根据能否水解分成单糖、寡糖和多糖等三类。糖是体内主要能源物质，同时也是神经系统如脑组织主要的能源物质。糖还参与组成细胞内结构成分，并可组成某些功能性物质等，并具有调节脂肪酸代谢的功能。

水、无机盐是人体的重要组成部分，其含量和代谢平衡对人体正常的生理功能和运动健康起着重要作用。酶与激素共同调节机体复杂完整的代谢调节网络，其中酶的调节又称为细胞水平的调节，激素往往通过细胞水平的酶进行调节，两者之间是层层相扣、密切关联的。另外一些很重要的分子，包括人类遗传的基础物质核酸及能量代谢过程中重要的能源物质三磷酸腺苷（ATP）和磷酸肌酸（CP）等。

思考与练习

1. 比较糖、脂类、蛋白质、核酸的元素组成、分类、结构特点、概念及其生物学功能等。
2. 试述水和无机盐在运动中的生物学功能。
3. 什么是酶及酶的活性中心？酶促反应有何特点？
4. 试述激素在代谢调节中的作用机制。
5. 简述ATP、CP的分子组成及其生物学功能。

第二章

运动时人体的无氧代谢

物质代谢又称新陈代谢，是生物体内进行的各种化学反应过程的总称，伴随物质代谢过程发生的能量吸收、储存、释放、转移和利用的过程，称为能量代谢。人体运动时骨骼肌收缩所需要的能量来自于三磷酸腺苷（ATP）分解所释放的自由能，而骨骼肌组织内 ATP 的贮量有限，因此保证供能的连续性需要依靠磷酸肌酸（CP）、糖、脂肪、蛋白质等物质分解代谢，将其分子内的化学能释放出来并转移、储存至 ATP 分子内。在缺氧状态下体内能源物质的代谢，释放能量的过程称为无氧代谢，本章在介绍人体的物质和能量代谢的基础上，重点介绍磷酸原代谢、糖酵解代谢过程的特点与规律，并结合不同方式运动中机体的能量需要来阐述体内如何通过精细的代谢调节，使 ATP 的合成速率与 ATP 的利用速率保持平衡。

第一节 人体的物质和能量代谢

物质代谢是生命的基本特征。从有生命的单细胞到复杂的人体，都与周围环境不断地进行物质交换，这种物质交换称为物质代谢或新陈代谢。

一、物质代谢

物质代谢包括同化作用和异化作用两个不同方向的代谢变化。生物在生命活动中不断从外界环境中摄取营养物质，转化为机体的组织成分，称为同化作用；同时机体本身的物质也在不断分解成代谢产物，排出体外，称为异化作用。物质代谢过程十分复杂，即使在一个细胞内进行的物质代谢，亦包含一系列相互联系的合成和分解的化学反应（如图 2－1 所示）。

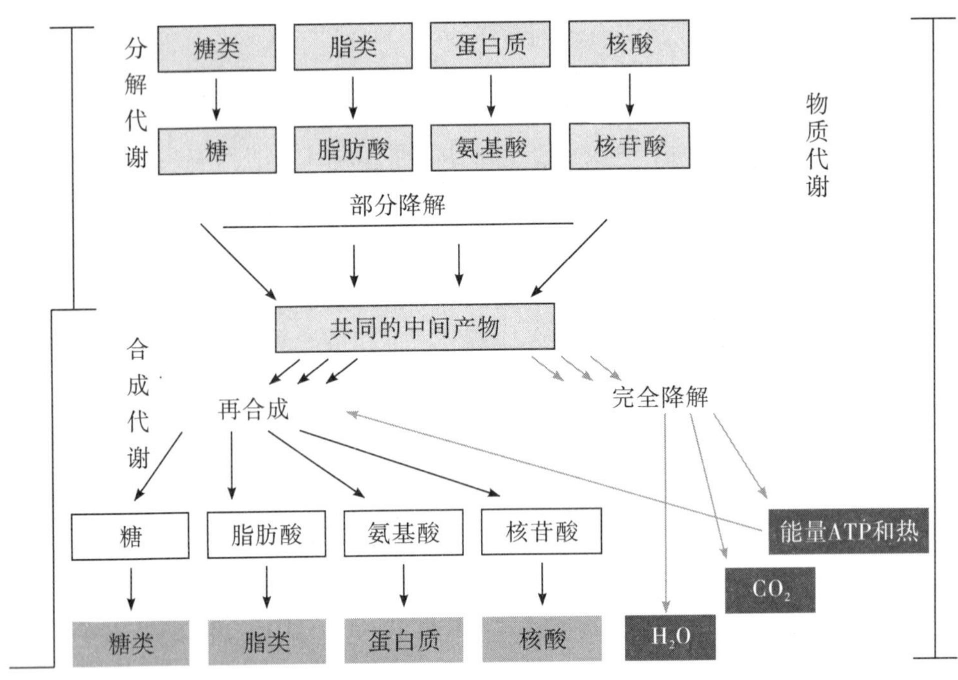

图 2－1 物质代谢过程

二、能量代谢

人体生命活动所需要的能量其初始均来自食物中的糖类、脂肪和蛋白质。能量代谢是伴随着物质代谢过程进行的，是人体与外界环境之间的能量交换和人体内能量转移的过程（如图 2－2 所示）。在能量代谢方面，能源物质通过生物氧化释放的能量一部分转化为热能用于维持体温或补偿由于蒸发而散失的热量；另一部分化学键能在直接转化成热量前合成 ATP，以高能磷酸键的形式储存能量。在 ATP 分解为 ADP 时，伴随能量的释放，也属于能量代谢。储存在 ATP 中高能键经水解成 ADP 和 Pi，同时释放的能量可直接用于肌肉收缩的机械能以及神经传导需要的电能和物质合成代谢需要的化学能等。

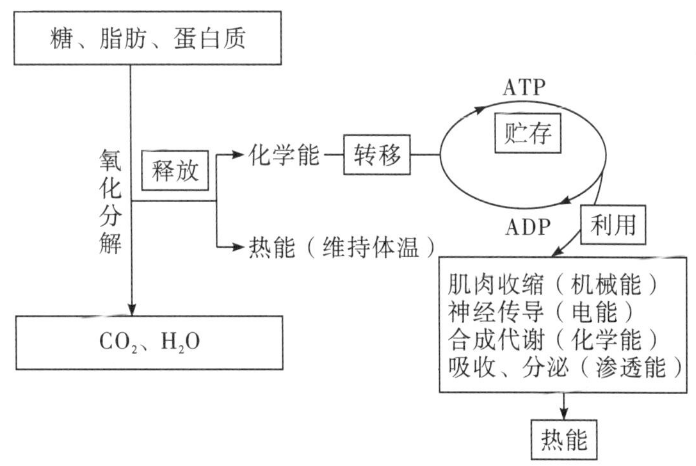

图 2－2 能量代谢示意图

三、高能磷酸化合物

高能化合物一般是指在水解时释放的标准自由能高于 20.92 kJ/mol（5 000 kcal/mol）的化合物。自由能是指一个反应体系中能够做功的那一部分能量。

大多数化合物都有可水解的磷酸基团，故又称高能磷酸化合物，如 ATP、CP 等。

四、生物氧化

糖、脂类及蛋白质等营养物质在体内及体外都能氧化产生 CO_2 和 H_2O。但体内的生物氧化与体外燃烧不同，生物氧化有其特点，它是在细胞内由酶催化的氧化反应，几乎每一反应步骤都由酶催化，反应不需高温，也不需强酸、强碱及强氧化剂的协助，在体温及近中性的 pH 环境中即可进行；而且是逐步进行、逐步完成的，所有反应不会骤然释放大量能量，当然更不会产生高温、高热。反应中逐步释放的能量有相当一部分可使 ADP 磷酸化生成 ATP，从而储存在 ATP 分子中，以供生理生化活动之需。

（一）概念

能源物质在生物体内氧化分解产生 CO_2 和 H_2O，并释放大量能量的过程称为生物氧化。

（二）生物氧化途径

生物氧化不是单步化学反应所能实现的，需经一系列化学反应逐步完成。这种由许多酶促反应有组织、有秩序、依次衔接起来的连续化学反应，即为生物氧化途径。

各种营养物质在体内进行生物氧化时经历不同的过程，但有共同的规律，大体可以分为三个阶段。第一阶段，是糖、脂肪和蛋白质分解为其基本组成单位——葡萄糖、脂肪酸和甘油、氨基酸。此阶段释放能量很少，仅为其蕴藏能量的1%以下，且以热能形式散失，不能储存。第二阶段，是葡萄糖、脂肪酸、甘油和多数氨基酸经不同的反应过程生成活性二碳化合物——乙酰辅酶A，这一阶段释放总能量的1/3，且可以生成ATP。第三阶段，进行三羧酸循环和氧化磷酸化过程，这是糖、脂肪和蛋白质分解代谢的最后共同通路，营养物质中2/3的能量是在这个阶段中释放出来的，是生成ATP最多的环节（如图2－3所示）。

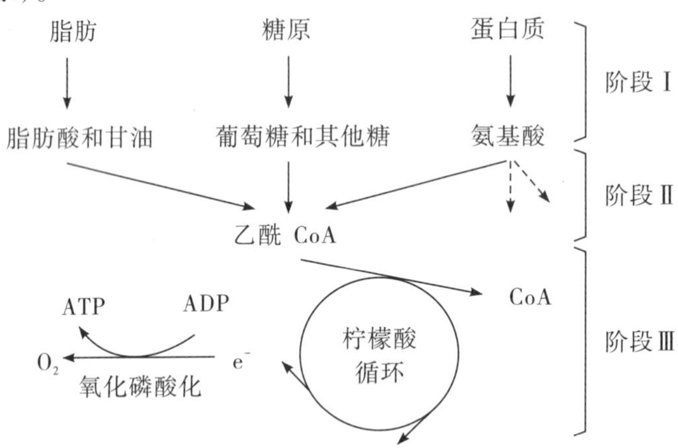

图2－3　糖、脂肪、蛋白质氧化分解的三个阶段

1. 生物氧化中水的生成——呼吸链

生物氧化过程中水的生成是通过呼吸链完成的。代谢物上的氢原子被脱氢酶激活脱落后，经过一系列的传递体，最后与激活的氧结合生成水的全部体系，此过程与细胞呼吸有关，所以将此传递链称为呼吸链或电子传递链（如图2－4所示）。

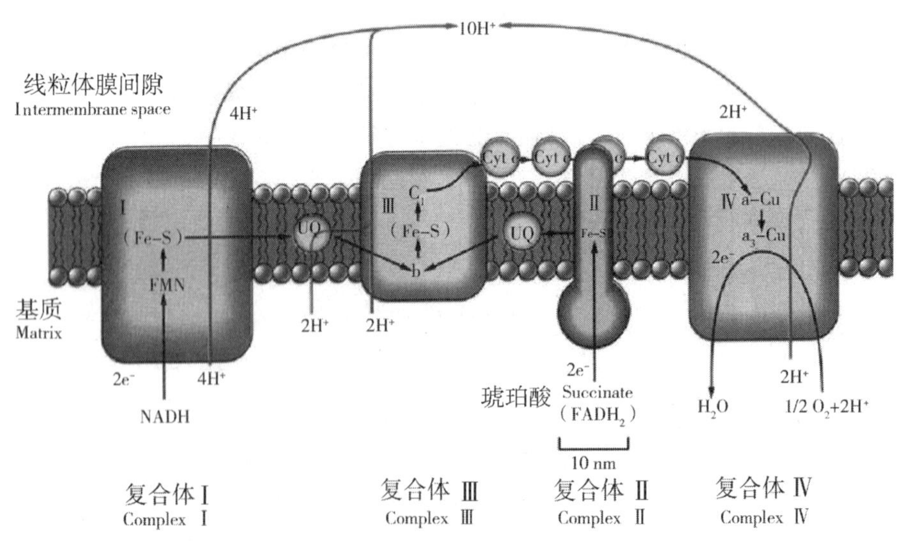

图2－4　呼吸链

在呼吸链中，酶和辅酶按照一定顺序排列在线粒体内膜上。其中传递氢的酶或辅酶称为递氢体，传递电子的酶或辅酶称为电子传递体。递氢体和电子传递体都起着传递电子的作用（$2H \longrightarrow 2H^{+} + 2e^{-}$）。生物体内的呼吸链有多种形式，人体细胞线粒体内最重要的有两条，即 NADH 氧化呼吸链和琥珀酸氧化呼吸链（如图 2－5 所示）。

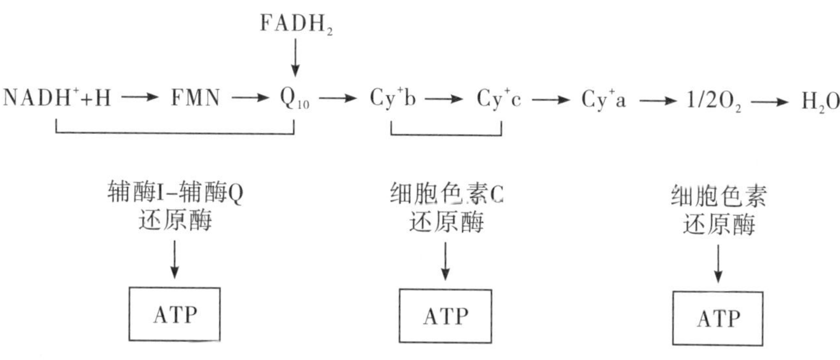

图 2－5　呼吸链和 ATP 的合成

2. 生物氧化中能量的生成——ATP 的合成

在生物氧化中伴随着 ATP 生成的作用，有代谢物连接的磷酸化和呼吸链连接的磷酸化两种类型。即 ATP 生成方式有以下两种：

（1）底物水平磷酸化。底物水平磷酸化是指在物质分解代谢过程中，代谢物脱下氢后，能量在分子内部重新分布，形成高能磷酸化合物，然后将高能磷酸基团转移到 ADP 形成 ATP 的过程。例如，在糖的分解代谢过程中，3－磷酸甘油醛脱氢并磷酸化生成 1，3－二磷酸甘油酸，在分子中形成一个高能磷酸基团，在酶的催化下，1，3－二磷酸甘油酸可将高能磷酸基团转给 ADP，生成 3－磷酸甘油酸与 ATP。

在无氧代谢供能为主的运动中，肌肉收缩所需的 ATP 主要是以底物水平磷酸化的方式合成。

（2）氧化磷酸化。氧化磷酸化是由位于线粒体内膜中的呼吸酶合体完成的。而供应大部分 NADH 和 $FADH_2$ 的有氧代谢途径是在相邻的线粒体间质中进行的，代谢物脱氢氧化的具体途径包括糖酵解、糖有氧氧化、脂肪的分解代谢及蛋白质的分解代谢等。

在生物氧化过程中，代谢物脱下的氢，经呼吸链传递过程逐级氧化，最后生成水，同时伴有能量的释放，使 ADP 磷酸化生成 ATP 的过程，称为氧化磷酸化。

在氧化磷酸化反应中，生成的 ATP 数量可由 P/O 比值确定，P/O 比值是指在 ATP 形成时，每消化 1 mol 氧原子所消耗的无机磷的摩尔数。实验证明，经 NADH 氧化呼吸链测得的P/O比值是 2.5，即生成了 2.5 分子 ATP；而琥珀酸呼吸链的 P/O 比值是 1.5，即生成 1.5 分子 ATP。

正常人体所利用的 ATP 约有 90% 来自于氧化磷酸化的合成。

第二节　运动时磷酸原的代谢

ATP 和 CP 是人体内重要的能源物质。其分子内均含有高能磷酸键，在代谢中均能通过转移磷酸基团的过程释放能量，故将 ATP 和 CP 合称磷酸原。

一、磷酸原代谢过程

ATP 是能量代谢的中心，是肌肉收缩时将化学能转变为机械能的唯一直接能源。虽然肌细胞内 ATP 储量有限，但 ATP 转换率极高，其中高能磷酸储存库 CP 可快速合成 ATP。因此将磷酸肌酸通过磷酸基团的转移作为贮能物质称为磷酸原。

（一）ATP 的代谢

在体外标准条件下测定的结果，每一个高能磷酸键（～P）水解时可释放能量约 30.5 kJ/mol 或者更多一些。

$$ATP + H_2O \xrightarrow{ATPase} ADP + Pi + 能量 \quad (\Delta G_0 = -30.514\ kJ/mol)$$

在肌原纤维附近的腺苷酸激酶（MK）可催化肌浆内 ADP 缩合反应而生成 ATP。

$$ADP + ADP \xrightarrow{MK} ATP + AMP \quad （磷酸腺苷）$$

$$AMP + H^+ \xrightarrow{AMP\ deaminase} IMP（黄嘌呤核苷酸） + NH_4^+$$

AMP 进一步脱氨基生成 IMP。该反应可保持肌肉内 AMP、ADP 的含量较低，使 ATP 水解提供充足的自由能以保证肌肉的收缩。有研究表明有 1%～2% 的白种人肌肉内 AMP 脱氨酶缺失，而且发现这些人群运动时容易出现肌肉痉挛、疼痛以及早期疲劳等现象。该步反应的另一个产物 NH_4^+ 具有毒性，此物质经血液循环进入肝脏，在肝脏中经鸟氨酸循环生成无毒性的尿素。进行大强度运动时，骨骼肌内氨含量的升高（如图 2－6 所示），源于 AMP 脱氨基生成及肌内氨基酸氧化，但前者占的比例较大。

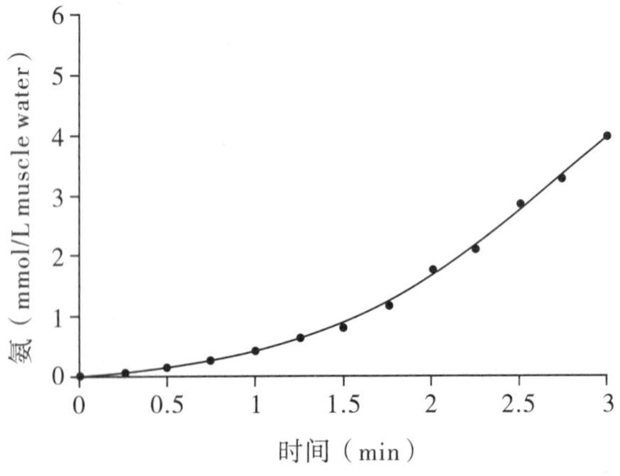

图 2－6　大强度运动时骨骼肌内氨的变化

此外，体内还有其他如三磷酸胞苷（CTP）、三磷酸鸟苷（GTP）、三磷酸尿苷（UTP）等高能磷酸化合物，它们也是在许多代谢过程中起重要作用的能量物质，而且也都是从 ATP 中获得高能磷酸键分别转移给 CDP、GDP、UDP 而合成的。

（二）CP 的代谢

骨骼肌收缩蛋白不能直接利用 CP 分解释放的能量。所以，CP 不是骨骼肌的直接能源物质。CP 的代谢主要通过两个方面进行。

1. 提供高能磷酸基团快速合成 ATP

$$CP + ADP \xrightarrow{CK} C + ATP$$

催化上述反应的肌酸激酶（CK）对 ADP 的浓度变化极为敏感。当 ATP 分解产生 ADP 时，CK 几乎同步起作用，催化 CP 分解，利用 ADP 快速合成 ATP。反之，当 ATP 供过于求，在肌酸激酶催化下，ATP 分子内的高能磷酸键转给肌酸，合成磷酸肌酸，将高能磷酸基团储存起来。

2. 组成肌酸—磷酸肌酸能量穿梭系统

CP 将线粒体内有氧代谢释放的部分能量转移到细胞质内，即将能量从产能部位快速重组后转移到用能部位。这样使 ATP 水解后就可重新合成，有效保证了 ATP 水解与再合成的紧密偶联（如图 2－7 所示）。

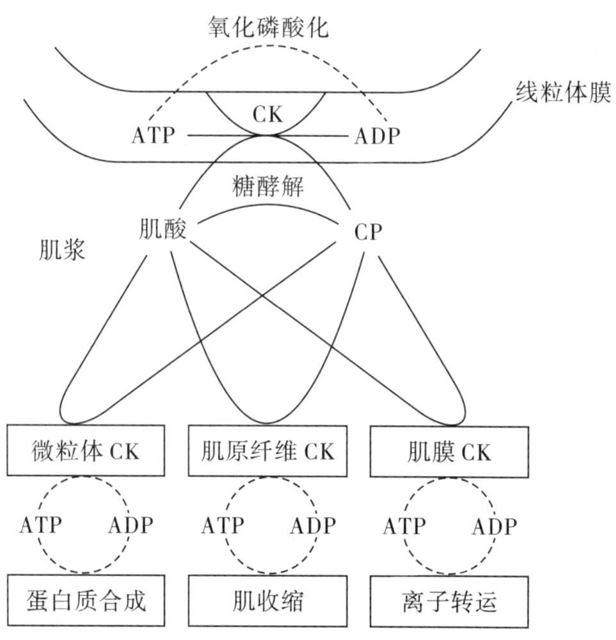

图 2－7 肌酸—磷酸肌酸能量穿梭示意图

运动中 CP 储量消耗与运动强度大小关系极为密切。

最大强度运动达到力竭时，CP 储量下降比 ATP 彻底得多，但也不会完全耗尽，大约剩下休息值的 3%。而 ATP 储量为安静值的 60%～70%。当以 75% 最大摄氧量的强度持续运动达到疲劳时，CP 储量可降到安静值的 20% 左右，ATP 储量则略低于安静值，此时 CP 没有耗尽，是因为 ATP 合成除 CP 分解反应外，主要由糖酵解和糖有氧氧化提供。当以低于 60% 最大摄氧量强度运动时，CP 储量几乎不下降。这时，ATP 合成途径主要依靠糖、脂肪的有氧代谢提供。

（三）磷酸原代谢调节

在运动开始时，CK 的激活与否跟肌肉内 ATP/ADP 的比值有关，当肌肉内 ATP/ADP 的比值下降时，激活 CK，从而催化 CP 分解，把高能键转给 ADP 生成 ATP，使 ATP/ADP 比值升高或保持相对稳定状态。磷酸原代谢中 CK 的活性对 ADP 浓度变化极为敏感，CK 所催化的化学反应几乎与 ATP 水解同步作用。CK 催化的反应虽然消耗肌肉内存在的 H^+，但是对肌肉碱性化作用非常小。当肌肉内酸浓度开始升高时，腺苷酸脱氨酶活性被激活，催化 AMP 脱掉氨基。在反应中所消耗的 H^+ 对于肌肉内酸的改变作用是有限的。有研究表明，安静时、剧烈运动后 CP 接近耗尽、运动力竭后 CP 完全耗尽，其肌肉内 pH 值分别为 7.01、6.74、6.18。

在磷酸原代谢中，以 MK 催化反应生成的产物 AMP 是糖酵解代谢过程中两个酶的强有力的变构活化剂。首先，AMP 激活磷酸化酶，从而促进糖原分解，生成 6－磷酸葡萄糖，并逐步进入糖酵解过程；另外，AMP 可激活糖酵解过程中磷酸果糖激酶（PFK），从而加速了糖酵解再合成 ATP。

（四）磷酸原代谢在运动中的意义

磷酸原系统中 ATP、CP 均以水解分子内高能磷酸基团的方式提供能量，所以运动开始时最早起动，最快利用，具有快速供能和最大功率输出（50 W/kg・BW）的特点（如图 2－8 所示）。短时间极量运动时，磷酸原系统的最大输出功率可达每千克干肌每秒 1.6～3.0 mmol 的高能磷酸键。

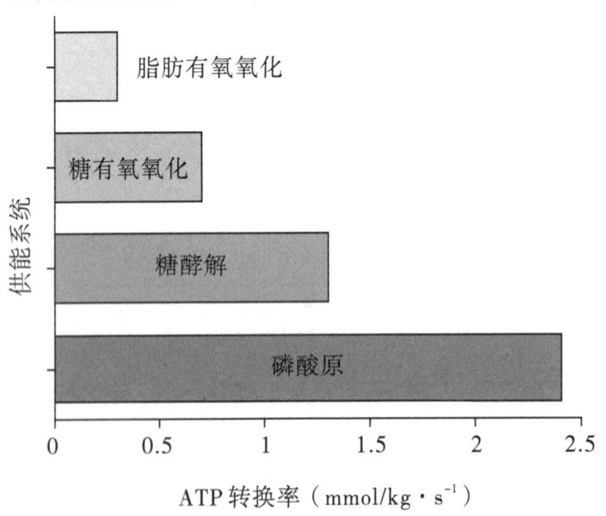

图 2－8　各供能系统的 ATP 转换率

磷酸原供能能力关键取决于体内 CP 的储量（见表 2－1）。运动强度愈大，骨骼肌对磷酸原供能的依赖性也愈大（见表 2－2）。

表 2－1 人体磷酸肌酸产生高能磷酸基团的最大速率

能源利用	最大输出功率（mmol－P/kg 干肌·s）	可供运动时间
ADP ＋ CP → ATP ＋ C	1.6～3.0	6～8 s

表 2－2 人体磷酸原系统能量储量和可用量

	ATP	CP	ATP、CP 总量
肌肉中储量（mmol/kg 肌肉）	4～6	15～17	19～23
30 kg 肌肉的 mmol 量	120～180	450～510	570～690
可用供能数量（mmol/kg 肌肉）	0.04～0.06	0.15～0.17	0.19～0.23
30 kg 肌肉总量	1.2～1.8	4.5～5.1	5.7～6.9

从图 2－9 和图 2－10 可看到，极量运动至力竭时，CP 储量接近耗尽，ATP 的储量略有下降，而 ATP 的转换率下降，无机磷酸的含量增加。这是由于这类运动中，CP 分解是 ATP 再合成的基本途径，故 CP 储量的下降速度比 ATP 快得多。

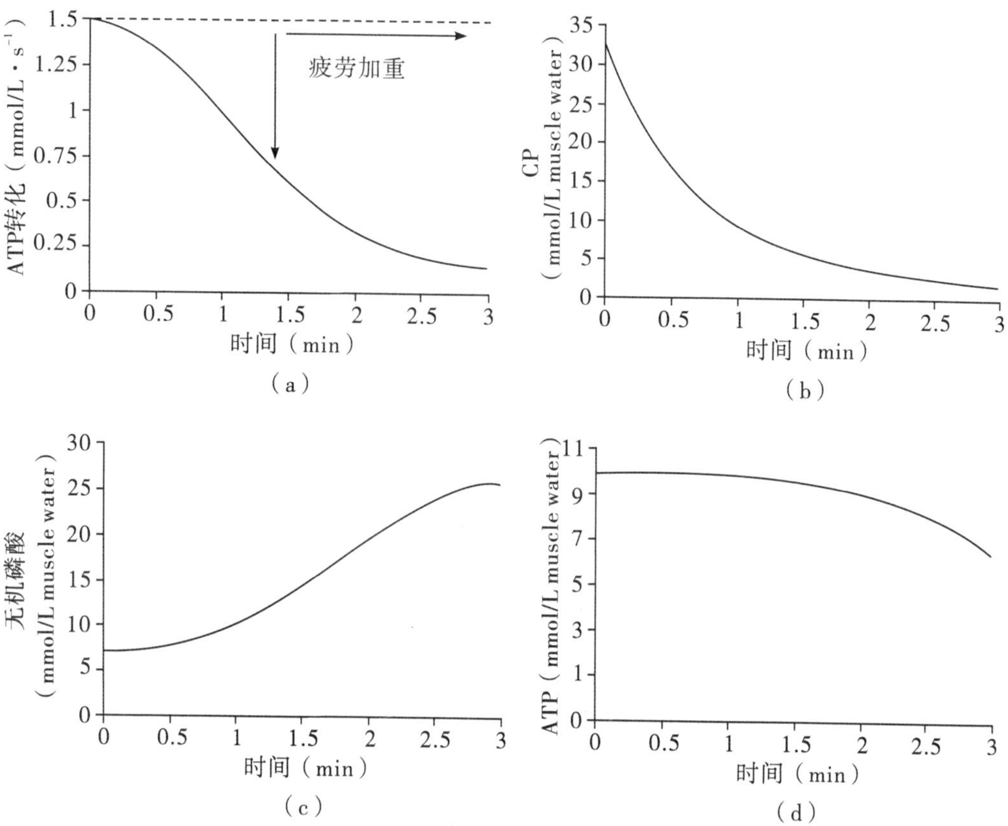

图 2－9 极量运动至力竭时 ATP 储量、CP 储量的变化

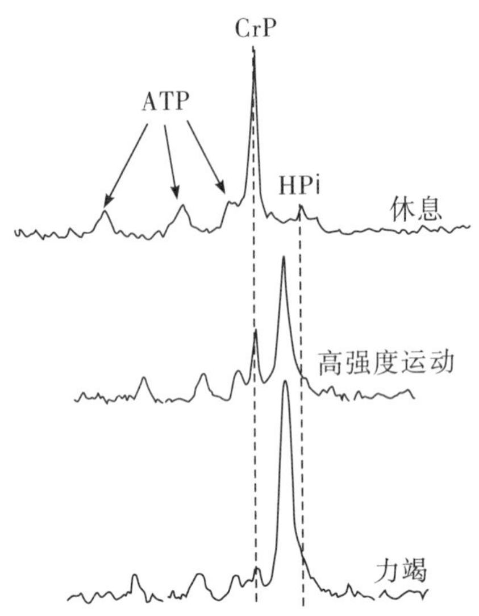

图 2-10 ATP 的转换率、无机磷酸含量的变化

肌细胞内磷酸原储量有限（ATP 为 4.7~7.8 mmol/kg·wt，CP 为 20~30 mmol/kg·wt），可维持最大强度运动约 10 s。磷酸原供能能力在短时间最大强度或最大用力运动中起主要作用，与速度、爆发力关系密切，如短跑、举重、田径赛里的推铅球、掷铁饼、跳跃等项目的运动，要注意加强磷酸原供能能力的训练。

二、运动对磷酸原代谢的影响

运动训练会导致人体结构和机能发生适应性变化。训练影响磷酸原代谢，表现为运动时 ATP 酶、CK 和肌激酶活性增强，这对提高运动时肌肉最大做功能力有积极意义。例如，高水平短跑运动员在 100 m 跑开始后，水解 ATP、CP 的速率比一般人高得多，因而跑得更快。CK 活性提高还有利于运动后恢复期 CP 的重新合成，运动训练能改变 ATP、CP 的储量。

许多运动是大强度间歇运动，每个间歇过程中体能的恢复有主动的或被动的。显然，磷酸原恢复的运动力学是研究以磷酸原供能为主的运动项目的关键。运动员反复恢复 CP 的能力及产生较高的能量可显著地影响运动员的运动能力。总的来说，运动后磷酸肌酸的恢复速度比运动开始阶段的磷酸肌酸分解的速度要慢一些。FOX 研究报道运动后 ATP 及 CP 恢复一半的时间需要 20~30 s，在 2 min 之内大部分恢复，3 min 时已基本恢复。还有研究表明，经过大强度力歇运动后，若使 CP 完全恢复需要花费的时间最快的小于 5 min，慢的需要超过 15 min。其恢复的速度与 CP 消耗的程度、体内酸浓度以及运动肌纤维的类型密切相关。且运动后 CP 的再合成主要与氧化代谢机制偶联在一起。从图 2-11 可以看出，运动中 CP 消耗量的不同，其恢复速度不同，消耗的多，恢复所需要的时间长；消耗相同量的 CP 时，在恢复期，慢肌纤维内 CP 恢复所需要时间比快肌纤维短。

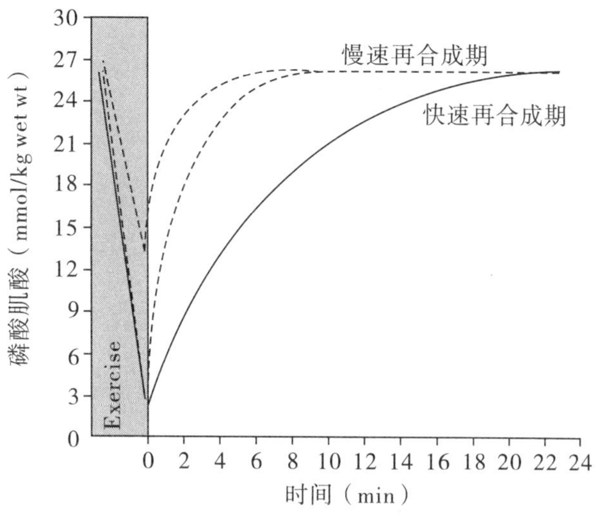

图 2－11　CP 的恢复及其影响因素

然而针对 CP 的恢复速度的研究中，Harris 等研究认为，随着肌肉激烈收缩后，CP 的恢复速度具有两相模式，一个是最初的快速再合成期，另一个紧接着较慢的第二恢复期。利用肌肉活检方法对股四头肌进行实验，发现经过激烈运动后，快速恢复和慢速恢复两部分 CP 的半时反应分别是 21 s 和大于 170 s。然而支持 CP 恢复具有两相性的 Bogsanis 等发现采用功率自行车进行 30 s 冲刺后即刻体内 CP 消耗达到安静时的 19.5% ± 1.2%。1.5 min 后 CP 恢复到 65.0% ± 2.8%，然而再经过 4.5 minCP 恢复到 85.5 % ± 3.5%。通过数学模型预测 CP 恢复到 95% 水平需要 13.6 min。然而该观点也存在很多争议。

第三节　运动时糖的无氧代谢

当运动持续时间超过几秒钟后，再合成 ATP 的能量越来越多地来源于肌糖原和血糖的分解。糖酵解生成乳酸的过程中释放的能量是身体处于大强度激烈运动时的重要能量来源。

一、糖酵解过程及代谢调节

体内组织中的葡萄糖或糖原在无氧条件下分解生成乳酸，同时释放能量的过程，称为糖的无氧代谢，也称糖酵解。

（一）糖酵解的基本过程

糖酵解过程发生在细胞质中，可分为两个阶段。1 分子葡萄糖或糖原的一个葡萄糖单位酵解的第一个阶段为耗能过程；第二阶段为释能过程（如图 2－12 所示）。

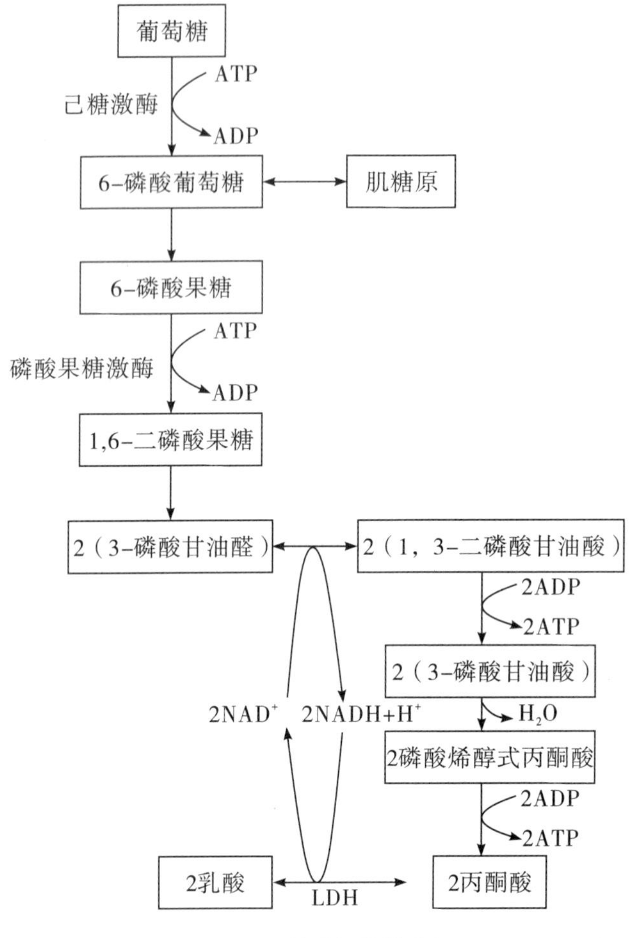

图 2－12 糖酵解代谢途径

1. 第一阶段：从葡萄糖或糖原至 2 分子 3－磷酸甘油醛的生成

糖酵解第一阶段包括 4 步反应。

（1）葡萄糖的磷酸化。当代谢从糖原开始时，由于糖原在磷酸化酶作用下分解，糖苷键水解释放能量与新合成的化学键键能基本相同，故生成 6－磷酸葡萄糖时，不消耗 ATP；如糖酵解从葡萄糖开始时，则葡萄糖磷酸化生成 6－磷酸葡萄糖时，消耗 1 分子 ATP。在此过程中消耗 ATP 的作用是提供能量合成酯键和磷酸基团。从糖原或葡萄糖生成 6－磷酸葡萄糖时，催化的酶不同，一是己糖激酶，另一种是葡萄糖激酶。

（2）6－磷酸葡萄糖的异构反应。6－磷酸葡萄糖经磷酸己糖异构酶的催化转变为 6－磷酸果糖。

（3）6－磷酸果糖的磷酸化。6－磷酸果糖在磷酸果糖激酶的催化下，用 ATP 磷酸化，生成 1，6－二磷酸果糖。此反应是不可逆反应，是糖酵解过程中的关键步骤，故催化此反应的磷酸果糖激酶（PFK）是关键酶。

（4）1，6－二磷酸果糖裂解反应。在醛缩酶的作用下，1，6－二磷酸果糖分解为磷酸二羟丙酮和3-磷酸甘油醛。磷酸二羟丙酮和3-磷酸甘油醛不断进入下一步反应，一般来说，磷酸二羟丙酮也全部转变为3-磷酸甘油醛，1分子1，6-二磷酸果糖可认为生成2分子3-磷酸甘油醛。至此，1分子葡萄糖生成2分子3-磷酸甘油醛，通过两次磷酸化作用消耗2分子ATP。

2. 第二阶段：3-磷酸甘油醛至乳酸的生成

糖酵解第二阶段是由6步反应组成。

（1）3-磷酸甘油醛氧化反应。由3-磷酸甘油醛分子上的醛基脱氢氧化成羧基，并磷酸化生成含有一个高能磷酸键的1，3-二磷酸甘油酸，脱下的氢和电子转给脱氢酶的辅酶 NAD^+ 生成 $NADH+H^+$。

（2）1，3-二磷酸甘油酸的高能磷酸键转移反应。在磷酸甘油激酶的催化下生成3-磷酸甘油酸，并将高能键转给ADP合成ATP。细胞内这种通过底物脱氢或脱水引起分子内能量重新分布，而形成的高能磷酸键直接交ADP磷酸化生成ATP的过程，称为底物水平磷酸化。

（3）3-磷酸甘油酸的变位反应。3-磷酸甘油酸在磷酸甘油变位酶的催化下转变为2-磷酸甘油酸。

（4）2-磷酸甘油酸的脱水反应。2-磷酸甘油酸再经烯醇化酶催化作用脱水，同时引起分子内部能量重新分配而合成含有高能磷酸键的磷酸烯醇式丙酮酸。

（5）磷酸烯醇式丙酮酸的磷酸转移。磷酸烯醇式丙酮酸在丙酮酸激酶的作用下，生成烯醇式丙酮酸并将高能磷酸键转给ADP生成ATP，这又是一次底物水平磷酸化的过程；最后自动形成丙酮酸。丙酮酸激酶是糖的有氧氧化过程的限速酶。

（6）丙酮酸还原生成乳酸。在无氧条件下，丙酮酸在乳酸脱氢酶（LDH_5）的催化下，接受由3-磷酸甘油醛脱下的氢（$NADH+H^+$）还原生成乳酸。

综上所述，糖酵解的终产物为乳酸，1分子葡萄糖（或糖原的一个葡萄糖单位）经酵解过程，即可生成2分子乳酸。

（二）糖酵解过程ATP的合成

从葡萄糖开始进行糖酵解，由于1分子葡萄糖生成2分子丙酮酸的同时，总共生成4分子ATP，但由于反应过程中生成6-磷酸葡萄糖和1，6-二磷酸果糖时各消耗1分子ATP，结果1分子葡萄糖经酵解可净生成2分子ATP，若从糖原开始进行酵解，由于此葡萄糖进行酵解时少消耗1分子ATP，故糖原的每个葡萄糖单位进行酵解时，可净生成3分子ATP。

（三）糖酵解的调节

糖酵解中大多数反应是可逆的。这些可逆反应的方向、速率由底物和产物的浓度控制；催化这些可逆反应酶活性的改变，并不能决定反应的方向。在酵解途径中，已糖激酶（葡萄糖激酶）、6-磷酸果糖激酶和丙酮酸激酶分别催化的3个反应是不可逆的，分别受变构剂和激素的调节。

1. 6-磷酸果糖激酶

目前认为调节糖酵解途径最重要的是6-磷酸果糖激酶的活性。受多种变构效应的影响，ATP和柠檬酸是此酶的变构抑制剂，而AMP、ADP、1，6－二磷酸果糖和2，6－二磷酸果糖是该酶的变构激活剂。AMP和ATP竞争变构结合部位，抵消ATP的抑制作用。1，6－二磷酸果糖是磷酸果糖激酶的反应产物，它有利于糖的分解，产物正反馈作用是比较少见的。2，6－二磷酸果糖是6－磷酸果糖激酶最强的变构激活剂，在生理浓度范围内即可发挥效应。其作用是与AMP一起解除ATP、柠檬酸对6－磷酸果糖激酶的变构抑制作用。

2. 丙酮酸激酶

丙酮酸激酶是第二个重要的调节点。1，6－二磷酸果糖是丙酮酸激酶的变构激活剂，而ATP则有抑制作用。此外在肝脏内，丙氨酸也有变构抑制作用。丙酮酸激酶还受共价修饰方式调节。依赖cAMP的蛋白激酶和依赖Ca^{2+}、钙调蛋白的蛋白激酶均可使其磷酸化而失活，胰高血糖素可通过cAMP抑制丙酮酸激酶活性。

3. 葡萄糖激酶或己糖激酶

葡萄糖激酶调节酵解途径的作用不及前二者重要。6－磷酸果糖激酶对己糖激酶起到反馈抑制作用，但对葡萄糖激酶没有影响。长链脂酰CoA对其有变构抑制作用，这对饥饿时减少肝和其他组织摄取葡萄糖有一定意义。胰岛素可诱导葡萄糖激酶基因的转录，促进酶的合成。

糖酵解是体内葡萄糖分解供能的一条重要途径。对于绝大多数组织，特别是骨髓肌调节反应的快慢是适应这些组织对能量的需求。当消耗量多，细胞内ATP/AMP比例降低时，6－磷酸果糖激酶和丙酮酸激酶均被激活，加速葡萄糖的分解。反之，细胞内ATP的储备丰富时，通过糖酵解分解的葡萄糖就减少。

（四）糖酵解供能在运动中的意义

糖酵解是生物体内普遍存在的一种供能途径，在人体处于非运动状态时，糖酵解过程不是主要供能途径，但运动训练时，人体总是处于相对缺氧状态，并且随运动强度的增大而增加，如400 m和800 m跑，100 m游泳等运动项目，尽管运动时呼吸和循环速率都有所增加，但仍远远不能满足体内组织对氧的需求，亦即肌肉的工作是处于极度缺氧的条件下进行。显然，肌肉工作时所需的ATP就必须靠无氧再合成来维持。在以最大强度运动6～8 s时，CP成为主要的供能物质，同时糖酵解过程被激活，肌糖原迅速分解，参与运动时能量供应，糖酵解供能输出功率25 W/kg·BW，所以，以最大速率糖酵解供能，一般不超过持续运动2 min。糖酵解合成ATP速率达到最大时在运动后10～15 s；在运动30 s的阶段，由糖酵解合成ATP的转化速率是CP的2倍。有研究提出30 s全力运动，以磷酸原供能占总能量23%，糖酵解占49%，28%来自于有氧代谢。然而10 s全力运动，53%能量来自于磷酸原供能，44%来自于糖酵解供能，有氧代谢提供能量仅占3%。因此，速度耐力运动时，肌肉所需的能量主要是通过糖酵解供能方式来获得。

二、运动锻炼对糖无氧代谢的影响

长期坚持从事短距离自行车、手球类的运动项目可提高糖酵解的代谢能力，主要体现在肌肉、血液耐受高浓度乳酸的能力和肌肉中乳酸脱氢酶（LDH）的高活性。

糖酵解代谢能力的测定一般通过30～90 s的最大能力持续运动实验来完成，而做功的功率越大，运动后血乳酸增值越高，表明糖酵解代谢供能能力越强。大量研究认为，无氧功率代表运动员短时间内做功的能力，30 s 和 60 s 最大能力持续运动的测试能清晰地表明运动员的爆发力、速度和速度耐力水平。

短距离自行车项目研究发现在 60 s 无氧代谢能力测试中，男运动员最大功率与 30 s 测试基本相同，但 60 s 测试的平均功率却明显小于 30 s，表明在 30 s 和 60 s 两种测试中，运动员的爆发力表现出相同水平，但糖酵解代谢持续供能能力却随运动时间的延长而明显下降；优秀组运动员 30 s、60 s 无氧测试的平均功率均高于普通组运动员，有显著性差异，最大功率也高于普通组运动员，无显著性差异。说明优秀组运动员在磷酸原系统供能不能满足运动需要时，能够迅速调动无氧糖酵解系统供能，而且其糖酵解供能能力也明显强于普通组运动员。优秀组运动员血乳酸值也高于普通组运动员，提示优秀组运动员在高强度运动时，具有良好无氧糖酵解供能能力和耐受乳酸能力，肌肉和心肺系统的承受能力较强，表现出良好的运动能力和无氧耐力。可见运动锻炼对糖无氧代谢的影响主要受到时间和运动水平等因素的限制。

本章小结

本章介绍运动人体的物质组成和能量代谢的基本过程、生物氧化的基本知识，引入能量代谢的中心——ATP，是肌肉收缩时将化学能转变为机械能的唯一直接能源。本章重点阐述了生物氧化、磷酸原代谢和糖酵解代谢及运动锻炼对各代谢的影响。

生物氧化又称为细胞呼吸，是指能源物质在体内氧化伴有二氧化碳和水的生成，并释放出能量的过程。生物氧化在线粒体内膜上进行。在生物氧化中，ATP 的合成包括底物磷酸化和氧化磷酸化两种方式，其中，氧化磷酸化是主要方式，正常人体所利用的 ATP 约有 90% 来自于氧化磷酸化的合成。生物氧化对运动中及运动后的能量代谢有重要意义。

ATP 是高能磷酸化合物的典型代表，CP 是高能磷酸基团的储存库，用以快速恢复和再合成 ATP。由 ATP 和磷酸肌酸分解反应组成的供能系统，称为磷酸原供能系统，在磷酸原的代谢中，通过磷酸肌酸激酶和肌激酶反应的调节机制，实现高能磷酸基团的转运。磷酸原供能系统具有供能速度快、输出功率大、供能持续时间短的特点。

糖原和葡萄糖在无氧条件下分解生成乳酸，并合成 ATP 的过程，称为糖的无氧氧化，也称为糖酵解。糖酵解过程发生在细胞质中，可分为两个阶段。1 分子葡萄糖经糖酵解可生成 2 分子 ATP，而糖原的每个葡萄糖单位经糖酵解可生成 3 分子 ATP。生成 ATP 的方式是底物磷酸化。糖酵解过程中主要通过代谢效应物及激素等对磷酸化酶、己糖激酶和果糖磷酸激酶等几个关键酶进行调节。糖酵解过程是短时间大强度运动时能量的主要来源。

思考与练习

1. 运动时的能源物质包括哪些？可分为哪几个供能系统？
2. 生物氧化的概念，简述生物氧化合成 ATP 的方式。
3. 阐述运动锻炼对磷酸原代谢的影响。
4. 简述糖酵解的基本过程及其在运动中的意义。
5. 阐述运动锻炼对糖酵解代谢的影响。

第三章

运动时人体的有氧代谢

人体在进行中、低强度健身运动时，由于体内获氧量充足，因而机体所需要的能量主要来自细胞内的糖、脂肪、蛋白质的有氧代谢，三大细胞能源物质有氧代谢产生能量的效率与数量决定了健身运动时的强度与持续时间。因此，只有了解三大能源物质有氧代谢过程及 ATP 合成以及速率快慢，才能根据不同目的的体育锻炼以科学地安排运动负荷。本章将详细介绍糖、脂肪、蛋白质的有氧代谢过程。

第一节　糖的有氧代谢

糖是体内唯一既能无氧代谢又能有氧代谢提供能量的能源物质。在有氧运动情况下，骨骼肌内的糖原或肌肉摄取血液中的血糖（来自食物或肝脏）彻底氧化成二氧化碳和水，并释放能量合成 ATP 的过程称为糖的有氧代谢。由于相同量的糖有氧代谢所需的氧比脂肪有氧氧化要少，因此，糖有氧代谢是运动时尤其是长时间大强度运动的重要能量代谢。

一、运动时参与有氧代谢糖的来源

机体内糖储量对于有氧运动和无氧运动能力的发挥有重要意义。体内的糖主要以肌糖原、血糖和肝糖原形式存在。运动时肌细胞首先利用肌糖原经有氧代谢合成 ATP，随着运动的持续，肌内摄取血糖进一步有氧氧化，为确保运动能力的正常发挥，肝糖原分解成葡萄糖，当然，在长时间有氧运动中，肝脏糖异生也是肝脏释放葡萄糖的一个重要来源，对于补充及维持血糖的相对稳定发挥重要的作用。

二、糖有氧代谢的基本过程

糖的有氧代谢可分为四个阶段，第一阶段是从葡萄糖（糖原）被氧化至丙酮酸，此阶段反应与糖无氧酵解相同，在细胞质中进行；第二阶段是丙酮酸进入线粒体，然后氧化脱羧生成乙酰辅酶 A（CoA）；第三阶段是乙酰 CoA 进入三羧酸循环氧化脱羧；第四阶段是底物脱下的氢进入氧化呼吸链生成水，释放能量并通过氧化磷酸化合成 ATP。

（一）糖氧化成丙酮酸

这一阶段的反应在胞液中进行，反应过程与糖的无氧氧化的步骤完全相同，只是 3-磷酸甘油醛脱下的氢（$NADH+H^+$）不与丙酮酸结合生成乳酸，$NADH+H^+$ 而是通过磷酸甘油穿梭或苹果酸穿梭进入线粒体后进一步经氧化呼吸链氧化。

（二）丙酮酸氧化脱羧

丙酮酸透过线粒体后，在丙酮酸脱氢酶系的作用下，氧化、脱羧后，与 CoA 结合生成乙酰 CoA。

（三）乙酰 CoA 氧化

从二碳原子的乙酰 CoA 与四碳原子的草酰乙酸缩合生成六碳原子的柠檬酸开始，再经过一系列脱氢、脱羧反应重新生成草酰乙酸，形成一个连续的不可逆的循环过程。由于循环的起始物具有三个羧基的柠檬酸，故称三羧酸循环或柠檬酸循环（tricarboxylic acid cycle，TCA）。参与这一循环的丙酮酸每循环一次，仅用去 1 分子乙酰基中的二碳单位，最后生成 2 分子的 CO_2，并释放出大量的能量，其代谢过程如图 3-1 所示。

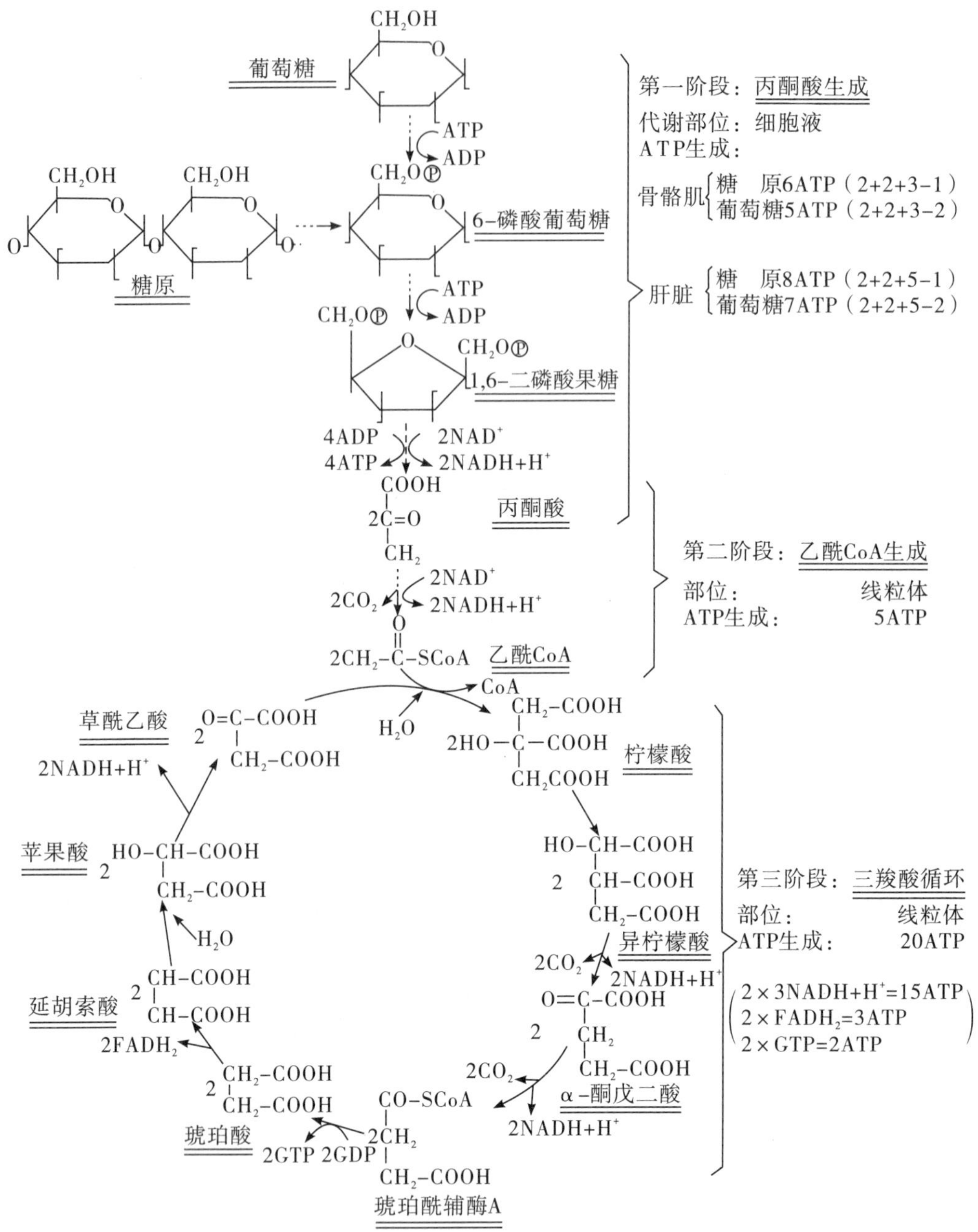

图 3－1 糖有氧代谢途径

三羧酸循环是机体获取能量的主要方式。1 分子乙酰 CoA 参与三羧酸循环，经 4 次脱氢，一次底物水平磷酸化，一个循环共生成 10 分子 ATP。三羧酸循环的起始物乙酰 CoA，不但是糖氧化分解产物，它也来自脂肪酸、甘油和蛋白质的某些氨基酸代谢，因此，三羧酸循环是糖、脂肪、蛋白质三种物质在体内彻底氧化的共同代谢途径。

（四）氢的氧化

代谢物脱下的 $NADH+H^+$ 和 $FADH_2$ 在线粒体内膜分别经 NADH 和 FAD 氧化呼吸链氧化，释放能量分别经氧化磷酸化合成 2.5 分子 ATP 和 1.5 分子 ATP。

（五）糖有氧代谢过程 ATP 的合成

第一阶段葡萄糖至丙酮酸。1 分子葡萄糖或糖原的 1 个葡萄糖单位可净生成 2 分子 ATP（或 3 分子 ATP），脱下两对氢原子（$NADH+H^+$），如在骨骼肌、神经组织则通过磷酸甘油穿梭转变为 $FADH_2$ 经 FAD 氧化呼吸链可合成 3 分子 ATP，在心肌和肝脏组织则通过苹果酸穿梭经 NADH 氧化呼吸链可合成 5 分子 ATP。

第二阶段丙酮酸至乙酰 CoA。共脱下 2 对氢（$2\times NADH+H^+$），经 NADH 氧化呼吸链可合成 2×2.5 分子 ATP。

第三阶段三羧酸循环。共脱下 4 对氢，其中 3 对为（$NADH+H^+$），1 对为 $FADH_2$，其分别经 NADH 和 FAD 氧化呼吸链总合成 9 分子 ATP，另由 GTP 转变为 ATP，则 1 分子乙酰 CoA 经三羧酸循环可合成 10 分子 ATP，那么，2 分子乙酰 CoA 经三羧酸循环可合成 20 分子 ATP。

综上所述，每分子葡萄糖完全氧化，可以产生 6 分子 CO_2 和 6 分子 H_2O，释放的能量可以合成 30 分子 ATP（骨骼肌、神经组织）或 32 分子 ATP（心肌、肝、肝组织）；如果是糖原的 1 个葡萄糖单位则可净合成 31 或 33 分子 ATP。

三、糖有氧代谢在运动中的供能意义

从能量产生看，糖有氧代谢合成的 ATP 是糖酵解的 15 ~ 16 倍，但输出功率是糖酵解的一半（12.5 W/kg · BW），因此，糖有氧代谢是长时间大强度运动的重要能量来源。在有氧代谢运动中，主要参与供能的是有氧代谢系统，最重要的能源物质是糖。在氧气充足的情况下，糖、脂肪和蛋白质能够彻底氧化分解为二氧化碳和水，同时释放能量。虽然人体脂肪储备的能量远大于糖储备的能量，但由于糖氧化供能在利用氧的效率上明显大于脂肪酸和蛋白质的氧化供能，在利用同样数量氧的情况下，糖氧化供能约比脂肪氧化供能多 10%。因此，糖有氧氧化是数分钟以上耐力性运动项目的重要能量来源。

第二节　脂肪的有氧代谢

脂类是人体内一大类重要的有机化合物，它的功能多种多样，与人体的生命活动、健康密切相关。其中甘油三酯（或称脂肪）是体内主要的贮能物质，在安静和运动尤其是耐力运动时的能量供应中起着重要的作用。有氧代谢时甘油三酯首先水解为甘油和脂肪酸，然后再各自氧化，骨骼肌由于缺乏氧化甘油的酶，因此，运动时由骨骼肌氧化脂肪酸提供能量。长期、系统的体育锻炼和运动训练可促进机体的脂肪代谢。

一、运动时参与有氧代谢供能的脂肪酸来源

运动时骨骼肌氧化的脂肪酸依靠肌内甘油三酯水解，并摄取血浆游离脂肪酸，血浆游离脂肪酸主要通过脂肪组织中的脂肪进行水解与动员作用，将脂肪酸释放入血液与血浆清蛋白结合而转运至工作肌被摄取利用。

（一）脂肪的水解与动员

脂肪（三脂酰甘油或甘油三酯）在体内的主要功能是氧化分解，为机体提供生命活动所需要的能量。在进行有氧代谢过程中，脂肪组织中的甘油三酯在一系列脂肪酶的催化下分解为脂肪酸和甘油的过程，称为脂肪水解（或称脂解）。1 分子甘油三酯可被脂肪酶水解为 1 分子甘油和 3 分子脂肪酸。储存于脂肪细胞中的脂肪，被脂肪酶逐步水解为脂肪酸和甘油并释放入血以供其他组织氧化利用的过程则称为脂肪的动员（如图 3－2 所示）。

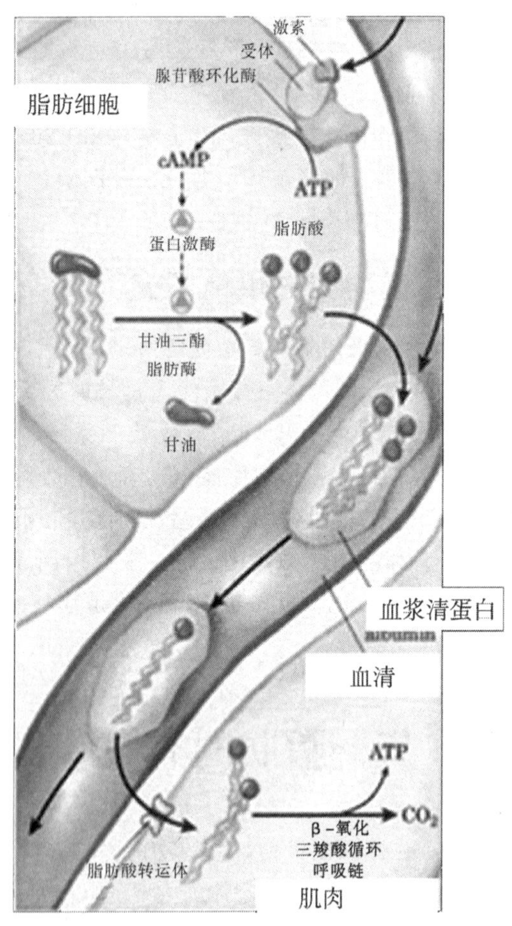

图 3－2　脂肪动员示意图

脂肪细胞中经脂肪水解作用产生的脂肪酸只有部分被释放入血液，必须与血浆清蛋白结合为游离脂肪酸（free fatty acid，FFA），其余部分可直接再酯化合成新的甘油三酯，该过程称为甘油三酯—脂肪酸循环（如图3－3所示）。因此，脂肪动员与脂肪水解的区别在于：脂肪细胞中经脂肪水解作用生成的大部分脂肪酸可能进行再酯化，而脂肪动员则是指脂肪细胞释放到血液循环中的脂肪酸量。

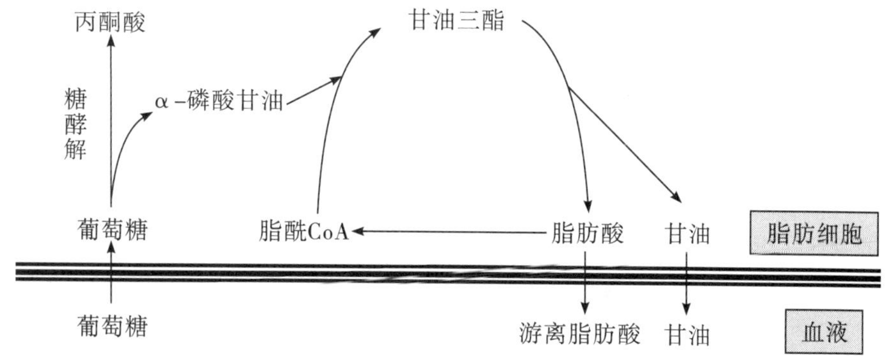

图3－3 脂肪组织内甘油三酯—脂肪酸循环（引自冯美云，1999）

在脂肪动员中，脂肪细胞内的甘油三酯脂肪酶是脂肪水解的限速酶，受多种激素调节，故称为激素敏感性脂肪酶（hormone－sensitive triglyceride lipase，HSL）。肾上腺素、去甲肾上腺素、胰高血糖素、促肾上腺皮质激素（ACTH）及促甲状腺激素（TSH）等能促进脂肪动员的激素称为脂解激素，而胰岛素、前列腺素E2及烟酸等的作用则相反，会使甘油三酯脂肪酶活性降低，拮抗脂解激素的作用，抑制脂肪的动员，故称抗脂解激素。当禁食、饥饿或交感神经兴奋时，肾上腺素、去甲肾上腺素、胰高血糖素等分泌增加，它们作用于脂肪细胞膜表面受体，激活腺苷酸环化酶，促进cAMP合成，激活依赖cAMP的蛋白激酶，使胞液内HSL磷酸化而被激活，后者催化甘油三酯水解成甘油二酯及脂肪酸。另外两种脂肪酶分别是甘油二酯脂肪酶和甘油一酯脂肪酶，这两种酶在细胞内的活性较高，对激素不敏感，不受激素调节。

（二）甘油与脂肪酸的代谢去路

脂肪细胞中经脂肪动员释放入血的脂肪酸及甘油中，由于脂肪酸不溶于水，需与血浆清蛋白结合后形成游离脂肪酸，再由血液运送至全身各组织，主要由心、肝、骨骼肌等摄取利用。甘油溶于水，直接经血液运送至肝、肾、肠等组织，主要是在肝甘油激酶（glycerokinase）作用下，转变为3－磷酸甘油；然后脱氢生成磷酸二羟丙酮，经糖代谢途径进行分解或转变为葡萄糖。而脂肪和骨骼肌组织则因细胞内甘油激酶活性很低，不能直接利用甘油。

二、甘油的代谢

脂解过程中释放的甘油，只能在肾、肝等少数组织内被氧化利用（如图3－4所示）。在肝脏，甘油氧化过程释放的能量，可通过底物水平磷酸化和氧化磷酸化两种形式合成ATP。① 在肝脏，每分子甘油氧化生化乳酸时，释放能量合成4分子ATP；② 如果完全氧化生成CO_2和H_2O时，则释放能量合成18.5分子ATP；③ 2分子甘油经糖异生过程重新合成葡萄糖，消耗能量。

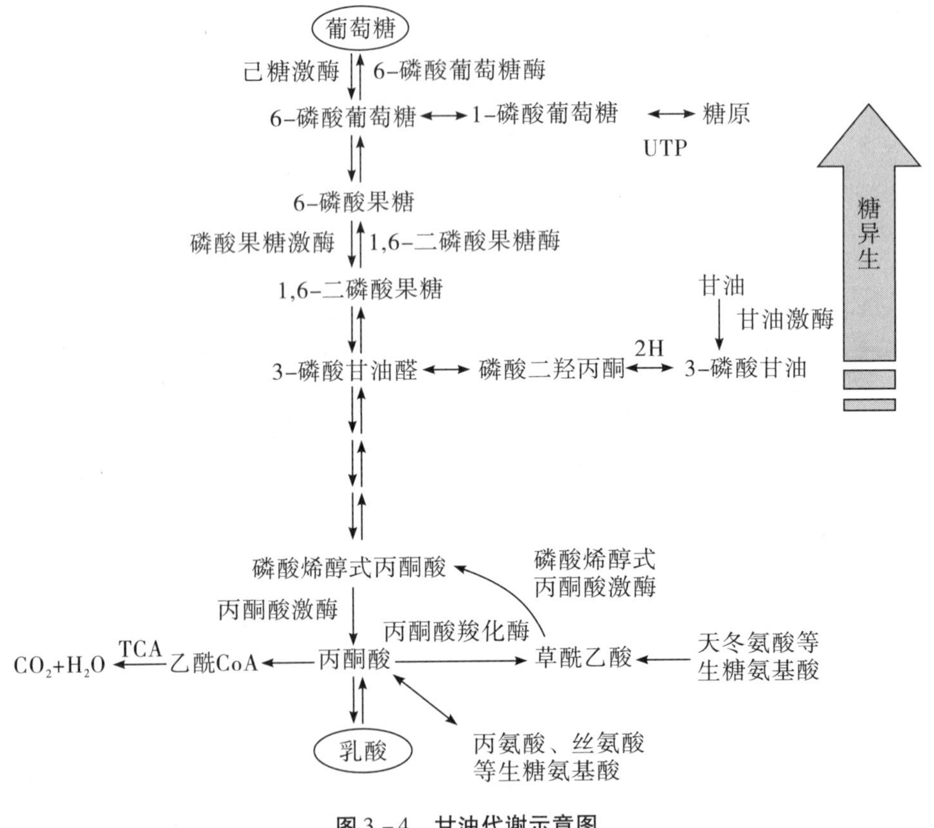

图3-4 甘油代谢示意图

在中、低强度运动时，骨骼肌和脂肪组织内脂肪分解加强，释放出游离甘油。由于肌肉中缺乏甘油代谢的酶，甘油直接为骨骼肌供能意义不大；脂肪细胞合成甘油三酯时，首先要使脂酰CoA与磷酸甘油结合，由于细胞内缺乏磷酸甘油激酶，故不能磷酸化内源甘油使它直接用于脂肪合成。但是，甘油释入血液后可以作为脂肪分解代谢的强度指标。

肝脏含有丰富的磷酸化酶，是甘油进行糖异生的主要部位。在甘油代谢总量中甘油的糖异生至少占3/4。每2分子甘油经糖异生作用，合成1分子葡萄糖，所以在长时间运动后，甘油经糖异生过程合成葡萄糖，补充血糖的消耗，这对维持血糖恒定和保证运动耐力，具有一定的意义。但在长时间力竭运动后甘油不再是糖异生和糖原合成的主要原料。

三、脂肪酸彻底氧化

脂肪酸的分解代谢主要以β－氧化的方式进行，脂肪酸的氧化主要发生在有氧代谢运动中，运动时肌肉利用脂肪酸主要来源于肌细胞内甘油三酯的分解和循环系统中的游离脂肪酸。

（一）脂肪酸分解代谢的基本过程

脂肪酸的分解代谢发生于细胞的线粒体基质中，进入胞液的脂肪酸，首先经活化生成脂酰 CoA，然后被转运至线粒体内，通过一系列酶的催化，在脂酰 CoA 的β－碳原子上进行脱氢、加水、再脱氢等步骤，结果使β－碳原子被氧化，最后经硫解作用，脂酰 CoA 的碳链在α－碳原子和β－碳原子之间断裂，生成 1 分子乙酰 CoA 和一个比原来脂酰 CoA 少两个碳原子的脂酰 CoA。经过多次β－氧化，脂肪酰 CoA 可完全降解为乙酰 CoA。乙酰 CoA 再进入三羧酸循环彻底氧化为 CO_2 和 H_2O，同时释放能量合成 ATP。

1．脂肪酸的活化——脂酰 CoA 的生成

脂肪酸在胞液中与 CoA 反应生成活化形式的脂肪酰 CoA，该反应由存在于线粒体外膜的脂酰 CoA 合成酶（acyl-CoA synthetase，又称为硫激酶，thiokinases）催化（如图 3－5 所示），其反应的总体是不可逆的，因为反应过程中需消耗一个 ATP，生成 AMP 和无机焦磷酸（PPi），而 PPi 迅速被焦磷酸酶水解为 2 分子无机磷酸（Pi），实际上消耗了 2 个高能磷酸键，释放出能量供活化反应的进行。由于 ATP 的合成主要是以 ADP 为底物，故一般认为每激活 1 分子游离脂肪酸需消耗 2 分子 ATP。

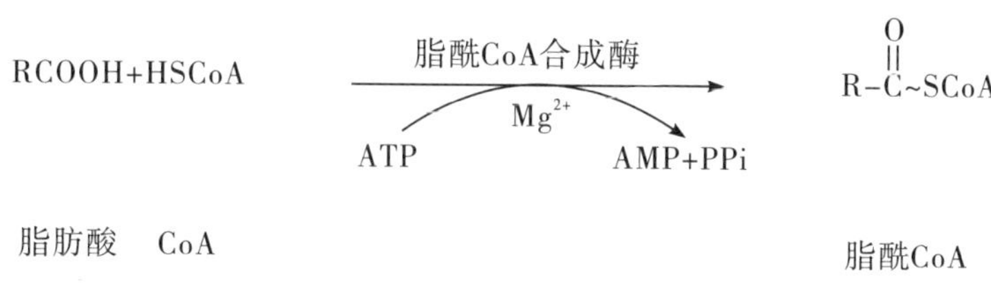

图 3－5　脂肪酸的活化

2．脂肪酰 CoA 进入线粒体

长链的脂酰 CoA 不能直接透过线粒体内膜，需经一个专门的转运系统，由肉碱（或称肉毒碱，卡尼汀，carnitine，即 3－羟－4－三甲氨基丁酸）作为脂酰基载体，将胞液中脂酰 CoA 转变为线粒体基质内的脂酰 CoA。

线粒体内膜的两侧存在着肉碱脂酰转移酶Ⅰ（CATⅠ）及肉碱脂酰转移酶Ⅱ（CATⅡ），在位于线粒体内膜外侧面的酶Ⅰ的催化下，脂肪酰 CoA 和肉碱反应，生成 CoA 和脂酰肉碱，脂酰肉碱被转移到膜内侧，进入膜内侧的脂肪酰肉碱又经酶Ⅱ的催化而重新转变成脂酰 CoA，并释放出肉碱（如图 3－6 所示）。肉碱脂酰转移酶Ⅰ是限速酶，脂酰 CoA 进入线粒体是脂肪酸氧化的限速步骤，当长时间运动、饥饿等使体内糖原大量消耗或糖尿病人体内糖利用发生障碍时，则需要脂肪酸供能，这时肉碱脂酰转移酶Ⅰ活性增加，脂肪酸氧化增强。

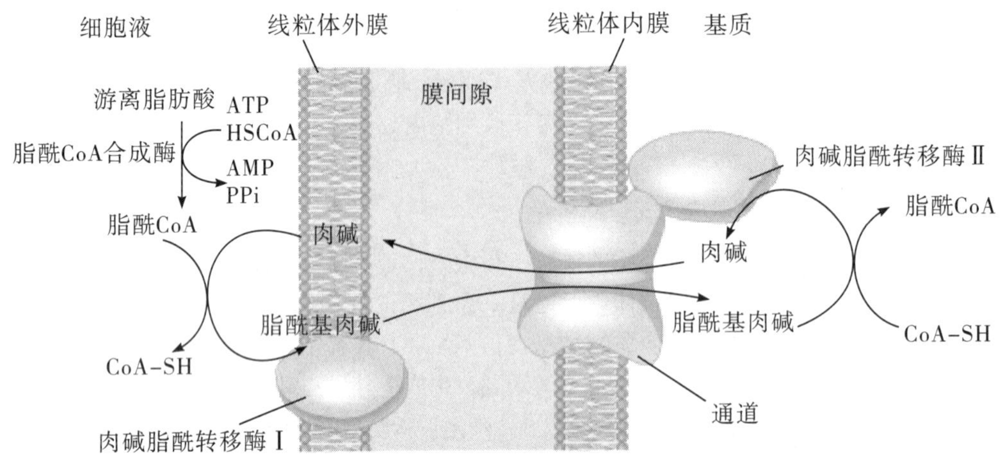

图 3-6 脂酰 CoA 跨线粒体内膜转运示意图

3. β-氧化

脂肪酰 CoA 进入线粒体后，从脂酰基的 β-碳原子开始，经过脱氢、加水、再脱氢及硫解 4 步连续的反应，脂酰基断裂产生 1 分子乙酰 CoA 和 1 分子比原来少两个碳原子的脂酰 CoA（如图 3-7 所示）。以上过程就是一次β-氧化。如此重复进行，直到脂肪酰 CoA 全部分解为乙酰 CoA 为止。若脂肪酸为 n 个碳原子，则要进行（$n/2-1$）次β-氧化，生成 $n/2$ 分子乙酰 CoA。催化这些反应的酶彼此结合形成多酶复合体，称为脂肪酸氧化酶系。

（1）脱氢：脂酰 CoA 在脂酰 CoA 脱氢酶的催化下，α、β 碳原子各脱去一个氢原子，生成 α，β-烯脂酰 CoA，脱下的 2H 由（FAD）接受生成（$FADH_2$）。1 分子 $FADH_2$ 进入呼吸链通过氧化磷酸化产生 2 分子 ATP。

（2）加水：在烯脂酰 CoA 水合酶催化下，烯脂酰 CoA 加水生成 β-羟脂酰 CoA。

（3）再脱氢：在 β-羟脂酰 CoA 脱氢酶催化下，β-羟脂酰 CoA 脱下 2H，生成 β-酮脂酰 CoA，脱下的 2H 由 NAD^+ 接受，生成 $NADH+H^+$。1 分子 $NADH+H^+$ 进入呼吸链通过氧化磷酸化产生 3 分子 ATP。

（4）硫解（加 CoASH 分解）：β-酮脂酰 CoA 在硫解酶的催化下，加入 CoASH 使 α、β 碳原子之间的化学键断裂，生成 1 分子乙酰 CoA 和 1 分子比原来少两个碳原子的脂酰 CoA。

以上生成的比原来少 2 个碳原子的脂酰 CoA 可再进行脱氢、加水、再脱氢及硫解反应，如此反复进行，直至最后生成丁酰 CoA，后者再进行一次 β-氧化，即完成脂肪酸的 β-氧化。

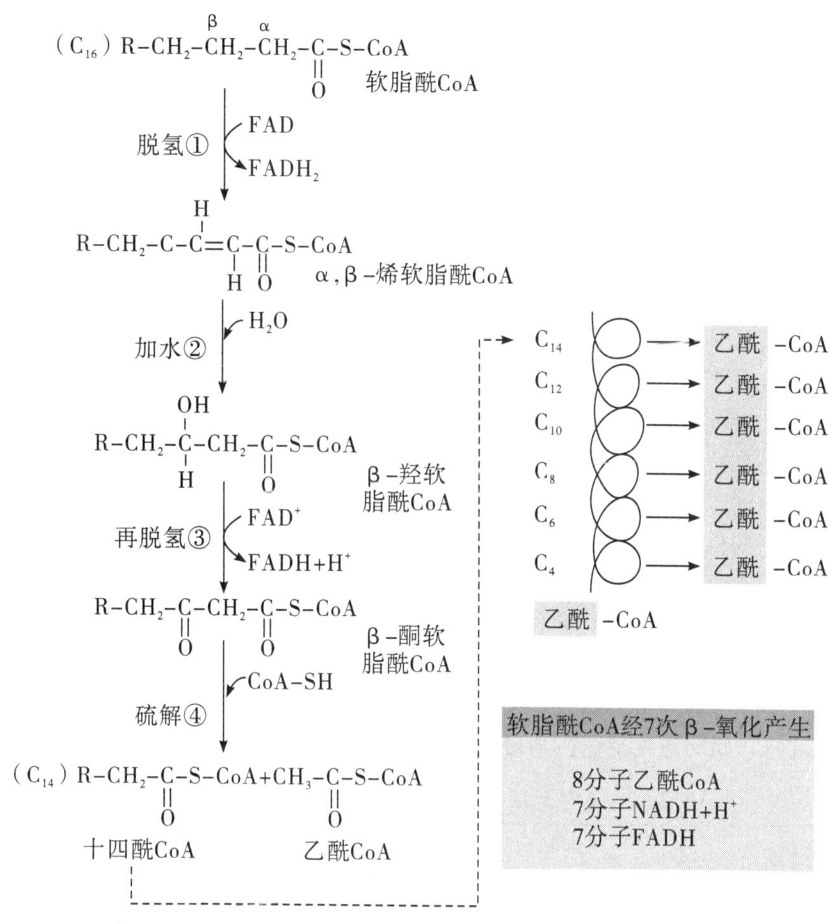

图 3－7　脂肪酰辅酶 A 的β－氧化过程

4. 三羧酸循环

脂肪酸β－氧化的终产物是乙酰 CoA，乙酰 CoA 进入三羧酸循环彻底氧化为 CO_2，在这过程中底物脱下的氢（包括 $NADH+H^+$ 及 $FADH_2$）经 NADH 和 FAD 氧化呼吸链合成 H_2O，同时释放能量合成 ATP。

（二）脂肪酸氧化过程中 ATP 的合成

各种脂肪酸分解代谢的方式基本相同，均能氧化产生能量。释放的能量一部分以热能形式释放，其余部分以合成 ATP 的方式储存，合成 ATP 的数目依赖于脂肪酸碳链的长度（碳原子的数目）和碳原子之间的结合方式（单键或者双键）。表 3－1 以 16 碳软脂酸为例计算 ATP 的生成量。

表 3-1 16碳软脂酸彻底氧化过程 ATP 的合成

脂肪酸的氧化过程	消耗或合成 ATP/个	以 16 碳软脂酸为例
脂肪酸→脂酰 CoA	-2	-2
脂酰 CoA 进入线粒体		
脂酰 CoA 的β-氧化	$(n/2-1)\times(1.5+2.5)$	7×4
乙酰 CoA→CO_2 + H_2O	$n/2\times10$	8×10
合计	$(n/2-1)\times(1.5+2.5)+n/2\times10-2$	106

（三）脂肪酸氧化在运动中的供能意义

运动肌对各种供能物质的利用比例主要取决于运动强度及运动持续时间。一般来说，运动强度越小，持续时间越长，依靠脂肪供能占人体总能量代谢的百分率也越高。在短时间激烈运动时，无论是动力性运动还是静力性运动，肌肉基本上不能利用脂肪酸，磷酸肌酸和肌糖原是运动肌主要的供能物质。当以70%~90%最大摄氧量强度运动时，在开始运动10~15 min内，肌肉的呼吸商居高不下，其后出现逐渐下降的趋势。这些现象说明脂肪供能作用已由不明显转向增强，但对竞技运动和以降体重为目的的运动而言意义都不大。在大于60%~65%最大摄氧量强度，持续时间短于60 min的运动中，人体以糖的有氧代谢和无氧代谢作为主要的供能方式。在低于60%~65%最大摄氧量强度的长时间运动中，尤其是在60%最大摄氧量强度以下的超长时间运动中，脂肪成为运动肌的重要供能来源。从表3-2可反映出脂肪供能地位随着运动时间而变化的特点。在运动4 h末，脂肪氧化供能达到最大程度，约占供能总量90%。

表 3-2 人体运动时（50%最大摄氧量）糖、脂肪供能

		安静	运动 1 h	运动 2 h	运动 3 h	运动 4 h
相对比	糖%	54	27	20	17	13
	脂%	46	73	80	83	87
氧化速度（mmol/min）	糖	7.2	3.6	2.6	2.3	1.7
	脂	0.45	0.71	0.78	0.81	0.87
呼吸商		0.86	0.78	0.76	0.75	0.74

（引自冯美云，1999）

四、脂肪酸的不完全氧化

脂肪酸在肝外组织（如心肌、骨骼肌等）经β-氧化生成的乙酰 CoA，能彻底氧化生成二氧化碳和水，而在肝细胞中因为具有活性较强的合成酮体的酶系，β-氧化反应生成的乙酰 CoA，大多转变为乙酰乙酸（acetoacetate）、β-羟丁酸（β-hydroxybutyrate）和丙酮（acetone），这三种中间产物统称酮体（ketone body）。长时间运动时酮体的生成和利用对于维持运动能力的发挥具有重要的意义。

（一）酮体生成

酮体生成的部位是在肝细胞线粒体内，脂肪酸β-氧化生成的乙酰 CoA 是酮体生成

的原料。其产生过程分 3 步：①2 分子乙酰 CoA 在硫解酶（thiolase）催化下缩合成 1 分子乙酰乙酰 CoA，此外，脂酰 CoA 进行 β－氧化至最后的 4 碳阶段也可产生 1 分子乙酰乙酰 CoA；②乙酰乙酰 CoA 再与 1 分子乙酰 CoA 缩合，生成 β－羟－β－甲基戊二酰 CoA（HMG－CoA），催化这一反应的酶为 HMG－CoA 合成酶，是酮体合成的限速酶；③HMG－CoA 经裂解酶催化下裂解，生成乙酰乙酸和乙酰 CoA。乙酰乙酸在线粒体基质中经 β－羟丁酸脱氢酶作用加氢还原成 β－酮丁酸，少量乙酰乙酸自动脱羧生成丙酮。酮体总量中约 70% 为 β－羟丁酸，30% 为乙酰乙酸，而丙酮的含量极微，可通过肾和肺排出（如图 3－8 所示）。

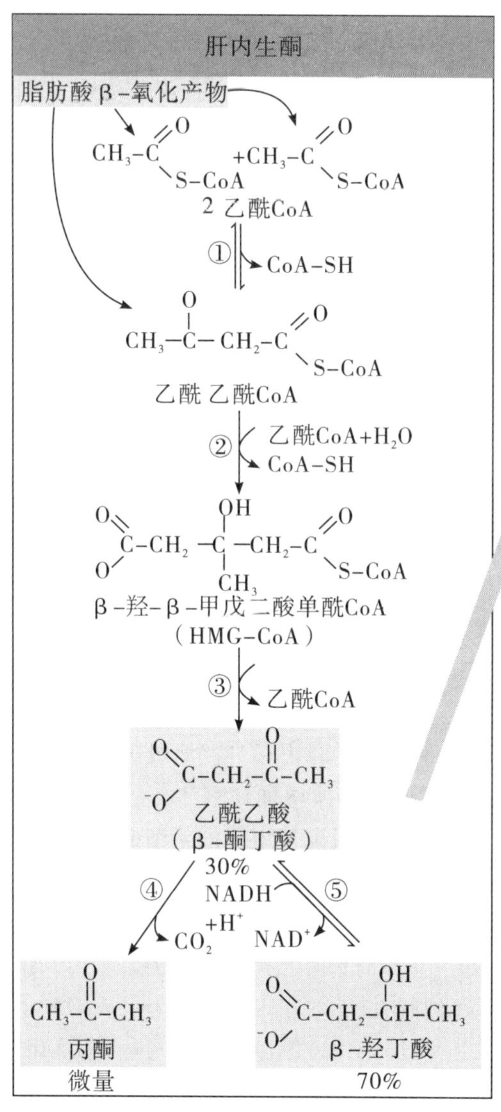

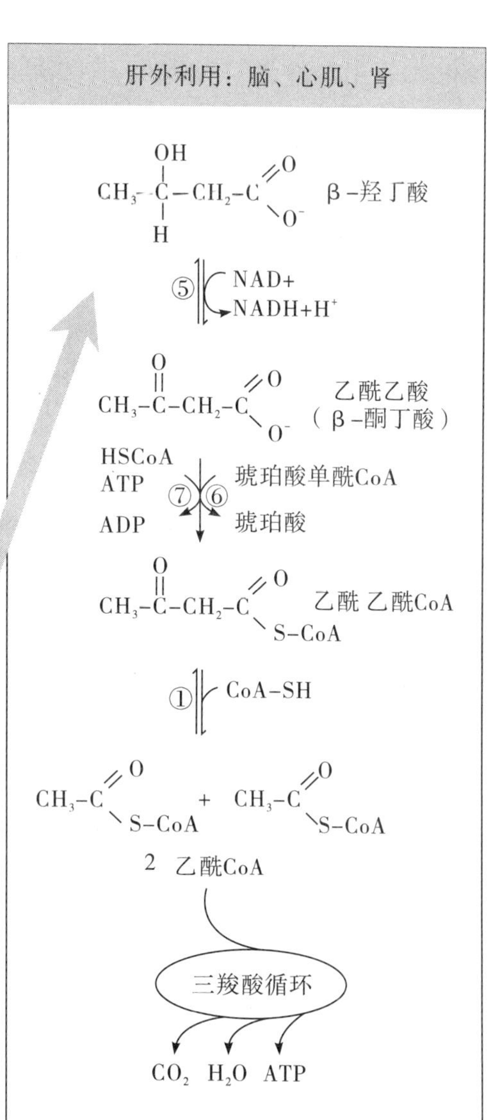

图 3－8　酮体的生成和利用

①乙酰乙酰 CoA 硫解酶　②HMG－CoA 合成酶　③HMG－CoA 裂解酶　④脱羧酶　⑤β－羟丁酸脱氢酶　⑥琥珀酰 CoA 转硫酶　⑦乙酰乙酰硫激酶

（二）酮体利用

肝脏虽然含有生成酮体的酶系，但缺乏利用酮体的酶，而在心肌、骨骼肌和大脑等肝外组织细胞内含有活性很强的利用酮体的酶，能够氧化酮体获得能量。因此，在肝细胞线粒体内生成的酮体只能从肝细胞输出，经血液循环送到肝外组织被利用。在肌肉、脑、肾等组织中，β-羟丁酸被β-羟丁酸脱氢酶催化，氧化成为乙酰乙酸，乙酰乙酸在琥珀酰 CoA 转硫酶（在心肌、骨骼肌等组织中）或乙酰乙酸硫激酶（大脑、肾等组织中）的催化下被活化为乙酰乙酰 CoA。乙酰乙酰 CoA 通过硫解作用，分解成2 个分子乙酰 CoA。乙酰 CoA 主要进入三羧酸循环彻底氧化。肝内生酮肝外利用是脂肪酸在肝中氧化的一个代谢特点。正常情况下，人体血液中酮体含量很低，通常小于1 mg%（0.8 mg% ~5 mg%），而尿中酮体含量更小，用常规方法不能测出。但在饥饿、禁食、长时间运动或某些病理情况下，脂肪动员大大加强，肝中酮体生成过多，超出肝外组织的利用能力，可引起血中酮体升高，尿中出现酮体，即酮血症和酮尿症，由于乙酰乙酸和β-羟丁酸均为中强度酸性物质，可导致酮症酸中毒，严重者危及生命。

（三）酮体代谢在运动中的意义

酮体是脂肪酸在肝脏氧化的正常中间产物，须透过细胞膜进入血液循环运输到肝外组织进一步氧化分解供能，酮体作为肝脏中脂肪酸不彻底氧化的产物，在运动中的意义特殊。

1. 酮体是肝脏向肝外组织输出脂肪酸的一种形式

脂肪酸不溶于水，在血液中运输需要清蛋白作为载体，所以运载量非常有限。酮体是脂肪酸在肝脏氧化时的中间代谢产物，是一种水溶性的小分子物质，很容易自肝脏释放进入血液，并以游离形式通过血脑屏障及肌肉毛细管壁，迅速被肝外组织摄取与利用，因此，酮体是联系肝脏与肝外组织的一种能量特殊运输形式，体现了人体内脂肪酸氧化供能中，各器官组织之间的互相配合、协调和分工。

2. 酮体参与脑组织和肌肉能量代谢

脑组织在正常情况下基本利用血糖供能，在长时间运动时由于骨骼肌吸收利用血糖增加可导致血糖浓度的下降，脂肪代谢增强，肝脏输出酮体增加，酮体分子小、溶于水，运输时不必和血浆蛋白结合，且易于通过血脑屏障及肌肉等组织的毛细血管壁，进入脑和肌组织细胞进行氧化。特别是脑组织不能氧化脂肪酸，却能利用酮体，长时间运动而血糖供应不足时，酮体可代替葡萄糖，成为脑组织的主要能源物质。长期饥饿时，酮体给大脑补充的能量占脑所需能量的50% ~75%。然而长时间持续运动中，肌肉工作时所需的能量，将由氧化糖供能逐步过渡到以氧化脂肪供能为主，在肝脏中生成的酮体随之增加，并为肝外组织所利用。因此，从供能的角度来说，酮体是长时间耐力运动时大脑和肌肉等肝外组织获得能源的一种形式。

在禁食、应激及患未得到控制的糖尿病时，心肌、骨骼肌及肾等肝外组织摄取酮体代替葡萄糖氧化供能，故可节省葡萄糖以供脑及红细胞氧化利用，同时对防止肌肉蛋白质的过多消耗也有一定的意义。

3. 酮体参与脂肪酸动员的调节

长期有氧代谢训练使机体脂肪供能增强，酮体代谢旺盛，血酮体通过对胰岛素释放的激活作用，促使血浆胰岛素浓度升高，去抑制脂肪组织内的脂解作用；血酮体还能直接抑制脂肪组织中的脂解作用。借助这两种代谢调节步骤，及时中止运动后超常的脂肪酸动员速率，能促进恢复，从而提高机体的运动能力。血酮体水平在一定程度上反映了脂肪分解供能能力和机体利用酮体的能力。

4. 血、尿酮体浓度可评定体内糖储备状况

肝糖原的储存对酮体的生成有着重要的影响。进入肝的脂肪酸主要有两条去路：一条是在细胞质中与α-甘油磷酸发生酯化反应，合成甘油三酯或磷脂；一条是进入线粒体氧化成乙酰 CoA，再生成酮体。当体内糖储备充足时，肝糖代谢生成的α-甘油磷酸较多，α-甘油磷酸与脂肪酸酯化生成甘油三酯或磷脂。当体内糖储备下降时，肝糖代谢减弱，α-甘油磷酸及 ATP 含量不足，脂肪酸酯化减少，大多脂肪酸进入线粒体氧化，致使酮体生成量增多。所以，在长时间耐力运动中、后期，血、尿酮体水平上升能间接反应体内糖储备的情况。长时间持续运动时，酮体大量生成而进入血液，造成血中酮体升高，酮体的酸性性质可使血 pH 值下降，从而破坏机体内环境的酸碱平衡，导致代谢性酸中毒，故认为酮体与长时间运动所产生的运动性疲劳有关。

第三节　蛋白质的有氧代谢

蛋白质在机体内既有合成代谢也有分解代谢，正常情况下，体内的蛋白质代谢处于动态平衡。由于氨基酸是蛋白质基本组成单位，因此，蛋白质分解代谢其实就是蛋白质首先生成氨基酸后再进一步进行代谢，蛋白质的代谢体现于体内氨基酸代谢库的动态变化。氨基酸代谢库是指体内游离存在的氨基酸。氨基酸代谢时分解为氨和α-酮酸后，再各自氧化；长时间大强度运动时，人体内存在蛋白质净降解和氨基酸参与供能的情况。

一、运动时体内氨基酸代谢概括

运动时参与有氧代谢的氨基酸来源有：①外源性氨基酸，蛋白质经消化作用生成的氨基酸，被肠道吸收进入全身各组织；②内源性氨基酸，体内原有的蛋白质每天都有一部分降解为氨基酸。此外机体代谢中还合成部分非必需氨基酸。

氨基酸的去向有：①用于蛋白质生物合成，这是氨基酸在人体内的重要功用；②合成具有重要生理、生化功能的其他含氮物质如甲状腺素，肾上腺素等；③参加分解代谢，氨基酸的分解代谢主要途径是经脱氨基作用生成氨和α-酮酸，氨主要在肝脏转变为尿素，随尿排出体外，也可合成谷氨酰胺及其他含氮物质。α-酮酸可经三羧酸循环氧化成二氧化碳和水并释放能量；也可转变为糖或脂肪。另外小部分氨基酸经脱羧基作用生成胺类及二氧化碳。胺可继续氧化为二氧化碳和水。氨基酸在体内代谢概况如图 3-9 所示。

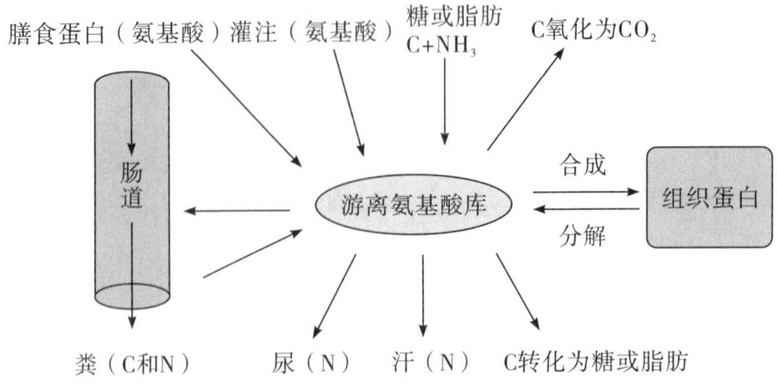

图 3－9　氨基酸在体内代谢概况

二、氨基酸的有氧氧化

体内氨基酸的主要功用是合成蛋白质和多肽。此外，也可以转变成其他含氮物质。各种氨基酸具有共同的结构特点，故它们有共同的代谢途径，但不同的氨基酸代谢由于结构差异，也有其个别的代谢方式。

（一）氨基酸的脱氨基作用

氨基酸分解代谢的最主要反应是脱氨基作用。氨基酸的脱氨基在体内大多数组织中均可进行。其方式主要有联合脱氨基作用和嘌呤核苷酸循环等。

1. 联合脱氨基作用

氨基酸与α－酮戊二酸的转氨酶体系和谷氨酸脱氢酶在体内分布较广，而且酶活性也较高，因此认为氨基酸的脱氨基作用是在这两种酶联合作用下完成的，故称为联合脱氨基作用。联合脱氨基过程包括转氨作用和氧化脱氨基作用两个阶段，即其作用方式是：氨基酸的氨基通过转氨基作用转移到α－酮戊二酸分子上，生成相应的α－酮酸及谷氨酸，然后谷氨酸在谷氨酸脱氢酶作用下，脱掉氨基又生成α－酮戊二酸（如图3－10所示）。联合脱氨基作用的逆反应也是体内合成非必需氨基酸的重要途径，它是体内最普遍的脱氨基作用。

（1）转氨基作用。α－氨基酸的氨基通过酶促反应转移到α－酮酸的酮基上，生成与原来α－酮酸相应的α－氨基酸，而原来的α－氨基酸则转变为相应的α－酮酸。这一过程称为转氨基作用。催化这一作用的酶称为转氨酶。转氨酶以α－酮戊二酸和草酰乙酸为氨基的最终接受体。体内转氨酶的种类很多，分布广泛，活性也各不相同。其中以谷氨酸—丙酮酸转氨酶（简称谷丙转氨酶，GPT）和谷氨酸—草酰乙酸转氨酶（简称谷草转氨酶，GOT）最重要。它们催化的反应为：

$$\mathrm{H_2N-\underset{R_1}{\overset{COOH}{C}}-H} + \mathrm{\underset{R_2}{\overset{COOH}{C}}=O} \xrightleftharpoons[\text{移酶}]{\text{氨基转}} \mathrm{\underset{R_1}{\overset{COOH}{C}}=O} + \mathrm{H_2N-\underset{R_2}{\overset{COOH}{CH}}}$$

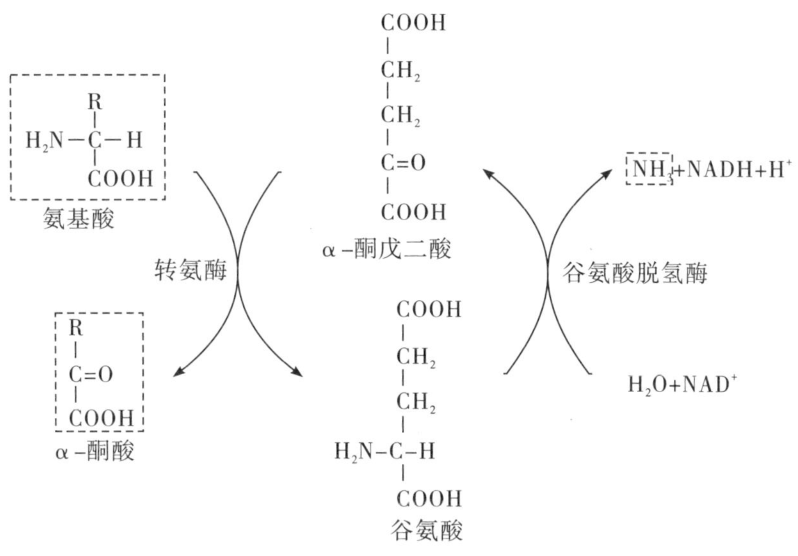

图 3-10 联合脱氨基示意图

转氨酶催化的反应是可逆的，所以转氨基作用是体内（主要在肝脏）合成非必需氨基酸的重要途径。

转氨酶的辅酶是磷酸吡哆醛。在转氨基作用中，磷酸吡哆醛能接受α-氨基酸氨基转变成磷酸吡哆胺。后者又可将氨基转给α-酮酸生成另一种氨基酸，而自身又变为磷酸吡哆醛。所以磷酸吡哆醛在转氨基作用中是氨基传递体，其传递过程如图 3-11 所示。

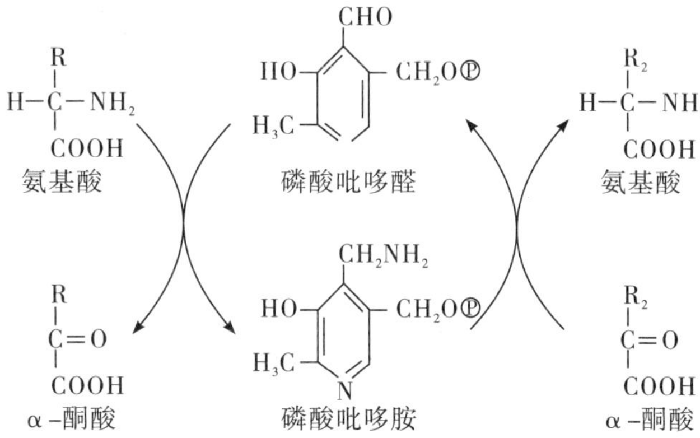

图 3-11 氨基酸转氨基示意图

转氨基作用在体内所有组织几乎都能进行，但在不同组织中进行的速度不同。正常情况下转氨酶主要存在于细胞内，各组织中以心肌和肝脏活性最高，而血清中活性最低。当组织坏死细胞膜破裂或某些原因使细胞膜通透性增加时，转氨酶可大量释放入血，致使血清中转氨酶活性升高。如急性肝炎患者血清中 GPT 可明显升高。心肌梗死时血清 GOT 也升高。故临床上测定血清中 GPT 和 GOT 既有助于诊断，也可做观察疗效和预防的指标之一。依据这一原理，运动员在大运动量训练时，定期测定血清 GOT 及 GPT

的活性可以帮助我们了解运动员肝脏和心脏的机能状况。

转氨基作用虽在体内普遍存在，但只是将氨基从一个氨基酸转移到一个 α－酮酸上产生另一个氨基酸，氨基并未脱掉。

（2）氧化脱氨基作用。氧化脱氨基作用是在氨基酸氧化酶作用下脱氢生成亚氨基酸，后者再水解产生 α－酮酸和氨。

体内催化氨基酸氧化脱氨的酶有多种，其中以谷氨酸脱氢酶最重要。此酶是一种不需氧脱氢酶，在肝、肾、脑组织普遍存在，活性较高，它能促进谷氨酸脱氢生成α－酮戊二酸和氨，脱下的氢由辅酶 NAD^+ 接受，经呼吸链氧化生成水，同时产生 ATP。

$$\begin{array}{l}\text{H}\ \ \text{NH}\\ \quad\ \ |\\ \text{H}\ \ \text{C}-\text{COOH}\\ \quad\ \ |\\ \ \ (\text{CH}_2)_2\text{COOH}\end{array} \xrightarrow{\text{NAD}^+\ \ \ \text{NADH}+\text{H}^+} \begin{array}{l}\text{NH}\\ \|\\ \text{C}-\text{COOH}\\ |\\ (\text{CH}_2)_2\text{COOH}\end{array} \underset{-\text{H}_2\text{O}}{\overset{+\text{H}_2\text{O}}{\rightleftharpoons}} \begin{array}{l}\text{O}\\ \|\\ \text{C}-\text{COOH}+\text{NH}_3\\ |\\ (\text{CH}_2)_2\text{COOH}\\ \ \alpha-\text{酮戊二酸}\end{array}$$

该反应是可逆反应，因而可由 α－酮戊二酸还原加氨生成谷氨酸。由于谷氨酸和 α－酮戊二酸在体内都参加一些重要的代谢反应，所以谷氨酸脱氢酶催化的反应在物质代谢联系上起着重要作用。但是由于谷氨酸脱氢酶专一性强，而且在骨骼肌和心肌中活性较低，故不可能承担体内主要脱氨基作用。

2. 嘌呤核苷酸循环

骨骼肌和心肌中，谷氨酸脱氢酶活性较低，因而氨基酸不易通过联合脱氨基方式脱掉氨基。骨骼肌等组织中氨基酸主要通过嘌呤核苷酸循环进行脱氨基作用。其具体过程是通过在转氨基作用中生成的天冬氨酸与次黄嘌呤核苷酸（IMP）相作用而生成腺苷酸代琥珀酸，后者在裂解酶的作用下分裂成延胡索酸和腺嘌呤核苷酸。腺嘌呤核苷酸在腺苷酸脱氨酶的催化下水解脱掉氨基，生成次黄嘌呤核苷酸。以上反应综合称为嘌呤核苷酸循环（如图 3－12 所示）。除肌肉组织外，脑及肝脏中的氨基酸也以此种形式脱氨。实验证明：脑组织中 50% 的氨来自嘌呤核苷酸循环。

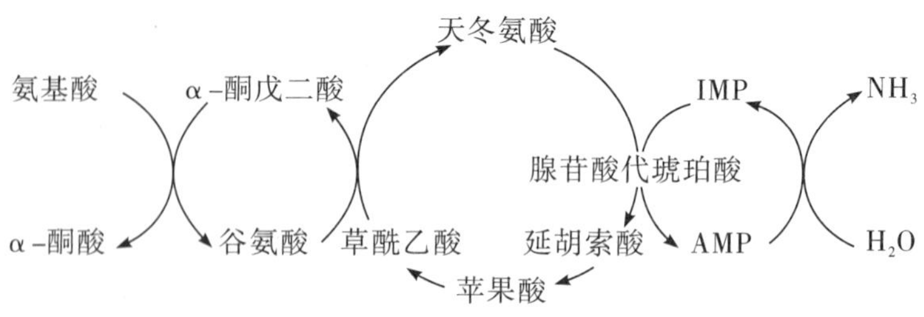

图 3－12 嘌呤核苷酸循环示意图

（二）氨的去路

经脱氨基作用脱下来的氨（NH_3），对机体来说是一种有毒的物质，尤其对神经系统的影响更大。但正常情况下，体内产生的氨通过鸟氨酸循环生成无毒物尿素和合成谷氨酰胺这两条途径迅速分解。因此，不会发生堆积对身体造成危害。

1. 通过鸟氨酸循环生成尿素

氨的主要代谢去路是在肝脏中合成尿素。因为肝细胞中含将 NH_3、CO_2 合成尿素的酶，尿素的生成过程如图 3－13 所示。

（1）氨基甲酰磷酸的合成。NH_3 及 CO_2 首先在肝细胞合成氨基甲酰磷酸。催化该反应的酶是氨基甲酰磷酸合成酶，反应需消耗 ATP。N－乙酰谷氨酸是此酶的激活变构剂［反应（1）］。

（2）胍氨酸的合成。在鸟氨酸氨基甲酰转移酶的催化下，以生物素为辅助因子，由 ATP 供能，将氨基甲酰基转移至鸟氨酸生成胍氨基［反应（2）］。

（3）精氨酸的合成。胍氨酸在精氨酸代琥珀酸合成酶的催化下，与天冬氨酸反应生成精氨酸代琥珀酸［反应（3）］，此反应需由 ATP 分解为 AMP 和焦磷酸，以供应能量。精氨酸代琥珀酸经裂解酶催化转变为精氨酸及延胡索酸［反应（4）］。

（4）精氨酸水解生成尿素。精氨酸在精氨酸酶的作用下水解为鸟氨酸和尿素［反应（5）］。鸟氨酸可重复上述反应，构成鸟氨酸循环。

尿素生成的总反应可简要表示如下：

$$2NH_3 + CO_2 + 3ATP + 3H_2O —— CO(NH_2)_2 + 2ADP + AMP + 3Pi + PPi$$

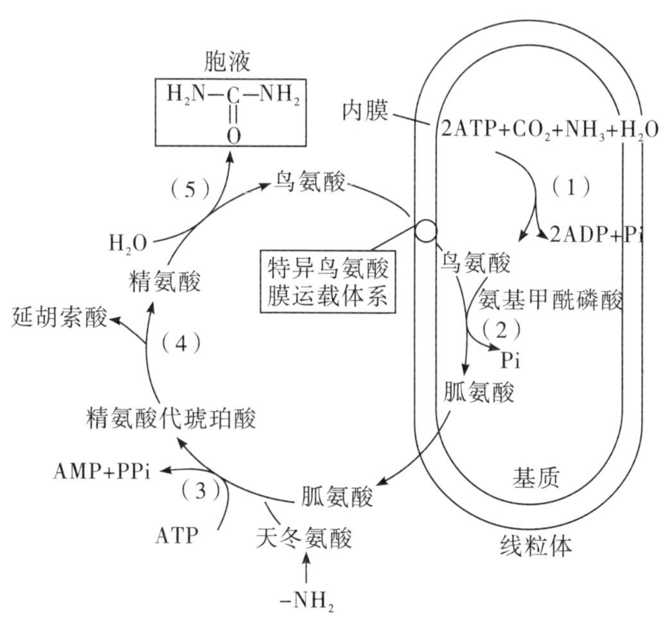

图 3－13 鸟氨酸循环示意图

2. 谷氨酰胺的合成

在肝脏、肌肉、脑等组织中，氨与谷氨酸结合成无毒的谷氨酰胺，催化该反应的酶是谷氨酰胺合成酶，并需 ATP 供能，谷氨酰胺经血液运到肾脏，在肾小管细胞内被谷酰胺酶水解为谷氨酸和氨。氨扩散到肾小管管腔中，与原尿中的 H^+ 结合形成铵盐，随尿排出。所以谷氨酰胺的生成仅能参加蛋白质生物合成，而且也是体内储氨、运氨以及解除氨毒性的一种重要方式。

氨代谢的其他途径氨可使 α－酮戊二酸氨基化生成谷氨酸。谷氨酸与其他 α－酮酸进行转氨基作用，可合成非必需氨基酸。氨还可参加嘌呤碱及嘧啶碱等化合物的合成。

（三）α－酮酸的代谢

氨基酸脱氨基后生成的 α－酮酸有以下三条代谢途径：

1. 经转氨基作用生成非必需氨基酸

α－酮酸的氨基化须经联合脱氨基作用的逆过程合成非必需氨基氨。而 α－酮戊二酸则在谷氨酸脱氢酶的作用下直接氨基化生成谷氨酸。

2. 氧化供能

α－酮酸在体内可通过三羧酸循环彻底氧化成 CO_2 和 H_2O，并释放能量。

3. 转变为糖及脂肪

体内多数氨基酸脱去氨基后生成的 α－酮酸可经糖异生作用转变为糖，这些氨基酸可称为生糖氨基酸。亮氨酸可转变为乙酰 CoA 或乙酰乙酸，称为生酮氨基酸。生酮氨基酸可通过脂肪酸合成途径转变为脂肪酸。

综上所述，蛋白质在体内的分解代谢概括如图 3－14 所示。

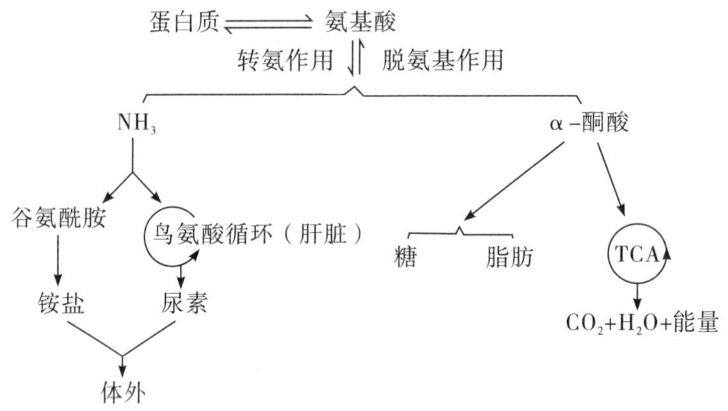

图 3－14 蛋白质在体内分解代谢示意图

（四）运动时某些氨基酸的代谢

运动时参与氧化供能的氨基酸主要有两大类，一类包括丙氨酸、谷氨酸、天门冬氨酸。这类氨基酸经转氨基作用后，直接转变成糖、脂代谢的中间产物，进入相应的代谢过程彻底氧化；另一类是支链氨基酸，这类氨基酸经转氨基后，生成的碳链骨架需要经历一系列反应，最终成为丙酮酸、乙酰 CoA 或三羧酸循环的中间产物。氨基酸除了氧化供能外，还可通过糖异生途径合成葡萄糖。

1．丙氨酸、谷氨酸、天门冬氨酸氧化

肝脏和肌肉内含有丰富的转氨酶，丙氨酸、谷氨酸、天门冬氨酸通过相应转氨酶的催化，脱去氨基，直接转变成丙酮酸、α－酮戊二酸和草酰乙酸：

$$\underset{\text{（丙氨酸）}}{CH_3-\underset{NH_2}{\underset{|}{CH}}-COOH} \xrightarrow{-NH_2} \underset{\text{（丙酮酸）}}{CH_3-\underset{O}{\underset{||}{C}}-COOH}$$

$$\underset{\text{（天门冬氨酸）}}{HOOC-CH_2-\underset{NH_2}{\underset{|}{CH}}-COOH} \xrightarrow{-NH_2} \underset{\text{（草酰乙酸）}}{HOOC-CH_2-\underset{O}{\underset{||}{CH}}-COOH}$$

$$\underset{\text{谷氨酸}}{HOOC-CH_2-CH_2-\underset{NH_2}{\underset{|}{CH}}-COOH} \xrightarrow{-NH_2} \underset{\text{（α-酮戊二酸）}}{HOOC-CH_2-CH_2-\underset{O}{\underset{||}{CH}}-COOH}$$

丙酮酸和α－酮戊二酸直接在三羧酸循环中氧化，草酰乙酸则在磷酸烯醇式丙酮酸激酶的作用下变成磷酸烯醇式丙酮酸，进而转变成丙酮酸并进一步氧化。运动时磷酸烯醇式丙酮酸激酶的活性迅速上升，这是提高氨基酸转化和氧化能力的重要机制。

耐力训练引起氨基酸氧化的适应性变化，表现在：丙氨酸氧化成二氧化碳和水的速度加快，这与转氨基作用加强，丙氨酸迅速转变成丙酮酸有关；谷氨酸脱氢酶的活性增高，嘌呤核苷酸循环速率加快，使谷氨酸氧化脱氨基加强，所以出现长时间大强度运动时肌肉谷氨酸浓度下降的现象。

2．支链氨基酸氧化

在人类的骨骼肌中八种必需氨基酸的含量很少，但其中的三种支链氨基酸：亮氨酸、异亮氨酸、缬氨酸的供能作用却是重要的。且在骨骼肌中催化支链氨基酸分解的特异酶支链α－酮酸脱氢酶含量占全身总量的60%左右，因此，骨骼肌是氧化支链氨基酸的主要部位，即使在休息状态，人的骨骼肌中支链氨基酸氧化供能占总能耗的14%，在运动时，特别是长时间持续运动时支链氨基酸在骨骼肌和能量代谢中占有重要地位。

3．氨基酸的糖异生作用

耐力运动期间，生糖氨基酸可通过糖异生作用合成葡萄糖。在耐力运动早期（<1 h），肝糖原是血糖的基本来源，但在更长时间的运动中，糖异生代谢逐渐起重要的作用，其中丙氨酸通过葡萄糖—丙氨酸循环是葡萄糖合成的一个重要途径。

（1）葡萄糖—丙氨酸循环。

丙氨酸是主要的氨基酸糖异生原料。在骨骼肌游离氨基酸库中，丙氨酸仅占总量4.4%。同时，动物实验证明，运动时肌肉并没有含丙氨酸量丰富的蛋白质选择性的分解，故认为运动时骨骼肌中必然存在丙氨酸的合成代谢过程。直至1969年，弗里格（Felig）和霍勒（Wahler）提出葡萄糖—丙氨酸循环理论，从而解释了运动时血液丙氨酸增加的现象。他们认为，在进行运动时骨骼肌内的糖分解过程活跃，丙酮酸的浓度迅速升高，其中大部分丙酮酸进入线粒体氧化或还原生成乳酸，还有一部分丙酮酸经过谷—丙转氨酶的转氨基作用生成丙氨酸，所以运动时血液中丙氨酸浓度的升高与丙酮酸浓度的升高成正比关系。丙氨酸进入血液后被运输到肝脏作为糖异生的底物，生成的葡萄糖进入血液维持血糖正常水平和骨骼肌的吸收和利用。上述由骨骼肌内葡萄糖、肌糖原分解生成的丙酮酸与氨基酸之间，经转氨基作用生成丙氨酸，以及丙氨酸在肝内异生为葡萄糖，并回到肌肉中的代谢过程，称为葡萄糖—丙氨酸循环（如图 3 – 15 所示）。

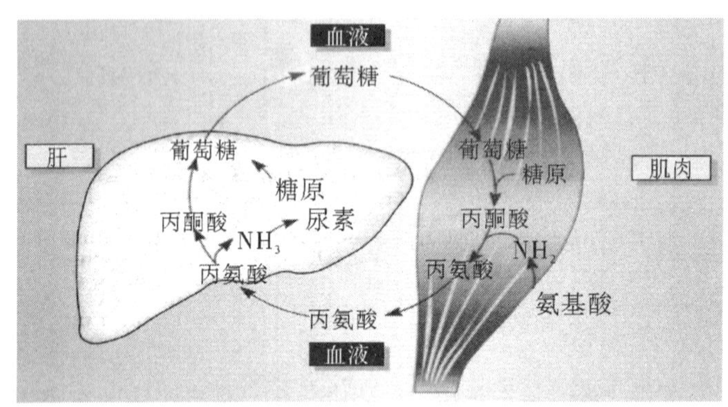

图 3 – 15　葡萄糖—丙氨酸循环

（2）运动时葡萄糖—丙氨酸循环的意义。

运动时丙氨酸在骨骼肌内合成，关系到其他氨基酸的氧化和乳酸代谢，丙氨酸在肝脏转换，关系到有毒的氨的处理和再生葡萄糖。所以，运动时葡萄糖—丙氨酸循环对维持运动能力有积极意义，主要体现在：

①将运动肌中糖无氧分解的产物丙酮酸转变成丙氨酸，可以减少乳酸生成量，起着缓解肌肉内环境酸化和保障糖分解代谢畅通的作用。

②肌中氨基酸的 α – 氨基转移给丙酮酸合成丙氨酸，以无毒的形式转运肝脏中解毒，避免血氨过度升高。

③肝内丙氨酸经过糖异生作用生成的葡萄糖，可以参与维持血糖浓度和供运动肌吸收利用。

三、运动时蛋白质、氨基酸分解代谢的意义

食物蛋白质经消化吸收的氨基酸（外源性氨基酸）和体内组织蛋白质降解产生的氨基酸（内源性氨基酸）混在一起，分布于体内各处，共同参与分解代谢和转化代谢或蛋白质的合成等。随着对运动中蛋白质和氨基酸分解代谢特点与规律研究的逐渐深入，发现耐力运动能刺激蛋白质的分解代谢，蛋白质在运动中供能比例一般情况下较小，占总热能需要的 5% ~7%。长时间耐力运动大量消耗体内的糖，由于体内糖储备有限，使氨基酸代谢供能比例增加，一方面激活氨基酸的糖异生途径，以维持血糖恒定；另一方面作为底物的大多数氨基酸脱去氨基以后的碳骨架都可以进入三羧酸循环经氧化产生能量。

本章小结

本章主要阐述骨骼肌内的糖、脂肪、蛋白质及氨基酸的有氧代谢的过程，产生能量

的特点以及运动时三大能源物质各自供能的意义。

在氧气供应充足的情况下运动时，肌内糖原和葡萄糖经 3 个阶段彻底氧化：①葡萄糖分解成丙酮酸；②丙酮酸分解成乙酰辅酶 A；③三羧酸循环被彻底氧化成二氧化碳和水，并释放能量合成 ATP。1 分子葡萄糖完全氧化，可以产生 6 分子 CO_2 和 6 分子 H_2O，释放的能量可以合成 30 分子 ATP（骨骼肌、神经组织）或 32 分子 ATP（心肌、肝组织）；如果是糖原的 1 个葡萄糖单位则可净合成 31 或 33 分子 ATP。糖有氧代谢是数分钟以上耐力性运动项目的重要能量来源。

脂肪作为体内能量储存的重要形式，是机体在安静和运动尤其是中低强度的耐力运动时主要的能源物质。机体动用脂肪供能时，首先经脂肪水解与脂肪动员作用，生成的脂肪酸和甘油释放入血液循环供机体利用。脂解过程中释放的甘油，只能在肾、肝等组织内经糖代谢途径分解或异生为葡萄糖。长时间耐力运动时，甘油经肝脏异生成葡萄糖，对维持血糖恒定和保证运动耐力有一定意义。甘油释入血液后可以作为脂肪分解代谢的强度指标。运动时肌肉利用脂肪酸主要来源于肌细胞内甘油三酯的分解和循环系统中的游离脂肪酸。脂肪酸的氧化主要发在氧气充足时，经 4 步进行代谢：①脂肪酸活化；②脂肪酰辅酶 A 进入线粒体；③脂肪酰辅酶 A 进行β－氧化；④乙酰辅酶 A 进入三羧酸循环彻底氧化。不同脂肪酸分解合成 ATP 数可用公式 $(n/2-1)\times(1.5+2.5)+n/2\times10-2$ 计算。长时间运动时，肝脏内的脂肪酸可经不完全氧化转变为酮体，然后经血液循环运输到肝外组织中彻底氧化供能，是大脑和肌肉的重要补充能源，对维持运动能力具有重要意义。同时，检查血酮体含量可了解脂肪动员的程度以及体内糖储备量。

蛋白质的代谢体现于体内氨基酸代谢库的动态平衡。氨基酸一般以联合脱氨基的作用和嘌呤核苷酸循环脱去α－氨基，同时生成相应的α－酮酸。氨一方面主要在肝脏经鸟氨酸循环生成无毒物尿素；另一方面在肝脏、肾脏、大脑和骨骼肌等组织中通过生成谷氨酰胺和丙氨酸两种形式进行转运。α－酮酸可经不同环节加入三羧酸循环，进而氧化生成二氧化碳和水或无氧酵解代谢释放能量或经转氨基作用合成非必需氨基酸，或者转变成脂肪和葡萄糖。耐力运动中丙氨酸经葡萄糖—丙氨酸循环进行糖异生转化为葡萄糖，以维持血糖恒定；同时丙氨酸、谷氨酸和天（门）冬氨酸以及支链氨基酸可作为代谢底物参与氧化供能。

思考与练习

1. 简述糖有氧代谢的基本过程；计算 1 mol 糖原的葡萄糖单位在骨骼肌完全氧化产生的 ATP 数量。
2. 线粒体内呼吸链有几条，每对氢经不同呼吸链分别可以合成多少 ATP？
3. 试述脂肪水解与脂肪动员的异同。
4. 简述运动时甘油代谢的生物学意义。
5. 简述脂肪酸分解代谢过程，计算 1 mol 三脂酰甘油在生物体内彻底氧化，可净产生多少 ATP？
6. 什么是酮体？长时间运动时酮体生成的意义？
7. 体内氨基酸脱氨基有哪些方式？试述脱氨基作用生成的氨和α－酮酸的代谢途径。
8. 简述葡萄糖—丙氨酸循环的过程，说明其在维持运动能力方面有何意义？
9. 对比分析糖、脂肪酸、蛋白质有氧代谢在运动中的意义。

第四章

运动时健身保障的生化基础

生命在于运动，更在于科学运动，这一观念的发展，也是科学发展观的具体体现。运动促进身体健康、维护身体机能的作用日益深入人心，参与全民健身的民众日益增多。但是运动必须是科学的运动，如果过度运动或运动不当，不但不能促进健康，甚至还可能损害健康。因此，运动健身必须遵循人体科学的规律，积极防范运动健身可能出现的风险，保障和促进运动健康。运动健身需要根据人体科学的原理和要求，如个体化原则、计划性原则、适量性原则、循序渐进原则和监测评价原则，从而预防在运动健身中心血管功能异常、脂代谢异常、糖代谢异常以及运动环境所带来的风险。在运动健身中因为体内能源物质的大量消耗、代谢产物的堆积、兴奋抑制失调、内分泌失调和免疫功能失调等原因，使机体产生运动性疲劳，所以有必要采用运动健身后疲劳消除的手段和方法。在运动健身中可根据体内的生化变化制定合理的运动健身负荷，运动负荷的监控与评价可采用主观感觉评价和生化检测评价。只有这样通过长期有规律的运动健身，可使身体化学组成和代谢供能能力发生适应性的变化，从而提高身体体能水平和促进健康。

第一节　运动健身风险的生化分析

运动健身有益健康的观念广泛深入人心，但运动健身可能带来的风险却往往被人们所忽视。所以，在积极参加科学运动健身的同时，也必须要有防范运动健身风险的意识和知识，才能积极防范运动健身所带来的风险。

一、运动健身风险概述

运动风险无处不在，它可能来自于健身者的身体条件，也可能来自的外界的条件，因此，了解运动健身风险的基础知识是防范运动健康风险的前提。

（一）运动健身风险的概念

运动健身日益成为人们生活中的重要组成部分，运动有利于人体骨骼、肌肉的生长，增强心肺功能，改善血液循环系统、呼吸系统、消化系统的机能状况，有利于人体的生长发育，改善神经系统的调节功能，提高抗病能力，增强有机体的适应能力，延缓衰老的进程。在心理上，运动可以调节紧张情绪、改善心理状态、愉悦身心、陶冶情操，保持健康的心态。虽然运动健身促进身体健康，但运动健身也同样会带来风险，运动健身不当，反而会危害健康，甚至危及生命。所以，运动健身存在着风险。

风险在英语中的表达词汇 Risk 是指不利事件发生的可能性。《现代汉语词典》把风险定义为“可能发生的危险”。因此，运动健身风险是指运动健身中可能引发的危险。

（二）运动健身风险特征

运动健身风险有一定的特征，了解和掌握运动健身风险的特征，有助于做好运动健身风险的防范工作。

1. 客观性

运动健身风险是客观存在，虽然可以采用防范措施防止或降低风险发生导致对身体健康的危害，但是不可能完全消除风险。

2. 随机性

对于个别事件来看，运动健身风险导致事故的发生又有不确定性，不幸事件何时何地如何发生、带来多大损失，有很大的偶然性，对于运动健身参与者个体来说，事先难以确定。

3. 可控性

单个风险的发生虽然是偶然的，但是大量同质个体某一时期某种风险的发生又有其规律性，运动健身风险可以通过对运动健身参与者个体身体机能状况进行生理生化测试分析，对运动健身环境条件进行评价，对运动健身环节加以监控。尤其是在运动健身前对个体进行身体机能生化测试，了解个体的身体机能状况，对其运动健身中可能会发生的风险做出评价，有针对性地进行防控风险的发生。

（三）运动健身风险分级

运动健身对于健身者来说都可能存在风险，所以，有必要对健身者进行运动风险分级。通过对健身者进行调查和测试，了解健身者是否有参加运动健身活动的禁忌证，掌握健身者在健身运动中身体机能等方面的情况，识别健身者在运动健身中可能存在的危险因子，然后对其进行运动风险分级。

运动风险分级主要依据健身者心血管系统、呼吸系统和代谢系统等方面的危险因子，通过对健身者的疾病史、家族史、运动史、工作史等方面的调查，以及对其进行身体成分测试、生化检测和运动平板试验等，了解和掌握健身者的心血管系统、呼吸系统和代谢系统等方面的情况，对测试结果进行分析，找出其运动健身的危险因子，并进行分级。王正珍和田野参照美国运动医学学会（American College of Sports Medicine，ACSM）对受试人群进行危险分层的方法，并根据国内对高血压、糖调节受损、脂代谢紊乱、肥胖等动脉粥样硬化危险因素的诊断标准和相关文献（见表 4－1），对参加运动负荷试验和健身锻炼的人群进行危险分层（见表 4－2）。

表 4－1　心血管疾病的危险因素

危险因素	标　准
家族史	在一级亲属中（父母、兄弟姐妹及子女），男性亲属在 55 岁之前，女性亲属在 65 岁之前发生心血管事件
吸烟	现行吸烟者或戒烟 6 个月以内
高血压	SBP≥140 mmHg 或/和 DBP≥90 mmHg，至少在两个不同时间测量后确定
糖调节受损	空腹血糖≥6.1 mmol/L（110 mg/dL），或者餐后 2 h 血糖≥7.8 mmol/L（140 mg/dL），分别在两个不同的时间测试后确定
脂代谢紊乱	TC＞200 mg/dL（5.2 mmol/L），HDL－C＜35 mg/dL（0.9 mmol/L），TG＞150 mg/dL（1.7 mmol/L），LDL－C＞130 mg/dL（3.4 mmol/L）以上四项之一
肥胖	BMI≥28（kg/ m^2）；或者腰围：女性≥80 cm，男性≥85 cm
静坐少动的生活方式	每周参加（累计）中等强度体育活动时间少于 150 min，或者每周用于体育活动的能量消耗少于 4 186 kJ

表 4－2　健身锻炼的危险分层

因　素	危险分层	
	男性＜45 岁 女性＜55 岁	男性≥45 岁 女性≥55 岁
无症状，或 1 个危险因素	低危	中危
≥2 个危险因素	中危	中危
患有心、肺或代谢性疾病中的 1 个，或有 1 个或多个心肺疾病的主要表现	高危	高危

二、运动健身风险的生化分析

在运动健身过程中，对身体机能影响最大的是运动负荷。所以，科学安排和调控运动负荷，可以降低和防范运动健身风险。

（一）运动负荷风险的生化分析

在运动健身锻炼中，掌握适宜的运动负荷最关键。如果运动负荷过大，不仅不能达到运动健身的效果，反而会增加运动健身的风险，甚至有损身体健康。反之，如果运动健身负荷太小，就可能达不到运动健身的目的。所以在运动健身锻炼中运用生化原理，测控运动负荷，可以降低运动健身风险。

运动负荷是运动强度和运动时间的乘积。从运动生化原理出发，运动健身强度决定了运动中不同代谢供能的比例，产生不同的运动健身的效果。运动负荷与运动风险关系密切，负荷强度越大，心率越快，能量需求越大，代谢也越快，使血压升高。在运动负荷试验中收缩压通常随运动强度增加，大多数人在进行递增运动负荷试验达最高负荷水平时，平均血压是 180 ~ 200/ 65 ~ 85 mmHg。在进行功率自行车运动时，每增加 50 W（300 kg · m/min），收缩压平均升高 10 ~ 15 mmHg，或者每增加 1 梅脱做功负荷，收缩压平均升高 8 ~ 12 mmHg。所以，随着运动负荷的增加，运动风险也不断增加，尤其是个别人有内在的潜在的心血管功能障碍或缺陷，如果运动负荷过大，可能就会引发心血管意外，甚至发生运动猝死。

在测控运动负荷中，最重要的是科学、准确地确定锻炼者运动适宜心率。适宜心率是指运动健身中锻炼者能获得最佳效果并能确保安全的运动心率。从运动生化原理出发，采用乳酸阈心率来调控比较适宜。一般来说，在运动健身过程中，绝大多数人都采用有氧运动，乳酸阈对指导、调控有氧运动起重要作用。因此，通过乳酸阈心率来调控运动负荷强度是比较科学、合理的方法。

在监控运动健身负荷时重点注意以下几个环节：一是健身者运动时的心率一般不应超过乳酸阈心率（对于某些年轻、体能好的就可不受限制）；二是运动前后要做好充分的准备活动和放松活动；三是运动强度的安排应该是由开始阶段小，中后阶段大，后阶段小的过程；四是如果运动中身体对运动负荷不适应或出现异常反应，应及时停止运动，并及时处理。

（二）运动机能风险的生化分析

运动机能风险可来自于心血管、脂代谢、糖代谢等方面的异常。

1. 心血管功能异常

心血管功能与人的身体机能关系密切，也是影响身体健康和运动机能水平的最主要因素之一。长期、系统的有氧健身运动对提高心血管系统功能有着积极的影响，但运动不当，心血管也可引发运动风险，损害健康，甚至危及生命。

运动时机体代谢加强，氧需量急剧增加，运动肌和心肌的血液需要量增加，心脏活动加强，氧耗量和冠状血流量应相应增加。如果冠状动脉痉挛或其他原因限制血流增加，就可引起心肌缺氧、出血或坏死，表现为急性心肌梗死征象。运动时由于血液重新分配使肌肉和皮肤血管大量扩张，而内脏血流下降，心率过快而舒张期缩短，可使冠状血管发生一过性供血不足，从而引起心肌相对性局部缺血。有症状的或无症状的心肌局部缺血，钠、钾的不平衡，可致使冠状动脉痉挛或者通过扭曲的心外膜冠状动脉引起动脉硬化块的破裂和冠脉腔的血栓，使那些有着已知或未知心脏疾病的人们引发心血管风险。某些严重心律失常的现象，都可直接导致心脏骤停，从而使运动者发生猝死。对于中老年人来说，运动后血压下降、回心血量的减少也是造成心律失常及运动猝死的原因之一。因此，运动加重心脏负担，可能会成为心脏病并发症的诱发因素。有心血管系统功能异常者要在医生指导下，积极做好心血管系统功能潜在风险的防范工作。

2. 脂代谢异常

通常以血浆甘油三酯、脂蛋白和总胆固醇评价体内脂代谢的情况，而它们三者又有密切的关系。一般认为，只要具备以下四项之一，即TC大于200 mg/dL（5.2 mmol/L），HDL－C小于35 mg/dL（0.9 mmol/L），TG大于150 mg/dL（1.7 mmol/L），LDL－C大于230 mg/dL（3.4 mmol/L），就可评价为脂代谢异常。

脂代谢异常可引起一系列的身体机能变化，如动脉粥样硬化、冠心病、高血压、糖尿病等。因此，脂代谢异常患者在进行运动锻炼时的风险比一般人要高，尤其是脂代谢异常并有冠心病、高血压患者，其运动风险更高。因此，脂代谢异常者必须要在医生指导下，做好运动风险的防范工作。

3. 糖代谢异常

糖代谢异常主要是指糖尿病，是慢性代谢性疾病，常伴有糖、脂类和蛋白质代谢的紊乱。一般分为1型糖尿病（胰岛素依赖型）和2型糖尿病（非胰岛素依赖型）。目前，2型糖尿病占糖尿病患者的绝大多数（约占90%）。

糖尿病最主要的病征就是由于胰岛素或其受体异常，不能平衡地吸收、利用血糖。血糖是维持人体正常生命活动的重要能源物质，也是运动锻炼时大脑主要的能源物质。所以，糖代谢异常者在运动健身中容易出现低血糖症状，出现头晕、心慌、四肢乏力等现象，甚至可能引发其他伤害事故。

（三）运动环境风险的生化分析

运动环境也是诱发运动风险的重要因素之一。有文献报道，运动员在27.0℃，相对湿度80%的热环境中运动45～156 min，可使体内的钾、钠、钙、镁、铁流失分别达1 545 mg、2 569 mg、303 mg、44 mg、1.55 mg。钾、钠等离子与细胞兴奋性及神经传导有关，钙离子在细胞信息传递及心脏、骨骼肌的收缩过程中有着重要作用，镁离子则与ATP的代谢相关，铁离子参与机体中氧的运输，这些物质的流失会使机体机能在运动中或运动后承受较大风险。徐飞等研究发现，在热环境下中等强度60 min的功率自行车运动，运动15 min后热环境运动组的HR和RPE都明显比室温组高，差异非常显著（如图4－1所示）。这说明在热环境中运动，机体的机能和心理负担都增加，同时所带来的运动风险也增加。

冷环境也会影响机体的运动机能，可使外周神经系统机能受到影响，造成皮肤和肢体末端感觉机能降低，骨骼肌的协同作用能力减弱，关节的灵活性下降，容易发生肌肉和肌腱撕裂、抽筋等运动性损伤。1983 年波士顿马拉松比赛后，运动员出现较多的疾病是体温过低性衰竭和脱水。症状为轻度头痛、肌肉痉挛、发冷、劳累、虚弱无力、恶心、呕吐，甚至晕厥和意识障碍。

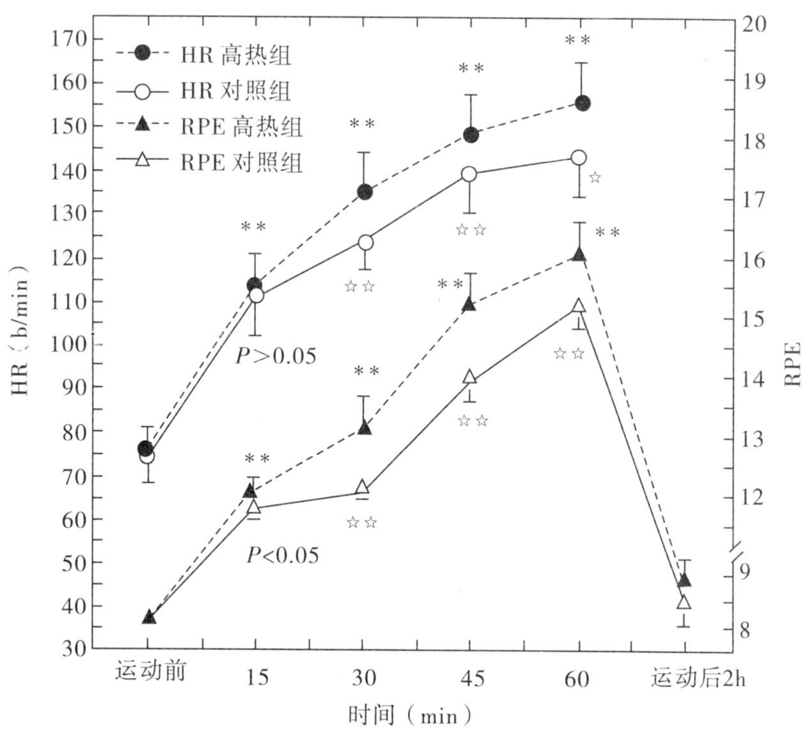

图 4－1 在不同环境中运动 HR 和 RPE 的变化（引自徐飞等，2008）

空气是人类赖以生存的环境因素，空气质量与人体身体健康息息相关。同样，空气质量对运动机体也会造成一定的影响，尤其是空气污染对运动机体更是有较大的影响。普遍性的大气污染物主要有飘尘、二氧化硫、一氧化碳、二氧化硫、二氧化氮、碳氢化物、氧化物以及砷、铅、镉等各种重金属。近年来我国一些城市出现灰霾天气，主要是空气中的灰尘、硫酸、硝酸等颗粒物组成的气溶胶系统造成视觉障碍物。这些污染物质能刺激呼吸器官，严重时会引起急性和慢性中毒，影响和危害人体健康。如氮氧化物主要是对呼吸器官有刺激作用，由于氮氧化物较难溶于水，因而能侵入呼吸道深部细支气管及肺泡，并缓慢地溶于肺泡表面的水分中，形成亚硝酸、硝酸，对肺组织产生强烈的刺激及腐蚀作用，引起肺水肿。亚硝酸盐进入血液后，与血红蛋白结合生成高铁血红蛋白，引起组织缺氧。在一般情况下，当污染物以二氧化氮为主时，对肺的损害会比较明显，二氧化氮与支气管哮喘的发病也有一定的关系；当污染物以一氧化氮为主时，高铁血红蛋白症和中枢神经系统损害会比较明显。因此，在大气空气污染时应尽可能停止或减少户外运动，可选择在空气污染少的室内环境运动。如果仍然坚持要在户外运动，可戴合适的口罩进行运动，降低空气污染对人体健康的损害。

第二节　运动健身的生化原则

运动健身的方式多种多样，但必须要科学、合理，才能达到促进健康，提高身体机能的目的。每个人的身体化学组成不同，代谢特点也不一样。所以，在进行运动健身时要依据个人的实际情况，遵循科学运动健身的原则，有计划适量地安排运动健身，并进行跟踪评价，适时调整运动健身计划。

一、个体化原则

每个人的身体机能不同，其代谢特点也不一样。运动健身的个体化原则是指在进行运动健身时，锻炼者要从自身的条件出发，确定运动健身的目的，选择运动健身的项目，制订运动健身的内容和方法，合理安排运动负荷水平，使锻炼者获得符合自身需求的锻炼效果。

运动健身的个体化原则要求要因人、因时、因地制宜。从运动生化原理出发，每个人的化学组成、代谢特点都不同，相当部分人的差异还比较大。不同的人，其体质健康水平不同，运动能力也不同，所以，在制订运动健身方案时，要遵循个体化原则。

不同性别、不同年龄，其化学组成、代谢特点也存在较大的差别，男性肌肉比例比女性大，磷酸原和肌糖原的含量也比女性高，其无氧代谢能力也比女性强。从年龄来说，儿童少年处于生长发育阶段，心肺功能尚未发育完善，其身体的化学组成也与成年人有明显的不同，无论是有氧能力，还是无氧能力都比成年人差。而且同一年龄不同的人其生长发育情况不同，其生理机能也不一样。所以，对于儿童少年来说，在实施运动健身时，必须要注意不同个体的生长发育和身体机能状况。

二、适量性原则

适量性原则是指在运动健身中，合理地安排运动负荷，使之既能满足锻炼者增强体质、促进健康的需求，又符合自身身体的承受能力，从而使锻炼者获得良好的锻炼效果。

锻炼效果的好坏，往往取决于运动负荷。雅科甫列夫提出的超代偿理论表明，机体在承受一定运动负荷后，随着能源物质的消耗，机体可产生运动性疲劳。运动后经过一定的饮食和休息，体内的能源物质和身体机能可以得到恢复。如果运动负荷适宜，机体不仅能较快恢复到原来水平，而且在某时间内还能超过运动前。所以，适量负荷对获取良好的锻炼效果非常重要。

每个人的适宜运动负荷不同，在运用适量原则时必须要区别对待，要有针对性。青壮年锻炼可采用较大强度的短时间练习，中老年人以及体弱者宜采用低强度的长时间练习方式。健康的年轻人运动强度要稍大些，否则达不到提高身体机能的目的。实践证明，1 h 内的有氧运动，对身体的影响就已足够有效。锻炼次数应按照身体的恢复情况来安排。一般来说，上次运动健身的疲劳基本消除就可进行下一次的锻炼。日本学者的研究表明，锻炼间隔一周以上收效甚微，如果间隔超过两周，前次锻炼效果基本消失。因此，每天锻炼一次，隔天锻炼一次，或一周锻炼三次等间隔的安排，应根据锻炼者的实际情况而定，但间隔超过一周，则可能失去有效的健身意义。

三、循序渐进原则

循序渐进原则是指健身者在参加运动健身初期，应根据自身的身体健康和运动机能状况，有计划、有步骤地参加适量的健身运动，并依据运动健身的情况和身体机能状况，逐渐地增加运动负荷，使身体机能能适应和承受运动健身的需求。

循序渐进原则能有效地降低运动风险，防止运动伤害的发生。

四、计划性原则

人的化学组成和代谢特点在某一时间阶段是相对稳定的，要通过运动健身促进身体健康，那首先就要依据自身的身体状况和运动健身的目的来制订好运动健身计划，通过运动健身计划的实施来达到符合自身需求的锻炼效果，这就是运动健身的计划性原则。

在制订运动健身计划前，要先测试其体质和机能状况，并依据其运动健身的目标来制订运动健身计划。运动健身计划可分为长、中、短期三类。一般来说，一年以上的运动健身计划为长期计划；半年至一年的运动健身计划为中期计划；小于半年的运动健身计划为短期计划。短期计划要求制订细致，具有可操作性；而长期计划则主要侧重于运动健身的目标，主要具有方向性的内容。

运动健身计划的具体实施主要由运动处方和营养处方执行。运动和饮食作为身体健康的两大基石，它们对运动健身效果和身体健康起重要的关键作用。因此，计划性原则的含义相对比较广泛，它的具体操作还有赖于科学、合理的运动处方和营养处方。

五、监测评价原则

运动健身者确定了自身运动健身的目的，选择了运动健身的项目，制订了运动健身的内容和方法，经过一段时间运动健身，其运动健身是否科学、合理，其运动健身的成效如何，就必须要通过实验测试，并对测试结果进行评价，才能做出科学、准确的评判。评价原则在科学运动健身中具有重要的作用，也是实施科学运动的关键环节。

从运动生化原理出发，运动健身者的负荷水平对其的锻炼效果起着重要的影响，每个人适宜的运动负荷水平不同，不同的负荷水平对机体的刺激效果不同，所获得的机能变化也不同。运动负荷过小，其所获得效果就不明显，而运动负荷过大，又容易造成过度疲劳，长期过度疲劳的积累可导致亚健康，甚至诱发疾病。因此，必须要对运动健身情况进行监测评价，然后做出科学、准确的评价，为运动健身者的科学运动提供准确的信息。如果测试结果显示效果不佳或不适合健身者身体负荷，即不符合科学运动的要求，那就建议其修改运动健身方案。同时，要对其进行阶段性的监测评价，确保其运动健身科学、有效，又避免产生过度疲劳。

第三节　运动性疲劳的生化分析

有运动就可能有疲劳的发生，适度的运动性疲劳，通过运动后积极的恢复，不但不会影响身体机能，反而可以促进身体机能的提高。相反，如果长期过度疲劳，同时又得不到较好的恢复，那就可能会引起各种身体机能障碍，损害身体健康。所以，正确认识和对待运动性疲劳，将有利于更好地发挥运动促进健康的作用。

一、运动性疲劳概念

疲劳最早是由莫索（Mosso）在19世纪初提出，之后众多专家学者对运动性疲劳做了大量的研究，但不同的研究对运动性疲劳有不同的解释，对疲劳概念的理解也较为混乱，在很长一段时期，众多学者对运动性疲劳的定义提出了多种说法。如1980年卡里森（Karlsson）提出，“疲劳是肌肉不能产生所要求的或预想的收缩力”；而埃德华特（Edwardo）1982年则提出，“疲劳是丧失保持所需或期望的输出功率”。为此，在1982年的第五届国际运动生物化学会议上将运动性疲劳定义为“机体的生理过程不能持续其机能在一特定水平或不能维持预定的运动强度”。这个定义的特点是：①把疲劳时体内组织和器官的机能水平与运动能力结合起来评定疲劳的发生及疲劳程度；②有助于选择客观指标评定疲劳。

力竭是疲劳的一种特殊形式。在疲劳的基础上，降低运动强度和改变运动条件，使机体继续运动，直至肌肉或器官不能维持运动，即为力竭。

二、运动性疲劳产生的生化分析

从运动生化原理出发，主要从“能量衰竭学说”和“内环境稳定性失调学说”来解释运动性疲劳的发生。能量耗竭学说认为，疲劳的发生主要是由于运动过程中体内能源物质大量消耗而得不到及时补充和恢复。许多实验研究表明，能源物质过度消耗与运动性疲劳有密切关系。而内环境稳定性失调学说主要是指在运动过程中，代谢产物的堆积造成内环境稳定失调，使代谢受阻，肌肉工作能力下降，从而产生运动性疲劳。

（一）能源贮备大量消耗

在短时间大强度运动时主要消耗的是磷酸肌酸和肌糖原，磷酸肌酸和肌糖原是无氧代谢供能的主要能源物质，它们的显著下降将使无氧代谢供能能力下降，从而造成机体不能维持大强度的运动，产生运动性疲劳。而在长时间持续运动时机体主要消耗的是肌糖原、血糖、肝糖原、脂肪酸和部分氨基酸，当肌糖原和血糖出现显著下降时，将使有氧代谢供能能力出现下降，从而使机体不能维持一定强度的长时间持续运动，出现运动性疲劳。

（二）代谢产物堆积

长时间持续大强度的健身运动，使机体的乳酸生成增加，乳酸堆积使肌肉中pH值下降，它可抑制糖代谢中的关键酶——磷酸果糖激酶的活性。H^+是产生运动疲劳的重要因素，当肌肉 pH 值降至 6.33 时，可导致磷酸果糖激酶活性显著下降，从而降低糖分解速率，使肌肉获得 ATP 的能力下降，肌肉工作能力下降。此外，H^+ 也干扰肌钙蛋白与 Ca^{2+} 的结合过程，从而影响肌肉收缩。Adams 等观察到，分别吸入 60%、21% 和 17% 的氧，以 90% VO_2max 的强度运动到力竭的时间是不一样的，但是力竭时动脉内 H^+ 的浓度都相同。

长时间健身运动时蛋白质分解代谢增强，血液和组织中的氨含量增加，在脑组织中氨生成增多，会出现氨中毒症状，表现为运动平衡失调，严重时引起肌肉痉挛。肌糖原消耗和细胞内 K^+ 外流而使血钾上升，高血钾会出现肌无力。肌细胞内［K^+］下降，细胞外 Na^+ 往细胞内转细胞内转移，细胞内［Na^+］上升，造成膜电位改变，导致神经—肌肉传导受阻，使肌肉工作能力下降，产生运动性疲劳。

（三）兴奋抑制失调

在大强度大运动量健身运动中，能源物质大量消耗，ATP/ADP 比值显著下降，γ-氨基丁酸、儿茶酚胺增加。同时，抑制性氨基酸——色氨酸进入脑中的量增加，从而使脑中生成的 5-羟色胺（5-HT）增多，造成大脑兴奋受抑制，兴奋性显著下降，运动状态也显著下降，从而产生兴奋抑制失调。此外，能量的大量消耗，可使 AMP 显著增加，AMP 脱氨生成的次黄嘌呤核苷酸（IMP）也显著增加，IMP 脱氨也显著增加，氨会引起脑中毒症状，使机体产生运动性疲劳。

（四）内分泌失调

健身运动首先引起下丘脑—垂体—肾上腺轴活动加强，血皮质醇明显上升，分解代谢加快，以适应运动的能量需求，同时性腺分泌雄激素减少，合成代谢减弱。而运动后恢复期，皮质醇分泌减少，雄性激素分泌增多，合成代谢加强，恢复加快。在长期健身运动中，如果运动负荷强度和运动量过大时，可使皮质醇分泌持续增加，对下丘脑—垂体—性腺轴有抑制作用，对免疫系统也有抑制效应，并且使雄性激素在肝中灭活增加，造成血睾酮下降，从而产生高皮质醇低睾酮的现象。一般认为，在血睾酮下降 25%～30% 时，且维持一个阶段不回升，就可能导致过度疲劳。长时间出现高皮质醇低睾酮的现象，可使下丘脑—垂体—性腺轴和下丘脑—垂体—肾上腺皮质轴的机能下降，从而产生内分泌失调。

（五）免疫功能失调

在全民健身运动中，如果运动不当，长期运动负荷过度，运动疲劳的积累可使血皮质醇显著上升，从而使机体的免疫功能产生显著变化。主要表现在免疫球蛋白、T 淋巴细胞、B 淋巴细胞、自然杀伤细胞、细胞因子和红细胞免疫功能等方面的变化。如自然杀伤细胞的活性下降，中性粒细胞和淋巴细胞减少，鼻和唾液免疫球蛋白 A 下降等。以上这些都是运动性疲劳时免疫功能失调的具体表现。因此，在运动性疲劳时，运动员抵抗疾病的能力将会明显下降。

三、消除运动性疲劳方法的生化分析

通过运动促进身体健康的同时势必引起身体一定程度的疲劳，如果不及时消除运动疲劳，可能会导致疲劳的积累，造成过度疲劳而影响健身效应和身体健康，因此，了解运动性疲劳的消除措施、方法对于健身者选择合适可行的方法加快运动后疲劳消除具有重要的指导作用。

（一）积极性放松，加快代谢产物的消除

放松恢复是指在大强度运动后，采用小强度或其他活动性练习的形式进行积极性放松的方法，如力量训练后做轻跳或伸展练习、耐力练习后做放松走步练习等。积极性恢复有助于加快代谢产物（如乳酸）的消除，减少代谢产物在肌肉中的堆积，改善肌肉血液循环，有助于肌肉机能的恢复。此外，积极性放松恢复还有利于调节大脑兴奋与抑制，可使心血管系统和呼吸系统仍然保持较高的活动水平，有利于氧气及营养物质的供应，促进能源物质的再合成，加快代谢产物的消除，从而促进运动性疲劳的消除。

（二）充足睡眠，促进能源物质的恢复

睡眠是一种主动过程，也是积极性恢复最重要的手段之一，睡眠时，机体感觉减退，全身肌肉处于放松状态，大脑在睡眠状态下耗氧量大大减少，有利于脑细胞的能量贮存，促进中枢疲劳的消除。

在睡眠期间，由于体温、心率、血压下降，呼吸及部分内分泌减少，使基础代谢率降低，从而使体力得以恢复。由于睡眠时供氧多，而其他组织耗氧又少，能源物质的合成需要大量的氧气，所以，充足睡眠可促进能源物质的合成。在睡眠期间，机体胃肠道功能及其有关脏器主要是以物质合成为主，促进能源物质的恢复。因此，要充分重视睡眠对疲劳消除的作用，每天要有合理充足的睡眠，促进疲劳的消除和物质的恢复。

（三）按摩肌肉，促进肌肉代谢产物的排出

按摩肌肉是加速疲劳消除的有效手段之一。按摩不但能促进大脑皮层兴奋与抑制的转换，而且还可以促进血液循环和淋巴循环，加强肌肉等局部血液供应，改善肌肉的氧供和营养物质，促进乳酸等代谢产物的排出，从而加快疲劳的消除。目前常用的按摩方法有机械按摩（震动按摩、气压按摩、水按摩）以及人工按摩，按摩部位可根据运动项目所涉及的不同肌肉群的疲劳程度的情况而定。

（四）蒸气浴

运动后进行适度的蒸气浴可加速人体血液循环，促进毛细血管开放，使人体排汗加快，呼吸加快，心率加快，从而促进乳酸等代谢产物的排出和消除，有利于疲劳的消除和机能恢复。

在使用蒸气浴时应注意：①不宜在运动后即刻进行，应在呼吸、心率完全恢复，以及适当的补水后才进行；②蒸气浴的温度不宜过高，时间不宜过长；③在蒸气浴过程中可进行适当的补水；④身体不适或患病者禁止蒸气浴。

（五）营养补充

物质的大量消耗是造成运动性疲劳的重要原因之一，其恢复的主要方法就是进行合理的营养补充，尤其要注重合理的糖、优质蛋白质、水果和蔬菜的补充，并适当增加摄入含维生素丰富的食物，使机体所消耗的物质及能量得以较快补充。还有针对运动中产生的酸性代谢物质可以补充碱性饮料，如碳酸氢盐饮料，可以增强肌肉细胞外缓冲乳酸、中和氢离子的能力。这样既能提高身体的抗疲劳能力，又能帮助运动后疲劳的消

除。在全民健身中，要处理好健身运动后的能量摄入和营养补充，如果不能正确处理，或健身运动后大饮大食，这不但不能消除疲劳，可能还会增加身体负担，影响健身运动的效果，甚至造成体重增加，引发肥胖。

第四节　运动健身负荷的生化评定

健身负荷对运动健身效果起着重要的作用。负荷过小，对身体刺激过小，所起的健身效果就小。反之，如果负荷过大，对身体刺激过大，超过了身体的负担程度，那就可能造成身体过度疲劳，使人的身体机能下降。所以健身负荷的监测和评价对科学健身起重要的作用。

一、运动健身负荷的制定

运动健身负荷包括强度和量度。在运动负荷划分中，通常分为极限负荷、最大负荷（100%负荷）、次最大负荷（大于90%负荷）、大负荷（75%～90%负荷）、中等负荷（50%～75%负荷）、小负荷（35%～50%负荷）、基础负荷（低于35%负荷）。机体动员最大机能能力才能承受的负荷称为最大负荷。在负荷评定方面，英国卡尔实验把每个人可能承受的最大负荷强度作为“临界点”，并将这个最大负荷强度作为100%的负荷强度。但结果是这个“临界点”只动员了机体机能潜力的90%。所以，他认为不应该把“最大负荷”理解为“极限负荷”。他认为，在正常条件下使机体动员了90%的最大机能潜力时的负荷，对一个有训练的个体来说就可以称为100%的最大负荷。依据运动生化原理，最大负荷、次最大负荷都属于无氧代谢负荷，大负荷属于糖酵解为主、有氧代谢为辅的负荷，中等负荷属于有氧代谢为主、糖酵解为辅的负荷，小负荷和基础负荷都属于有氧代谢负荷。

运动健身强度决定了运动中不同代谢供能的比例，会产生不同的运动健身的效果。运动健身强度可分为绝对强度和相对强度。绝对强度是指物理的负荷强度，是负荷强度的直接表述。而相对强度是指对某个人而言的强度，通常用某个人的最大摄氧量强度来表示，或推算其最大强度的心率来表示。相对强度是应用于运动处方的强度。

在制定运动健身负荷时，最重要的是要科学、准确地确定锻炼者的靶心率（运动适宜心率），使锻炼者能获得最佳效果并能确保安全的运动心率。从运动生化原理出发，乳酸阈（无氧阈）强度的心率是比较适宜作为18～45岁健康人的靶心率。一般健康的中青年人可以采用最大心率×（0.6～0.8）来确认靶心率，最大心率＝220－年龄。一般来说，对于刚开始系统运动锻炼的人来说，靶心率的确定可以循序渐进的逐渐提高，避免一开始把靶心率定得太高。

从图4－2、图4－3和图4－4可以看出，大学男生在功率车运动时乳酸阈（4 mmol/L）的强度是900 KPM/min，乳酸阈强度的心率约为132次/min，乳酸阈强度的RPE是11。根据推算靶心率的公式：最大心率（220－年龄）×（0.6～0.8）来计算，其系数是0.68。结果提示，一般青壮年的乳酸阈强度的心率为130～140次/min，那其系数为0.6～0.7之间。

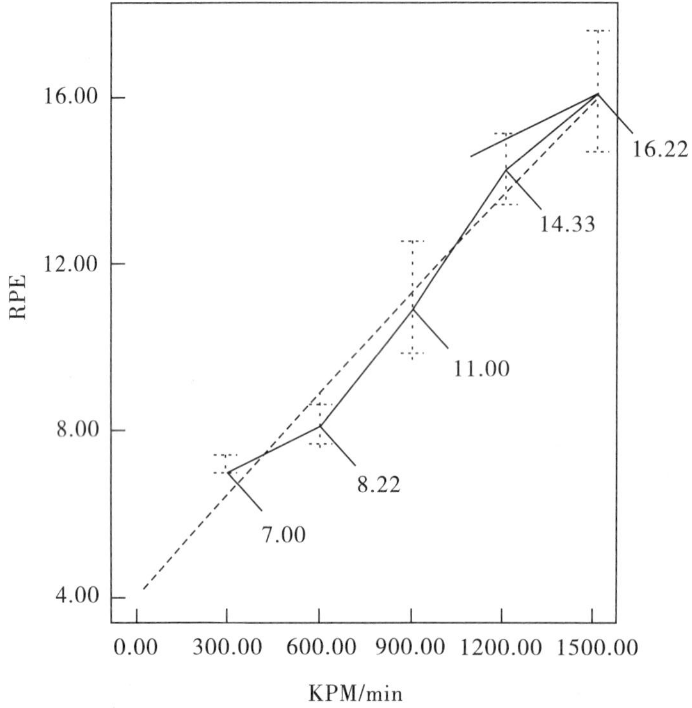

图 4－2　大学男生功率车运动时 RPE 与负荷强度的变化（引自赵国敬等，2004）

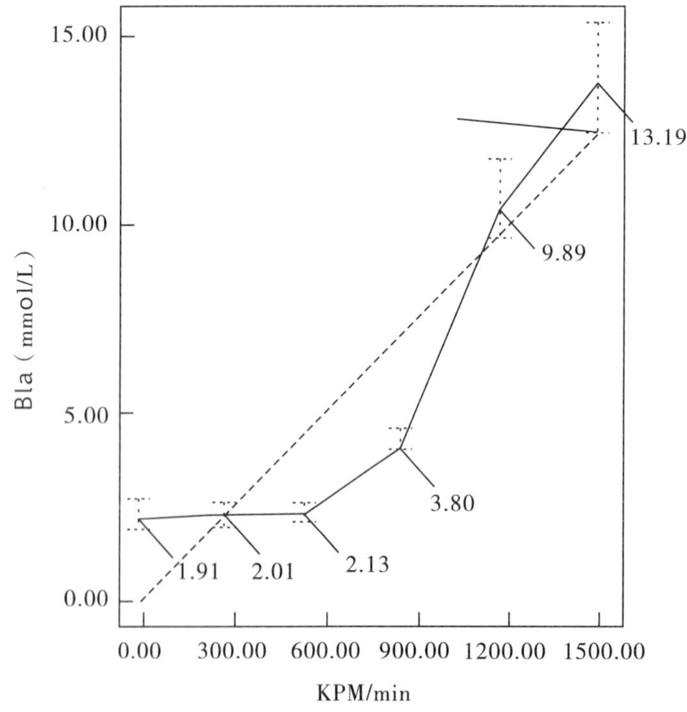

图 4－3　大学男生不同强度功率车运动时血乳酸的变化（引自赵国敬等，2004）

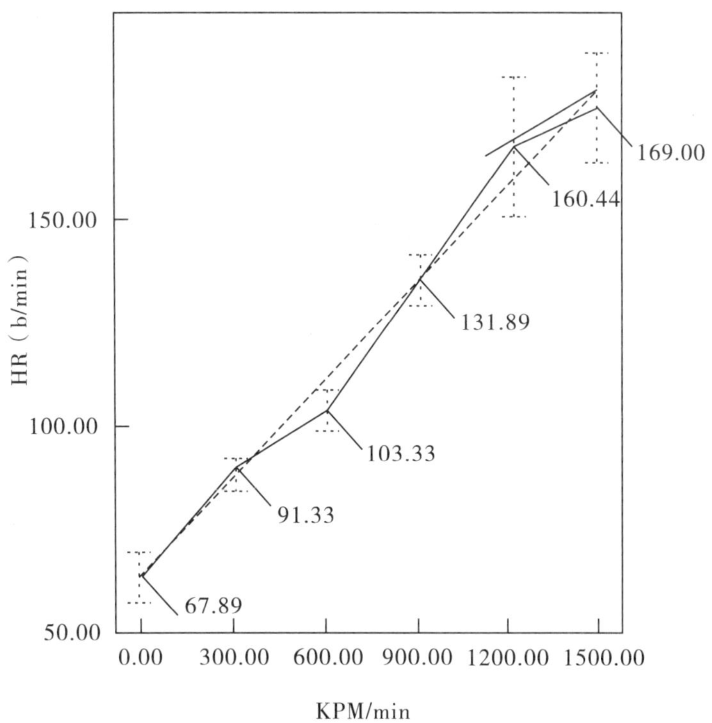

图4－4　大学男生功率车运动时负荷强度与心率的变化（引自赵国敬等，2004）

二、运动健身负荷的生化评定

根据运动生化原理，即运动负荷大小与体内物质代谢和能量代谢存在高度的相关性，因此，可以选用对应的物质代谢和能量代谢的敏感生化指标来反映运动健身负荷的变化。

（一）负荷强度评定

运动强度与运动量是运动处方的核心内容，也是运动处方实施过程中监控与评价的重要内容。运动强度的监控与评价通常采用主观感觉评价和生化检测评价两种方法。

1．主观感觉评价

主观感觉评价法是执行运动处方时，反馈评价运动处方的最好方法之一。它能及时反馈锻炼者实施运动处方后，身体的自身感觉与反应，并能作为调整运动处方的参考依据之一。目前，应用比较多的是主观运动强度评定法，即 RPE（Rating of Perceived Exertion）法（见表4－3）。它是由瑞典科学家伯格提出的，该量表是通过锻炼者在运动中的自我感觉来评价打分，其每个运动感觉特征都有相应的分值，在 RPE 分值表上 6～20 的 15 个点上每一单数各有不同的运动强度感觉特征。经过大量的实践证明，该量表是简易、实用的方法，可作为运动时心理负荷的标志。

许多学者对运动试验时的 RPE 与各项客观检查结果（心率、血压、血乳酸、最大吸氧量等）之间做了比较，呈高度相关。有的学者还计算出相应的运动强度，使得该方法的应用更加方便。近年来的研究认为，当 RPE 值为 11 ~ 16 之间时，RPE × 10 + (10 - 20) 则更接近运动当时的心率。一般成人的评分在 12 ~ 15 之间时，可以评价为运动强度适宜，而中老年人的评分相对要低些，在 11 ~ 13 之间为适宜。

表 4 - 3 主观负荷强度判断表 (RPE)

RPE	主观运动感觉	相对强度（%）	相应心率（b/min）
6		0. 0	
7	非常非常轻松	7. 1	90
8		14. 3	
9	非常轻松	21. 4	110
10		28. 6	
11	尚且轻松	35. 7	130
12		42. 9	
13	有些吃力	50. 0	150
14		57. 2	
15	吃力	64. 3	170
16		71. 5	
17	很吃力	78. 6	180
18		85. 8	
19	非常非常吃力	95. 0	190
20		100. 0	200

2. 生化检测评价

评定运动强度的生化指标较多，由于测试尿蛋白无损伤、易操作，所以，除了经典的血乳酸外，尿蛋白可作为全民健身中监测运动强度的常用生化指标。

尿液化学成分比较复杂，它主要受膳食和代谢影响而变动。在一般情况下，尿液中常含有尿素、尿酸、氨基酸、氨及有机酸、电解质等。蛋白质是含氮的高分子化合物，一般很难从肾小球滤过，就是有少部分物质从肾小球滤出，肾小管也会重新吸收回来。所以，正常人尿中的蛋白质是很少的，常在 10 mg% 以下（低于 150 mg/24 h 尿）。运动可使蛋白质从肾小球中滤过量增加，同时也可使肾小管重吸收能力下降，因而使尿中蛋白质排出量增加。运动使尿中蛋白质含量增加的现象称为运动性蛋白尿。一般认为，运动性蛋白尿是属于“球管型蛋白尿”，肾小球滤过增加是主要的因素。如果锻炼者对运动适应，身体机能状况好，那其尿中排出蛋白质的量是相对稳定的。反之，如果锻炼者对运动不适应，身体机能下降（如疲劳、睡眠不好）时，那其尿中排出蛋白质的量可能会显著增加。因此，测试锻炼者运动锻炼后的尿蛋白含量，可以了解其对运动的适应性，及其身体机能状况。

在使用尿蛋白进行评价时，要注意以下问题：①要测试锻炼者在主观感觉较好、身体机能较好时的尿蛋白安静值；②要注意锻炼者的情绪及睡眠状况；③要在运动锻炼后 15 min 收取尿样（运动后不能大量饮水）；④要系统跟踪测试；⑤要结合锻炼者的主观感觉以及其他指标来综合评价。

在运动健身中，也可采用血乳酸来评价负荷强度。一般认为，乳酸阈为 4 mmol/L，所以，有氧健身运动后，血乳酸水平应不高于 4 mmol/L。如果进行大强度运动负荷，无氧酵解供能比例将显著增加，血乳酸生成也显著增多，一般来说，运动后血乳酸水平达到 10 mmol/L 以上时，其运动健身的强度是比较大的。

（二）负荷量评定

在实施运动处方过程中，运动量的监控与评价是科学运动锻炼的重要内容。运动量的监控与评价的方法较多。通常采用主观感觉评价和生化检测评价两种方法。

1. 主观感觉评价

一般来说，运动锻炼后感觉轻松愉快，食欲和睡眠良好，或者虽然稍感疲劳和肌肉酸痛，但仍感觉轻松愉快，食欲和睡眠良好，第二天起来感觉体力完全恢复，这就可认为主观感觉运动量适宜。相反，则可认为运动量不适宜。

2. 生化检测评价

生化检测评价是通过收集锻炼者的血液或尿液样本，然后进行生化分析检测，得出测试结果后再做出评价。评价运动量的生化指标较多，常见的有血尿素、血红蛋白、尿胆原等指标。

血尿素是蛋白质的代谢产物。在正常生理条件下，蛋白质和氨基酸等含氮物质在分解代谢的过程中，先脱下氨基，氨在肝脏转变为尿素，血尿素经血液循环从肾脏排出体外。当机体能源储备较好，运动量适宜，能量代谢平衡的时候，血中尿素含量是相对比较稳定的。相反，当运动量过大时，机体不适应，体内能量代谢平衡遭破坏，氨基酸参与代谢供能的比例显著增加，同时，当 ATP 不能迅速再合成时，生成的 AMP 在肌肉中易脱氨基生成 IMP（次黄嘌呤核苷酸），从而使血尿素增加。所以，血尿素的量变与身体机能、疲劳程度以及运动量的大小有关。一般认为，30 min 以内的运动，血尿素变化较小，只有在长时间较大强度运动时，血尿素的变化才明显。为此，在使用血尿素进行评价时，要注意以下问题：①要测试锻炼者在主观感觉较好、身体机能较好时的血尿素空腹安静值，只有以此安静值作为基础，才能进行比较评价；②要系统跟踪测试，才能较科学、合理地做出评价；③要结合锻炼者的主观感觉来评价，排除膳食等其他因素的影响。

血红蛋白也称血色素，是红细胞的主要成分，占红细胞干重的95%左右，其主要功能是作为红细胞运输氧气和二氧化碳的载体，又有维持体液酸碱平衡的作用，故血红蛋白能影响体内物质代谢与能量代谢，从而影响人体的身体机能及运动能力。在日常生活和工作中，由于饮食、睡眠、精神压力、运动等因素，都可使血红蛋白发生量变。尤其是运动量过大，对运动不适应时，可使体内红细胞被破坏的情况增加，血红蛋白含量出现下降。所以，通过检测血红蛋白的含量，可以了解机体对运动的适应情况。一般情况下，如果锻炼者对运动量适应，运动后饮食、睡眠正常，恢复较好，其血红蛋白含量是变化不大的。相反，如果锻炼者运动后饮食、睡眠不正常，运动后恢复不理想，那就可能使血红蛋白含量出现下降。所以，当运动锻炼者出现疲倦、乏力、精神不好时，就应检测血红蛋白。如果血红蛋白含量出现显著下降，就有必要对其做出调整或停止运动锻炼。在使用血红蛋白进行评价时，要注意以下问题：①要测试锻炼者在主观感觉较好、身体机能较好时的血红蛋白安静值；②要系统跟踪测试，才能较科学、合理地做出评价；③要结合锻炼者的主观感觉以及其他指标来综合评价。

尿胆原是体内血红蛋白分解的产物，每天由红细胞破坏而释放出来的血红蛋白约8 g，这8 g血红蛋白约产生280 mg胆色素，经代谢生成尿胆原随尿排出。所以，尿胆原的量变可以在某方面反映红细胞的破坏情况。红细胞破坏情况又与锻炼者的工作、睡眠、精神压力和运动等因素有关，尤其是与运动量关系密切。当运动量适宜时，运动锻炼者对运动后恢复的较好时，红细胞破坏较少，尿中尿胆原排出量处于相对稳定。相反，当运动量过大时，锻炼者红细胞破坏增加，在溶血过多的情况下，胆红素的来源增加，可使其尿中排出的尿胆原也增加。当锻炼者尿中排出的尿胆原显著增加时，就有必要调整运动锻炼。在使用尿胆原进行评价时，要注意以下问题：①要测试锻炼者在主观感觉较好、身体机能较好时的尿胆原安静值；②要系统跟踪测试，才能较科学、合理地做出评价；③要结合锻炼者的主观感觉以及血红蛋白等其他指标来综合评价。

本章小结

运动健身必须符合人体科学的原理和要求，遵循个体化原则、计划性原则、适量性原则、循序渐进原则和监测评价原则，积极防范运动健身所带来的风险，尤其要防范在运动健身中心血管功能异常、脂代谢异常、糖代谢异常以及运动环境所带来的风险。在运动健身中由于体内能源物质的大量消耗、代谢产物的堆积、兴奋抑制失调、内分泌失调和免疫功能失调等原因，使机体产生运动性疲劳，可采用运动健身后积极性放松、合理充足的睡眠、按摩肌肉、蒸气浴和营养等手段消除疲劳，加快机能的恢复。健身负荷对运动健身效果起重要的关键作用，在制定运动健身负荷时，最重要的是要科学地确定锻炼者的运动适宜心率——乳酸阈强度心率，推算乳酸阈强度心率的公式是：最大心率（220 - 年龄）×（0.6 ~0.8）来计算。运动负荷的监控与评价通常采用主观感觉评价和生化检测评价两种方法，主观评价方法常采用RPE（Rating of Perceived Exertion）法，生化检测常采用血乳酸和尿蛋白监测、评价运动强度，血尿素、血红蛋白、尿胆原等常用于监测、评价负荷量。运动健身可使身体的化学组成和代谢供能能力发生适应性的变化，改善力量速度、速度耐力和有氧能力等方面的素质，从而促进身体健康，提高体质和运动机能水平。

思考与练习

1. 什么叫运动健身风险？如何更好地防范运动健身风险？
2. 什么叫运动性疲劳？如何认识与处理运动性疲劳？
3. 在运动健身中如何较好地监控运动负荷？
4. 请举实例，如何较好地评价运动健身效果？

第五章

健康体适能的生化分析

健康是人生命过程中永恒的主题，生命在于运动，运动促进健康。运动健身的主要目的是促进健康，提高健康和体适能的水平。健康体适能主要包括心肺耐力、身体组成、肌力及肌耐力和柔韧性素质。从运动生化原理出发，运动健身主要通过改善机体的化学组成和代谢能力来提高机体的体适能水平，其中肌肉适能和心肺适能是目前全民健身中最主要的运动健身内容，研究表明肌肉适能锻炼可使肌肉蛋白质合成增加、肌纤维增粗的同时减少肌肉中的脂肪，并使快肌纤维中无氧代谢酶和慢肌纤维中有氧代谢酶的活性明显上升；心肺适能锻炼可提高抗氧化酶的活性，降低自由基水平，从而增强机体抗氧化能力，心肺适能锻炼也可引起慢肌纤维（Ⅰ型）的线粒体数量和体积增大、肌红蛋白增多，并明显改善呼吸循环系统功能，使运动时氧的摄入、转运和利用能力提高。因此，只有了解和掌握人体健康体适能的生化特点和运动健身中体适能的变化规律，选择合理的锻炼方法和运动负荷，并合理组合与调配，才能做到符合发展不同健康体适能的要求，提高健康水平。

第一节　健康体适能概述

健康体适能是在我国逐渐被人们所了解和接受的概念，它是指导和评价运动健身的重要理论依据。它与体质有区别，又有密切的联系。健康体适能更能反映工作、学习和生活对机体健康体适能的要求，更全面反映人体的健康水平。

一、健康体适能的概念

体适能（physical fitness）的概念最早是由美国科学家提出的，从广义上讲它是指人体适应外界环境的能力，是健康概念的一种延伸。physical fitness 一词很早就出现在英文文献中。到 20 世纪 80 年代初，台湾、香港的运动生理学界率先将这一名词翻译为“体适能”，把它定义为身体适应生活与环境（例如温度、气候变化或病毒等因素）的综合能力。构成体适能的要素包括心肺耐力、肌力耐力、身体组合、柔软度、神经肌肉松缓能力、抵抗疾病的能力。体适能按人体的需求不同又可分为运动体适能（sport related physical fitness）和健康体适能（health related physical fitness）。前者主要包括速度、反应、爆发力、协调性和灵敏性等素质，这是运动选手为在竞技比赛中夺取最佳成绩所必需的体适能。健康体适能是指身体健康并且感觉活力充沛，能应付日常工作、学习、生活和运动休闲娱乐活动以及突发事情的能力。它主要由与人体健康水平密切相关的体适能要素组成，通常主要包括心肺耐力适能（cardio respiratory endurance）、身体成分（percent of body）、肌肉力量和耐力适能（muscular strength and endurance）、柔韧性适能（flexibility）。

从运动生化原理出发，心肺适能主要就是指有氧能力，肌肉适能主要就是指肌肉力量及工作能力，身体成分是指人体的组成成分，柔韧性主要是指肌腱韧带的机能。运动健身可改善健康体适能，从而促进健康、预防疾病，提高日常生活、学习和工作的效率。所以，对大众健康而言，他们追求的是健康体适能。

二、健康体适能的基本要素

健康体适能包括身体成分、心肺耐力适能、肌肉力量和耐力、柔韧性适能等四个方面。

（一）身体成分

组成人体各组织、器官的总成分即为身体成分，可粗略地分为肌肉、骨骼及脂肪组织。身体成分泛指脂肪及非脂肪组织所占的百分比。体脂和去脂体重的变化，不仅影响身体健康，同时也影响身体机能，甚至引发各种疾病。所以，身体成分与身体健康、身体机能密切相关。

运动锻炼可使身体成分发生变化，有研究表明，经过系统的有氧运动练习后身体皮脂厚度、体脂百分比均有不同程度的降低。腰臀比（Waist-to-hip ratio，WHR）为腰围和臀围的比率，主要反映人体脂肪分布情况，是早期研究中预测肥胖的指标，对反映肥胖引起疾病的风险有参考价值，是评价肥胖的辅助指标，并被认为是糖尿病和动脉粥样硬化性心血管病（cardiovascular disease，CVD）发病、死亡的风险预测因子。有研究认为，身体质量指数（body mass index，BMI）与体脂百分比呈弱相关，而 WHR 与体脂百分比呈强相关。同等身高和体重的人群，体脂肪存在较大差异，BMI 不能精确解释人体的体脂含量，而 WHR 与体脂百分比呈强相关，是较好反映体脂百分比的指标，同时，也能较好地反映身体成分的基本情况，但是由于 MBI 相对容易获得，因此，仍然应用于大样本的研究以评价大众的健康水平。

有研究发现，长期有氧运动能改善腰臀比及三围的比例。按照三围的计算公式：胸围 = 身高 ×0.51，腰围 = 身高 ×0.37，臀围 = 身高 ×0.54，腰围、胸围比为3∶2。以上比例是比较理想的三围比例。腰臀比是指腰围除以臀围的比值，是反映腹部脂肪堆积的程度。腹部脂肪堆积，则腰围增大，腰臀比变大。男性腰臀比大于0.95，女性腰臀比大于0.80，可被认为是腹部脂肪过多。

脂肪过多或过少都会影响身体健康，脂肪积累过多，可引发糖尿病、心血管疾病、高血压等。而体脂过少会影响脂溶性维生素的摄入，影响脂溶性激素的分泌，引发内分泌功能失调、代谢紊乱等。所以，维持身体成分稳定和体脂在合理、健康的水平非常重要。

（二）心肺耐力适能

心肺耐力适能是指心脏、血液、血管和肺组成的呼吸和血液循环系统在身体进行耐力性运动时，有效地提供运动中肌肉所需的氧气和能源物质，并循环带走代谢的各种产物，维持机体从事运动的能力。

心肺耐力适能可以说是指个人的肺脏与心脏，从空气中携带氧气并将氧气输送到组织细胞加以使用的能力。因此，心肺适能是个人的心脏、肺脏、血管与组织细胞的有氧能力的指标。心肺耐力适能较佳，可以使我们运动持续较长时间，且不易疲倦，也可以使我们平日工作时间更久，更有效率；心肺耐力适能较差，不仅容易疲劳，而且运动后恢复慢，时常精神不振。

（三）肌肉力量和耐力适能

肌力是肌肉收缩产生的力量，肌耐力则是指肌肉维持静态收缩或重复多次收缩维持长时间运动的能力。

肌肉力量和耐力适能主要是指肌力与肌耐力。肌肉力量是指骨骼肌收缩时克服和对抗阻力的能力，通常以对抗和克服最大阻力的重量、力矩或做功功率表示。肌耐力则一般以定量运动负荷的次数、负荷持续时间或输出功能的变化来表示。保持良好的肌力和肌耐力对于促进健康、预防伤害与提高工作效率有很大的帮助。当肌力和肌耐力衰退时，肌肉本身往往无法胜任日常活动及紧张的工作负荷，容易产生肌肉疲劳及疼痛现象，影响工作和生活质量以及健康水平。

（四）柔韧性适能

柔韧性适能是人体健康体适能的重要内容。柔韧性适能是指人体各关节所能伸展活动的最大范围，可以分为静性与动性两种柔韧适能。静性柔韧适能是以关节为支点运动的活动范围。动性柔韧适能为一关节承受动作的抵抗或阻力后所能伸展的最大范围。例如在排球杀球时，攻击的手臂在跳起后触球时所能伸展的最大范围。

柔韧性适能可通过对机体单个关节或者多关节活动范围进行测试，通常由骨关节结构和肌肉、韧带以及关节囊的长度和伸展性等因素决定。柔韧性会受到关节的结构、肌肉力量及体积、韧带以及其他结缔组织的影响而改变。因此，柔韧性适能在一定程度上受蛋白质代谢，尤其胶原蛋白代谢的影响。

柔韧性适能好的人活动自如、体态优美。柔韧性适能不好的人关节活动范围较小，动作没有那么舒展，相对比较僵硬。具有比较良好的柔韧性适能，可以使运动时更有效率，减少运动伤害的发生。

第二节　健康体适能的生化分析

在健康体适能的要素中，肌肉力量和耐力适能和心肺耐力适能是健康体适能的基础，也是目前全民健身中主要的运动健身内容。肌肉适能影响着身体成分和柔韧适能，长期系统的力量练习可以提高肌肉的工作能力，保持合理的去脂体重，维护良好的身体形态，提高身体的健康体适能水平。下面就肌肉力量、耐力适能和心肺耐力适能的生化特点进行分析。

一、肌肉力量和耐力适能的生化分析

肌肉力量和耐力适能决定肌纤维的收缩机能，而肌纤维的收缩机能与肌肉化学组成与质量和代谢特征有关。

（一）肌纤维与肌肉力量

蛋白质是肌纤维中最重要的成分，肌肉收缩决定与组成肌纤维的不同蛋白类型和特征。

1．肌肉收缩

肌肉是由许多肌纤维（肌细胞）构成，肌纤维又由许许多多的肌原纤维组成，而肌原纤维又由许多排列整齐的串联的肌节组成，肌节中包括能收缩的蛋白，这种蛋白又叫肌丝。肌丝分为两种：一种是粗肌丝又叫肌球蛋白；一种是细肌丝叫肌动蛋白。当神经冲动（命令）到达肌肉时，使肌质网释放钙离子，钙离子使粗肌丝上的“突起”与细肌丝的适当部位形成“横桥”。横桥在能源物质三磷酸腺苷（ATP）供能的情况下扭转（约旋转45°），产生拉力使细肌丝向粗肌丝方向滑进，从而使肌肉收缩产生肌力。这就是自赫克斯利（Huxley，1954）提出肌肉收缩的滑行学说。从肌肉收缩的机理可以看出，肌纤维是肌肉收缩的基础，ATP是肌肉收缩的动力。

2．肌纤维类型与肌肉力量

人体的肌纤维分为两大类型：一是慢肌纤维，又称为Ⅰ型肌纤维；二是快肌纤维，又称为Ⅱ型肌纤维，它又分为三个亚型（Ⅱa，Ⅱb，Ⅱc）。快肌纤维收缩的速度快、力量大，主要以无氧代谢供能为主，工作持续时间短。而慢肌纤维收缩的速度慢、力量小，主要以有氧代谢供能为主，工作持续时间较长。所以，与力量和速度关系密切的是快肌纤维。

在用最大肌力（静力性最大肌力）的 30% 以下的强度运动时，肌肉工作的主要是慢肌纤维。而用最大肌力的 60% 以上的强度运动时，肌肉工作的主要是快肌纤维。所以，在运动时，强度越大，快肌纤维参与做功的比例就越大。相反，强度越小，慢肌纤维参与做功的比例也就越大。因此，在实际运动锻炼中，一定要依据锻炼的目的，科学运动强度，有目的地锻炼肌肉。

（二）ATP 与肌肉力量

ATP 含有 2 个高能磷酸键，它是肌肉收缩的直接能源，肌纤维中 ATP 的含量和水解速率和再合成能力直接影响到肌肉力量素质。

1. ATP 与肌肉收缩

肌肉收缩是产生肌肉力量的动力，而其动力又来源于粗肌丝上的“突起”与细肌丝形成的“横桥”，横桥的“扭转”产生了动力，其能源来自于 ATP 的水解。一个横桥扭转时所产生的力量是很小的，其弹性牵张大约只有 10 nm，最少要有 100 亿个串联的横桥才能产生 1 g 的力量。由此可知，一个举重运动员，要举起 200 ~ 300 kg 的重量，需要横桥的数量是非常多的，同时也需要大量的 ATP 供能。在肌肉收缩时，除了募集横桥的数量（肌纤维动员）多少以外，横桥是否同步进行扭转也非常关键。如果扭转同步化程度越高，那其所产生的力量就越大。因此，在决定肌肉力量方面，ATP 和肌肉质量是基础，神经肌肉的调节是关键。

2. ATP 再合成与肌肉力量

在肌肉工作过程中，ATP 再合成的速度与能力对肌肉的工作能力起决定性的作用。因为肌丝的滑行和横桥的“扭转”都需要能量，即消耗 ATP。如果缺乏 ATP，那么肌丝的滑行和横桥的“扭转”都无法进行，肌肉就不能进行收缩，也就没有肌肉力量的产生。所以，ATP 再合成能力越强，速度越快，形成横桥及其扭转也就越多，肌肉力量也就越大。

在各供能系统中磷酸原供能系统的 ATP 再合成速度最快，输出功率最大，所以，以磷酸原供能系统供能时，所产生的肌肉力量最大，糖酵解供能次之，第三是糖有氧代谢供能，而脂肪有氧代谢供能时所产生的肌肉力量最小、速度最慢。因此，从运动生化原理出发，要提高肌肉力量，就必须发展磷酸原供能能力，要提高肌肉力量耐力，就必须发展糖酵解供能能力。

（三）肌肉力量和耐力适能锻炼的生化变化

肌肉力量和耐力适能锻炼时，机体主要以无氧代谢供能为主，所以，练习后血乳酸会明显升高，当血乳酸上升到一定程度时，肌肉力量下降，并可出现酸痛的感觉。Tesch 等研究发现，健身者在力量训练时，完成前后蹲起和坐位踢腿及负重坐凳起 20 组（每组重复 6 ~ 12 次，共 30 min），练习后测定股四头肌和血中代谢物的变化。从表 5 - 1 中可见，运动后肌肉中 CP 显著下降，肌乳酸和血乳酸大幅度上升，肌糖原明显下降（由

690 mmol/kg 干肌降至 495 mmol/kg 干肌），而血中游离脂肪酸却没有变化，但肌肉的甘油三酯明显减少，3－磷酸甘油明显增多。测试结果说明，在力量练习中，CP 和肌糖原是主要的供能物质，下降得最多，乳酸大幅度上升，这也说明力量练习中无氧代谢供能是主要的供能系统。力量练习对血游离脂肪酸影响不大，但可以使肌肉中的甘油三酯明显减少，这说明力量练习在使肌纤维增粗的同时，也可以减少肌肉中的脂肪。

表 5－1　健身力量锻炼后肌肉和血液中代谢物的变化

肌肉和血液中代谢物	运动前	运动后	差异性
骨骼肌（mmol/ kg 干肌）：			
ATP	24.8	19.7	$P<0.05$
CP	89.5	45.8	$P<0.05$
C	50.8	100.0	$P<0.05$
葡萄糖	1.5	8.2	$P<0.05$
6－磷酸葡萄糖	1.8	16.7	$P<0.05$
3－磷酸甘油	5.7	14.1	$P<0.05$
乳酸	22.7	79.5	$P<0.05$
糖原	690	495	$P<0.05$
甘油三酯	23.9	16.7	$P>0.05$
血浆（mmol/L）：			
游离脂肪酸	0.22	0.22	$P>0.05$
甘油	0.02	0.1	$P<0.05$
葡萄糖	4.3	5.5	$P<0.05$
乳酸	3.8	11.7	$P<0.05$

（引自 Tesch 等，1986）

在力量锻炼时，不同肌纤维中酶活性的变化也不同，在快肌纤维中，无氧代谢酶肌酸激酶（CK）、乳酸脱氢酶酮功酶 5（LDH_5）、磷酸果糖激酶（PFK）、丙酮酸激酶（PK）的活性明显上升，而有氧代谢酶琥珀酸脱氢酶（SDH）和苹果酸脱氢酶（MDH）的变化相对没有那么大。而在慢肌纤维中也同样发生适应性变化，有氧代谢酶 SDH 和 MDH 的活性上升明显。

力量锻炼使肌肉增粗的主要原因是力量练习导致肌肉蛋白的质合成增加，其主要原因有：①适当力量练习可使睾酮水平提高，促进了肌肉蛋白的合成；②力量练习时肌肉的收缩、伸展，可使肌细胞通透性增大，进入肌细胞内的氨基酸增多，为肌肉蛋白的合成提供氨基酸；③力量练习可使多胺生成增加，从而促进了蛋白质的合成；④力量练习可使 RNA 增多，这包括 mRNA、tRNA 及 rRNA 都增加，从而促进了肌肉蛋白的合成。

（四）肌肉力量和耐力适能锻炼方法的生化分析

提高肌肉适能的主要方法就是进行力量练习。按不同的分类标准，可把力量素质分成最大力量、相对力量、速度力量、力量耐力四种。不同种类的力量其练习的原理和方法也是不同的。

1. 生化原理

从运动生化原理出发，肌肉力量锻炼一是要发展磷酸原供能的能力；二是发展肌肉，增大肌肉生理横断面，提高肌肉收缩的力量；三是改善肌肉的内协调能力，提高神经系统指挥肌肉工作的能力，协同、动员更多的运动单位参加工作。

2. 方法分析

（1）发展最大力量方法分析。在发展最大力量运动中是以无氧代谢供能为主。最大力量也称绝对力量，是指无论体重大小，身体或身体某一部分肌肉克服最大阻力的能力。因为体重增加，最大力量一般也会得到相应的提高。

发展最大力量必须有较大的负荷刺激，也就是要有较大的阻力，即负重量。但要合理地确定负重量、重复练习的次数与组数、练习的持续时间和组间的间歇时间。

首先，负重量。可采用本人最大极限负重量的60% ~85%的强度进行重复练习，这可促使肌肉功能性肥大，增加肌肉的生理横断面。100%负重量的极限负荷强度应慎用和少用，一般可每周穿插进行1 ~2次。慎用在于减轻练习者的心理负担和防止受伤，并可以提高肌纤维的同步化工作程度和运动员的心理适应能力。

其次，练习重复的次数与组数。每组5 ~10次，可做5 ~8组。最后几组和次数必须坚持完成，以提高肌肉无氧代谢供能能力，使肌肉得到高乳酸刺激，从而使肌肉横断面增大。

再次，练习的持续时间。每次练习的动作速度要稍许慢一些，并使动作做得流畅，不停滞，通常在5 ~10 s完成一组动作。这有利于发展磷酸原供能能力，使肌纤维变粗，肌肉横断面增大。

最后，组间的间歇时间。根据CP恢复的半时反应，一般2 ~3 min可基本恢复，所以，组间歇一般不能低于3 min。力量水平较低的练习者可适当延长。间歇时可做一些轻微活动和放松练习，加快恢复。

（2）发展相对力量方法分析。相对力量是指每公斤体重所具有的最大力量。相对力量=最大力量÷体重，这一公式表述了体重与最大力量的关系。当最大力量不变或变化很小，而体重增加时，则相对力量就变小；同样，当最大力量增加而体重不变时，则相对力量就增大。因此，相对力量对一些有体重要求的运动项目，如竞技体操、艺术体操等运动项目，就要求注重发展相对力量。在进行力量练习时，既要增加最大力量，又要控制体重，不然会影响体形、相对力量及其技术动作。但由于最大力量的增加，肌肉增粗，体重也会相应增加。曾有研究发现，通过举重训练，力量和体重的增加为3∶1。因此，在进行相对力量练习时，既要提高最大力量，又要控制好体重。

在相对力量的练习中，主要通过提高肌肉的协调功能来提高最大力量，这有助于控制体重的增加。其训练的基本做法是：以次大的负重练习为主，一般以85%以上的强度，练习是为了动员更多的运动单位参与工作，提高运动单位的协同性，减少肌肉功能性肥大。练习的数量为每组3次，做3~8组，练习的动作要连贯，带点爆发式用力，但间歇时间要充分一些。

(3) 发展速度力量方法分析。速度力量属于无氧代谢供能为主的运动，它是指肌肉在运动时快速克服阻力的能力，表现形式就是通常说的爆发力。爆发力是指在尽可能短的时间内，爆发出尽可能大的力量。评定爆发力可用爆发力指数，即爆发力指数 = 尽可能大的力量 ÷ 尽可能短的时间，指数越大，爆发力就越好。所以，只有使最大力量和速度两方面都提高，才能提高速度力量即爆发力。肌肉在运动时克服阻力的过程中，阻力越大，速度越慢，当负重阻力达到最大时，速度几乎变成零，负重阻力越小，速度就越大（如图5-1所示）。

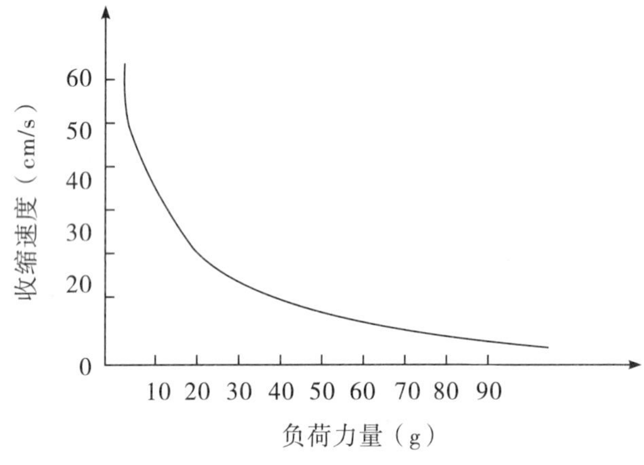

图5-1 骨骼肌的力量—速度曲线

所以，在进行速度力量练习时，最重要的是要把握好负重。若负重过大必然影响动作完成的速度；相反，负重过小又难以表现出速度力量。一般多采用本人最大力量的40%~60%的强度，这可兼顾力量和速度两方面的发展。练习中还应要求练习者尽量体会最大用力和最大速度感，练习的动作要求协调、流畅、正确，并尽量与专项技术动作结合。在发展爆发力时，其负重强度伸缩性较大，既可用较大的负重强度，也可用低于40%的负重强度，在使用较大的负重强度（如70%）训练时，要注意动作完成的速度，如果出现动作速度变慢，动作变形，可减少负重。在练习的次数和组数方面，通常每组重复练习5~10次，做3~6组。但组数的确定应以练习者不降低完成动作的速度为限。如动作速度下降，可减少次数或组数，甚至停止练习。组间的间歇时间应较充分，但也不宜过长，间歇时间如过长，可导致中枢神经系统兴奋性下降，影响下一组的练习，依据磷酸原恢复的半时反应，可安排2~3 min的间歇。如在用于发展下肢速度力量特别是爆发力的跳深练习，是先使肌肉做离心工作（即拉长肌肉），紧接着做向心工作（即肌肉缩短），这可动员更多的运动单位参加工作，使肌肉产生短促而有力的收缩，表现出很大的爆发力。该练习容易出现肌肉延迟性酸痛，所以，练习前要做好充分的准备活动，防止肌肉拉伤和关节扭伤，刚开始练习时，可以适当减少组数，适应后再增加组数，练习后要做好肌肉放松。

（4）发展力量耐力方法分析。力量耐力以有氧供能为主。力量耐力与最大力量密切相关，在最大力量的练习中重复的次数多，往往也表现出力量耐力好。所以，最大力量是力量耐力的基础，最大力量的提高，有助于提高力量耐力。

在发展力量耐力练习时，若是发展克服较大阻力的力量耐力，可采用本人最大力量的60%～80%的负荷进行重复练习；若是发展克服较小阻力的力量耐力，其最小负荷强度不能小于本人最大力量负荷的35%，低于35%的负荷，练习效果不大。练习的重复次数与组数，应依据负重的情况而定，如果负重较大，持续练习的次数和时间就少些。相反，随着负重的减少，持续练习的次数和时间就要增加。在进行动力性练习时，根据有氧代谢供能的特点，练习的持续时间一般要在 3 min 以上，间歇时间在 3～5 min。如果采用静力性练习，单个动作的持续时间一般是 10～30 s，这取决于负重的大小，负重大则持续时间短一些，负重小则持续时间长一些。

二、心肺耐力适能的生化分析

心肺耐力适能锻炼是目前全民健身中最主要的内容，也是人们采用最多的运动健身的方式。在心肺耐力适能锻炼中以有氧代谢供能为主，通过运动提高机体摄入、运输和利用氧气的能力，提高机体的心肺耐力适能。

（一）心肺耐力适能的生化基础

心肺耐力适能取决于机体有氧代谢能力，从运动生化观点来说，机体有氧代谢能力则与机体获取和利用氧的能力有关。

1. 氧与有氧代谢

有氧代谢需要大量的氧，氧是有氧代谢不可缺少的物质。人体在运动过程中，随着运动时间的延长，相对运动强度的下降，有氧代谢供能的比例逐渐上升，并成为持续3 min以上运动的主要供能系统。在长时间持续运动的过程中，能量的来源主要是有氧代谢供能系统，它又取决于机体氧的供给及利用能力，这很大程度上取决于呼吸和循环系统的机能水平。

心肺功能是有氧代谢的基础，体内氧的摄入、运输和利用非常复杂，主要涉及心血管系统和呼吸系统，概括起来，就是四个系统，即两个输送系统（肺通气系统和血液循环系统）和两个弥散系统（肺的弥散和组织的弥散）。血红蛋白在整个氧的摄入、运输和利用过程中起关键的作用。所以，血红蛋白含量和功能与有氧代谢关系密切。

在进行有氧耐力锻炼的过程中，除了关注肺活量、最大摄氧量等重要指标的变化外，还应关注血红蛋白的变化。具备测试条件的，可以每月或每两周测试一次血红蛋白，并建立其档案，结合其他指标对身体机能进行评价。

2. 酶与有氧代谢

长期系统的有氧锻炼除了可以提高氧的摄入、运输和利用外，还可以提高有氧代谢酶类的活性。如琥珀酸脱氢酶（SDH）、苹果酸脱氢酶（MDH）、肉碱酰基转移酶（CAT）和细胞色素等酶的活性明显提高（见表 5－2）。这是因为 SDH、MDH 是糖有氧氧化过程中的重要脱氢酶，细胞色素酶是物质代谢所脱下的氢进行氧化磷酸化合成ATP的重要酶类，CAT不仅能催化脂酰辅酶A的脂酰基进入线粒体，而且能催化线粒体的脂酰基重新合成脂酰辅酶A，有利于脂肪酸的氧化。以上有氧代谢酶活性的变化，都是由于长期系统的有氧运动锻炼，使有氧代谢加强，从而促使有氧代谢的酶产生适应性变化的结果。

表5－2　无训练者和有训练者的肌纤维中酶活性比较

单位：mmol/kg · min^{-1}

	SDH	MDH	PFK	LDH	磷酸化酶
无训练者	8.1	45.5	19.9	766.0	5.3
有训练者	20.8	65.6 *	18.9	621.0	3.6 *

（引自 Jay Hoffman，2002）

3. 线粒体与有氧代谢

线粒体是细胞的能量工厂，是有氧代谢的主要场所，也是有氧运动时主要的能量来源。长期系统的有氧运动可使线粒体数量增多，体积增大。此外，有研究发现，有氧运动还可以提高线粒体核糖核苷二磷酸还原酶（RDPR）的活性，RDPR活性与细胞能量利用有显著关联，RDPR活性的提高，能提高线粒体氧利用的能力，从而提高线粒体氧化磷酸化合成ATP的能力。从运动生化角度出发，长期系统的有氧运动影响了线粒体的功能，主要表现在线粒体的数量、体积和线粒体有氧代谢酶活性的变化，提高线粒体氧化磷酸化的能力，从而满足细胞的各种需能过程。

（二）心肺耐力适能锻炼的生化分析

心肺耐力适能锻炼必须要遵循有氧运动的基本要求，控制好运动的强度，安排好运动时间，采用合理的锻炼方法，并适时对心肺适能锻炼效果进行跟踪评价。

1. 生化原理

心肺耐力适能是以机体有氧代谢供能能力为基础的健康体适能，而有氧氧化代谢供能是指在有氧条件下能源物质氧化与分解，生成二氧化碳和水，同时释放能量的供能过程。因此，有氧代谢的先决条件即都是氧气。有氧代谢供能是长时间以中等和亚极量的运动强度运动时的主要供能方式。在运动锻炼中，乳酸的生成和积累量不宜多，长时间运动的间歇运动可有效地提高有氧代谢供能能力。由于有氧代谢供能需要大量的氧气，所以，除了运动时间略长外，还要求控制好运动强度和间歇时间。

2. 方法的生化分析

有氧运动锻炼的关键是运动强度和运动时间，它们是影响锻炼效果的主要因素。从运动生化原理出发，有氧运动强度宜安排在乳酸阈强度以下，持续运动时间要在30 min以上，这样的有氧运动锻炼的效果较好。如果大强度的有氧运动持续进行10～20 min，也可以获得较好的锻炼效果。

（1）持续运动。①运动时间：持续练运动一般要在30 min以上；②运动强度：在乳酸阈强度心率以下，或心率控制在：（220－年龄）×（50%～60%），且应根据个人的实际情况和运动需求，对强度做出调整；③运动方式：主要是不间歇的连续进行，可以匀速，也可变速。

持续练习时，培养运动健身者的呼吸能力，对一般耐力训练是很重要的。要在练习过程中使呼吸节奏与动作节奏协调一致，避免发生紊乱，并注意加深呼吸的深度。这可减少能量消耗，坚持更长时间的负荷，有利于一般耐力的提高。

（2）间歇运动。①运动强度：其强度要比持续运动要大，心率控制在：（220 - 年龄）×（60% ~80%），且应根据个人的实际情况和运动需求，对强度做出调整；②运动时间：每次运动时间控制在 3 ~5 min；③间歇时间：3 ~5 min（最好控制在 3 min 左右，间歇时间之所以不能过长，主要是为了使上一次运动后已进入工作状态的心血管系统、呼吸系统、肌肉神经系统等的工作能力不会下降太多，保证间歇后仍能比较容易地进入工作状态）；④间歇方式：采用积极性休息如步行、慢跑或原地做放松运动，这既可加速恢复，又可保持下次运动时心血管系统、呼吸系统、肌肉神经系统的兴奋性；⑤练习的组数：一般安排 5 ~10 组的运动。

不同方式的有氧运动，所获得的运动锻炼效果有所不同。如果以提高心肺功能为主的，则要以中等及以上强度的有氧运动才能获得较好的锻炼效果。如果以活动身体和维持心肺功能为主的，则可以采用中等以下强度的有氧运动。

（3）心肺适能锻炼的生化适应，包括肌肉的适应性变化、抗氧化酶适应性变化和代谢适应性变化。

首先，肌肉的适应性变化。骨骼肌细胞是完成运动的基本单位，故不同运动可引起不同的适应性变化。力量、速度训练可使肌肉体积增大，主要是快肌纤维增粗。而心肺适能锻炼主要是引起慢肌纤维（Ⅰ型）的线粒体数量和体积增大，肌红蛋白增多，有助于提高有氧代谢能力，从而提高有氧耐力。

其次，抗氧化酶适应性变化。心肺适能锻炼可使机体抗氧化酶发生变化。Powers（1994）等研究发现，有氧运动强度越大，运动持续时间越长，骨骼肌超氧化物歧化酶（SOD）和谷胱甘肽氧化物酶（GSH - Px）活性提高越明显。为期 9 周的游泳耐力训练可使小鼠心肌、肝组织中的 SOD、过氧化氢酶（CAT）和 GSH - Px 活性升高，从而能有效降低体内的自由基水平。从众多研究结果看，长期适度地进行心肺适能锻炼可提高 SOD 和 GSH - Px 等抗氧化酶的活性，降低血清中 MDA 的含量，从而增强机体抗氧化能力。

最后，代谢适应性变化。长时间心肺适能锻炼时，运动肌主要募集慢收缩肌纤维，ATP 合成主要依靠有氧代谢途径，耐力运动前阶段肌糖原氧化供能起主要作用，随着运动时间延长，运动肌输出功率逐渐下降，脂肪酸氧化逐渐增多。长期系统的心肺适能锻炼，能明显改善呼吸循环系统机能，使运动时氧的摄入、转运和利用能力提高，线粒体数量、体积和功能提高，琥珀酸脱氢酶（SDH）、苹果酸脱氢酶（MDH）、肉碱酰基转移酶（CAT）和细胞色素等有氧代谢酶活性明显提高，从而使有氧代谢能力产生适应性增强。

对于广大民众来说，运动健身的主要目的就是为了提高健康体适能的水平。心肺适能和肌肉适能的锻炼是运动健身中最主要的内容，无论心肺适能锻炼，还是肌肉适能锻炼，都必须牢牢把握个体差异。不同的个体，由于年龄、性别、身体状况、生活史、运动史等各方面的不同，在参加运动锻炼时也有所不同，甚至差异较大。比如，在跑步的有氧运动过程中，4 m/s 对李某某来说是比较适合的有氧运动跑速，但对刘某某来说

4 m/s却属于无氧代谢供能为主的跑速了（3 m/s 是他比较适合的有氧运动跑速）；对刘某某的身体素质来说，3 m/s 的跑速有氧运动 25 min 已足够，而对李某某来说却远远不足够。因此，在制定和指导运动锻炼时，必须依据不同人的实际情况，做身体状况、生活史、运动史、工作史等各方面的调查和测试工作，做好运动风险评估，科学地制定和指导运动锻炼，循序渐进，持之以恒，逐渐地提高个体的健康体适能水平。

本章小结

健康体适能是指身体健康并且感觉活力充沛，能应付日常工作、学习、生活和运动休闲娱乐活动，以及突发事情的能力。健康体适能主要包括心肺适能、身体成分、肌肉适能和柔韧适能等四个方面的要素。其中，肌肉适能和心肺适能是目前全民健身中最主要的运动健身内容，在运动健身前要做适当的机能测试和风险评估。肌肉适能锻炼可使肌肉蛋白质合成增加，肌纤维增粗的同时可以减少肌肉中的脂肪，也可以使快肌纤维中无氧代谢酶 CK、LDH_5、PFK、PK 的活性明显上升，而在慢肌纤维中有氧代谢酶也会发生适应性变化，SDH 和 MDH 的活性也明显上升。在进行心肺适能锻炼时，要遵循有氧运动的基本要求，控制好运动的强度，安排好运动的时间，采用合理的锻炼方法，并适时对心肺适能锻炼效果进行跟踪评价。心肺适能锻炼可提高 SOD 和 GSH－Px 等抗氧化酶的活性，降低血清中 MDA 的含量，从而增强机体抗氧化能力；也可引起慢肌纤维（I型）的线粒体数量和体积增大，肌红蛋白增多，并明显改善呼吸循环系统功能，使运动时氧的摄入、转运和利用能力提高，SDH、MDH、CAT 和细胞色素等有氧代谢酶活性明显提高，从而提高有氧代谢能力和心肺适能水平。

思考与练习

1. 健康体适能的概念及其基本要素。
2. 运动健身改善肌肉适能的生化机理是什么？
3. 运动健身改善心肺适能的生化机理是什么？

第六章

运动增进健康的生化分析

人体健康是以身体化学组成的数量、功能及其代谢状态正常为基础。如果人体化学组成含量过多或过少都会影响人体的健康，如血糖浓度过高，超过肾糖阈时葡萄糖从尿液排出即表现为糖尿病，如血糖浓度低于正常值时，即表现为低血糖，减少大脑的营养供应，影响中枢神经机能；再者体脂过高则引起肥胖，从而引起相关代谢疾病如高血脂、高胆固醇、动脉粥样硬化、高血压和脂肪肝等疾病。因此，保持身体化学组成的正常含量及其正常代谢状态则可维持健康。运动锻炼可以通过增加能量消耗，调节和改善机体代谢，从而保持身体化学组成的正常含量及其正常代谢状态，防治由于物质代谢紊乱引起的慢性疾病，故运动是对健康的一种投资，是促进健康的重要手段。本章着重分析运动对糖、脂肪、蛋白质代谢的调节作用与健康的关系。

第一节　运动调节糖代谢增进健康的生化分析

糖是组成人体的重要物质，也是主要的能源物质。人体通过膳食摄入葡萄糖，经血液转运至全身，并转化为肌糖原和肝糖原储存起来，也可以转化为脂肪。血糖浓度变化受糖的摄入、分解和转化的影响，还与食物血糖指数（GI）有关。正常情况下，血糖浓度维持相对恒定。血糖过高或过低均可影响健康状态，因而人体糖储量及其代谢调节直接与身体健康有关，运动可以促进机体对糖的利用，并提高其调节能力，从而增进健康。

一、运动调节血糖浓度与增进健康生化分析

人体内糖代谢与健康的关系的中心问题之一是维持血糖浓度的相对恒定。糖代谢紊乱主要体现为血糖浓度过高（高血糖症）和过低（低血糖症）。

（一）血糖的来源及其去路

血糖主要是指血液中的葡萄糖，正常人空腹血糖为 4.4 ~ 6.6 mmol/L。血糖是糖在体内的运输形式，全身各组织都从血液中摄取葡萄糖以氧化供能，特别是脑、肾、红细胞、视网膜等组织合成糖原能力极低，几乎没有糖原储存，必须不断由血液供应葡萄糖。当血糖下降到一定程度时，就会严重妨碍脑等组织的能量代谢，从而影响其功能。因此，维持血糖浓度的相对恒定对身体健康有着重要的临床意义。

正常情况时，糖的分解代谢与合成代谢保持动态平衡，血糖浓度也相对恒定。由于血糖随血液循环输送到全身，各组织器官糖代谢关系密切，故可从血糖水平的变化反映出体内的糖代谢状况。血糖的来源主要有食物中糖类、肝糖原的分解和糖异生等三个方面；血糖的去路主要有氧化分解提供骨骼肌和其他组织特别是中枢神经所需的能量，在骨骼肌和肝脏合成糖原、合成脂肪和转变为其他糖及衍生物，另外，当血糖浓度高于 8.9 mmol/L 时，则随尿排出，形成糖尿（如图 6－1 所示）。

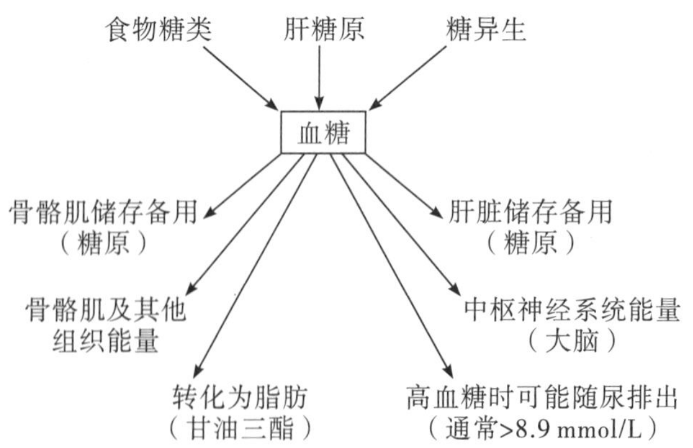

图 6－1　血糖的来源与去路（引自 Benardot D，2012，有改动）

（二）血糖浓度的调节

血糖浓度保持相对恒定是身体健康的保障。血糖水平的恒定是神经、激素和肝脏等对血糖协同调节的结果。

1. 神经调节

交感神经的作用可以促进肝糖原分解和糖异生作用加强，因此具有升高血糖浓度的作用。迷走神经的作用与交感神经相反，能促进肝糖原的合成和抑制糖异生作用，而使血糖浓度降低。交感和副交感神经除了对肝脏机能的直接调节作用外，还可通过调节激素的分泌间接调节血糖浓度。

2. 激素调节

胰岛素和胰高血糖素起着重要的调节作用（如图6－2所示）。胰岛素是由胰腺β细胞合成分泌的，是体内唯一降低血糖的激素。胰岛素的分泌受血糖的控制。当血糖浓度升高时，即可刺激胰腺β细胞分泌胰岛素，但即使血糖在正常的范围内，胰腺也会持续分泌少量的胰岛素，以保证大脑和肌肉细胞能摄取一定数量的葡萄糖。胰岛素通过作用于肌肉、脂肪细胞的载体，促使葡萄糖从血液进入细胞，从而降低血糖浓度。这种作用可使血液葡萄糖转入细胞，并解释了胰岛素降低血糖的作用；胰岛素也可使细胞获得所需的能量来源。因此，一旦胰岛素分泌过多则引发低血糖，而胰岛素分泌减少或敏感性降低则引发高血糖症和糖尿病。规律性适量运动可改善体内的胰岛素敏感性，从而预防和抑制糖尿病的发生和发展。

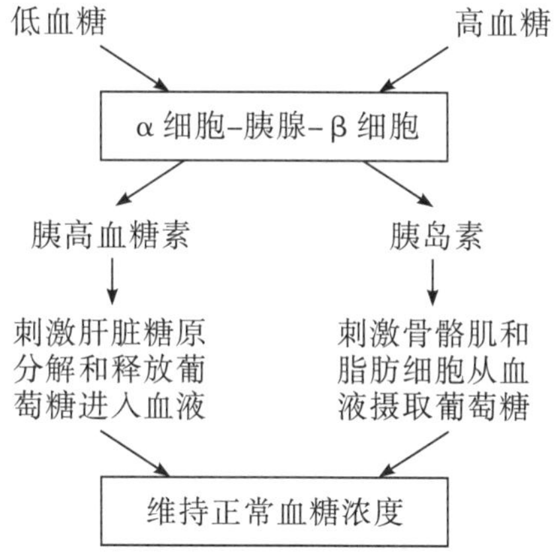

图6－2　胰岛素和胰高血糖素在血糖浓度正常化中的协调作用（引自 Benardot D，2012）

在饥饿或运动引起血糖浓度降低时，即作用于胰腺α细胞分泌胰高血糖素。胰高血糖素可刺激肝糖原分解及糖异生作用，以释放葡萄糖进入血液，使血糖升高；胰高血糖素还可加速脂肪动员和氧化供能，减少组织对糖的利用，从而加速血糖升高。目前认为，胰高血糖素是使血糖浓度升高的最重要的激素。

除胰岛素和胰高血糖素可调节血糖浓度外，还有肾上腺素、糖皮质激素、生长激素等也可影响血糖水平。应激时，肾上腺素能快速分解肝糖原而使血液中的葡萄糖水平提高。皮质醇也是一种应激激素，它可促进肝外组织蛋白质的分解，为肝脏糖异生提供生糖氨基酸。

3. 肝脏调节

肝脏是调节血糖浓度的关键器官。当血糖浓度升高时，葡萄糖直接促进肝等组织摄取葡萄糖，使肝细胞内糖原合成明显增加，同时，也抑制肝糖原的分解，减少其向血中释放葡萄糖，同时还使糖转变为脂肪，使血糖恢复至正常范围。当血糖浓度下降时，则通过激活肝细胞内6－磷酸葡萄糖酶的活性，将肝糖原分解成葡萄糖释放进入血液补充血糖，而肌糖原则不能转化为葡萄糖。

肝还是糖异生的主要器官。在生理条件下，甘油、氨基酸、乳酸等非糖物质在肝细胞内转变为葡萄糖的过程，称为糖异生。糖异生是肝脏释放葡萄糖的另一途径，特别是在饥饿或长时间运动后期血糖下降时，肝脏的糖异生作用尤为重要。

综上所述，肝脏是调节血糖浓度的主要器官。当机体需要时，通过神经—激素的作用，调控肝脏糖原合成、分解以及糖异生作用，实现调节血糖浓度恒定的目的。当然，血糖水平保持恒定也是糖、脂肪、蛋白质、氨基酸代谢协调的结果。

（三）运动调节血糖浓度及其增进健康的作用

静息状态下，人体主要利用葡萄糖的是脑和成熟红细胞，骨骼肌也摄取一定的血糖作为能量代谢底物，但其量相对较小，血糖浓度变化不大。运动时，中枢神经系统吸收血糖的速率基本不变，而骨骼肌摄取和利用血糖增多，其数量多少与运动强度、持续时间和体内糖储量变化等因素有关，因此，运动时血糖浓度的变化取决于机体运动时循环系统中糖代谢的动态变化，即动脉血糖的浓度依赖肌肉葡萄糖消耗和肝释放葡萄糖入血而变化。

1. 运动时血糖浓度变化规律

1～2 min短时间激烈运动时，由于骨骼肌主要靠肌糖原酵解供能，血糖的供能比例很小，其浓度无明显变化。在4～10 min全力运动中，骨骼肌依靠糖酵解及有氧代谢供能，吸收和利用血糖的速率迅速上升，但仍低于神经、体液调节后肝脏糖原分解和释放葡萄糖的速率，所以，血糖浓度明显上升，可超过肾糖阈，达到10～11.1 mmol/L。在30 min以内的全力运动中，骨骼肌主要以糖有氧代谢供能。由于肌糖原消耗增多，吸收和利用血糖供能的比率上升，消耗血糖的速率达到或超过肝脏释放葡萄糖的速率，血糖开始回落，浓度维持在7.2～7.7 mmol/L之间。而在1～2 h的长时间运动中，由于肌糖原大量消耗，甚至接近耗尽，血糖供能比例可高达40%，骨骼肌吸收、利用血糖速度接近最大值，肝脏释放葡萄糖已不能达到骨骼肌利用血糖的量，因此，这时血糖浓度处于正常范围的低限水平。如果运动超过2～3 h，甚至达到疲劳，由于肝脏输出葡萄糖已不能满足骨骼肌的需要，这时可能出现低血糖现象。

2. 运动调节血糖浓度恒定的生化分析

运动时血糖浓度除了取决于骨骼肌对血糖的摄取利用外，更重要的是取决于肝脏糖原的分解和糖异生作用。在这个过程中涉及血糖浓度的调节问题，运动调节糖代谢增加健康的作用主要表现在运动可改善或提高血糖调节能力，最终维持血糖正常浓度，预防糖尿病，增进人体健康水平。运动对血糖的调节作用如下。

（1）从整体水平上看，运动可以通过增加机体能量的消耗，减少脂质在体内的堆积，从而减少脂质在骨骼肌细胞、胰腺细胞及肝细胞的堆积，减少脂质对骨骼肌细胞、胰腺细胞及肝细胞中的毒性作用，从而增强骨骼肌细胞摄取葡萄糖和胰腺细胞分泌胰岛素的能力。

（2）从细胞水平上看，骨骼肌细胞对葡萄糖的利用，主要是通过骨骼肌细胞膜上葡萄糖运载体4（glucose transporter－4，GLUT－4）转运入细胞内进行代谢。在基础状态下，GLUT－4绝大多数位于细胞内的GLUT－4囊泡上，只有少数位于细胞膜上。细胞内GLUT－4囊泡分为两种类型，对运动刺激敏感的GLUT－4囊泡和对胰岛素刺激敏感的GLUT－4囊泡，分别由运动和胰岛素刺激使GLUT－4由细胞内的GLUT－4囊泡上转位至细胞膜上而发挥转运葡萄糖的作用。耐力运动可以通过增加骨骼肌GLUT－4mRNA的表达，促使骨骼肌细胞膜上的GLUT－4的数量增加，从而增加骨骼肌细胞对葡萄糖的摄取，改善骨骼肌细胞的胰岛素敏感性。

（3）从细胞内信号传导水平上看，运动能够通过促进细胞内GLUT－4转位至细胞膜上的信号传导通路上的信号蛋白的表达，从而增加骨骼肌细胞内GLUT－4的转位（如图6－3所示），最终增强骨骼肌细胞摄取葡萄糖的能力。近年来随着现代生物分子学技术的发展，发现一些新的生物因子（如瘦素、解偶联蛋白、脂联素、抵抗素等）与糖代谢紊乱有关系。如吴毅等研究了大、中、小三种不同运动量对糖尿病大鼠的血清瘦素水平的影响，结果显示中等强度运动能降低链脲佐菌素诱导的糖尿病大鼠血糖、改善机体对胰岛素的敏感性及使血清瘦素水平明显升高。

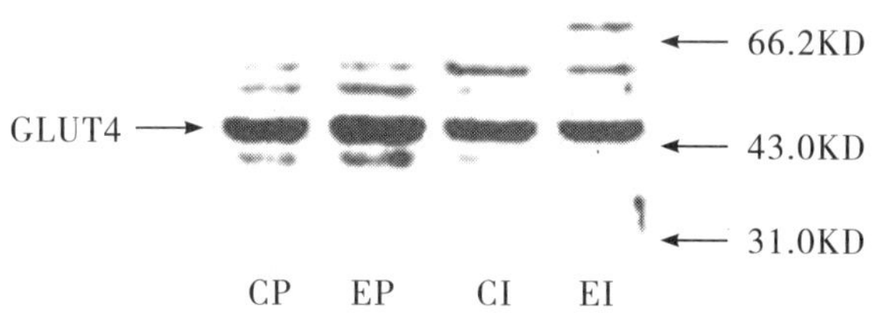

CP：对照组外膜；EP：运动组外膜
CI：对照组内膜；EI：运动组内膜

图6－3　Westem blot **检测对照组和运动组大鼠骨骼肌内外膜** GLUT－4（引自杨晓冰等，2000）

二、运动调节肌糖原代谢增进健康的生化分析

人体在静息状态下，骨骼肌主要利用脂肪酸作为能源物质，运动时，由于糖可以进行无氧酵解和有氧代谢，所以骨骼肌糖原的储量和利用能力决定机体无氧耐力和有氧耐力素质，特别是肌肉力量耐力的健康体适能。运动中肌糖原利用的速率和数量主要由运动强度、持续时间、运动类型等因素决定，通过运动锻炼可以提高肝糖原的含量和利用能力，从而提高人体的无氧耐力和有氧耐力体能水平。

(一) 运动时肌糖原利用与体能

短时间大强度时，肌糖原消耗的速率最大，但由于时间短，且由于肌乳酸的快速生成，抑制糖酵解进行，所以，运动中骨骼肌总体上利用肌糖原的数量相对较少。

长时间运动时，骨骼肌所需要的能量以糖原有氧代谢为主。在长时间、大强度运动中（45～200 min），运动前肌糖原储备量决定了运动员达到运动力竭的时间。机体以中等强度持续运动时，在不同的运动时段肌糖原的利用速率有所不同。以60%～85%强度的长时间运动时，最初阶段肌糖原的利用速度最快，持续阶段时利用率减慢，最后阶段分解速率也大幅度下降，利用率最低（如图6-4所示），肌内的补偿措施是提高血糖吸收和脂肪动用。当以不同强度运动至力竭时，持续的时间不同，肌糖原消耗量不同，以75% VO_2max 的强度力竭性运动时，肌糖原消耗最大（如图6-5所示），表明机体以中等强度长时间运动时，肌糖原的消耗量最快最多，体能下降得最快。

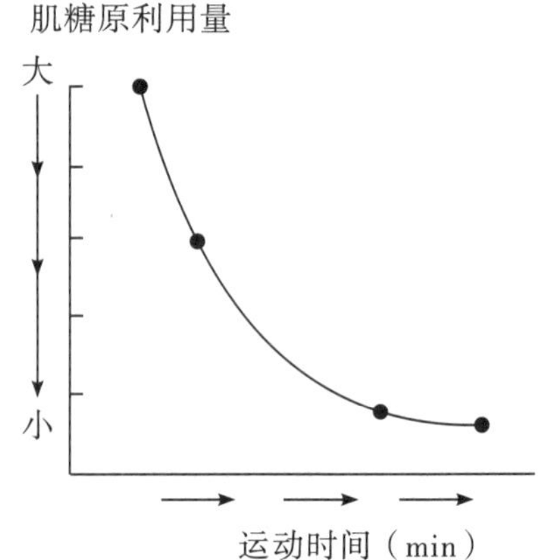

图6-4 以中等强度长时间运动时肌糖原利用量的变化
（引自冯美云，1999）

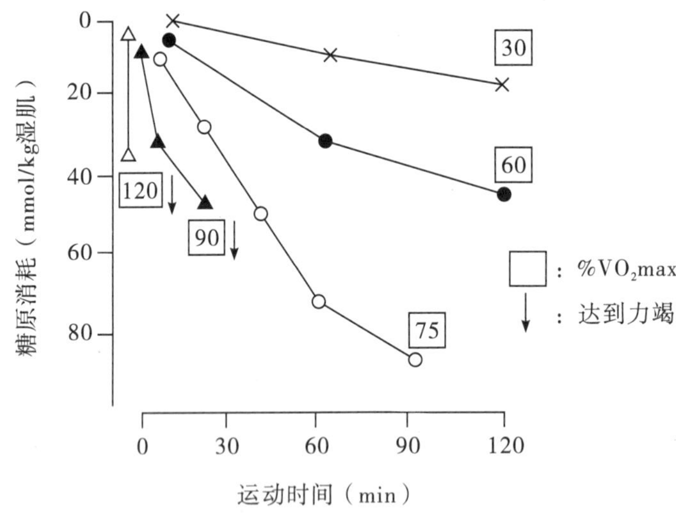

图6-5 以不同强度力竭性运动时肌糖原的利用（引自冯美云，1999）

在长时间耐力运动的马拉松比赛中，身体中被氧化的脂肪和蛋白质少于总储备量的1%，而肝糖原和肌糖原却几乎耗尽。所以人体内糖原含量与人体的有氧耐力密切相关。在长时间运动的最后阶段，肌糖原水平的高低可能是决定体能强弱的关键因素。

另外，如果从平原到高原休闲运动或旅行时，由于高原低压造成供氧不足而使有氧代谢比例减少，骨骼肌糖酵解供能的比例增大，这时，肌糖原的储量可能成为健康体适能的限制因素。如果慢性缺氧适应和运动训练则可以提高机体糖原的储备量，增强机体抗缺氧能力（见表6－1）。

表6－1　急、慢性缺氧刺激对训练大鼠骨骼肌、肝糖原和血糖含量的影响 $\bar{x} \pm s$

组别		n/只	w（肌糖原）/（mg·g⁻¹）	w（肝糖原）/（mg·g⁻¹）	c（血糖）/（mmol·L⁻¹）
安静组	常氧对照组	10	3.51±0.17	38.33±1.77	4.04±0.49
	急性缺氧组	10	3.26±0.19①	28.12±1.83①	4.06±0.94
	慢性缺氧组	10	3.32±0.14①	30.03±3.15②	4.32±0.71
训练组	常氧对照组	10	4.66±0.27④	51.57±2.51④	4.01±0.81
	急性缺氧组	10	2.28±0.36②,④	13.67±1.40②,④	4.63±0.53
	慢性缺氧组	10	2.64±0.20②,③,④	15.22±1.00②,③,④	3.77±0.44③

注：与常氧对照组比较：① $P<0.05$，② $P<0.01$；与急性缺氧组比较：③ $P<0.05$；与安静组比较：④ $P<0.01$。

（引自翁锡全，2004）

总之，肌糖原储量对肌肉力量耐力和有氧耐力素质都是必要的，设法提高体内肌糖原的储量，就可以增强机体健康体适能水平。

（二）运动锻炼对肌糖原合成的促进作用

由葡萄糖（包括少量果糖和半乳糖）合成糖原的过程称为糖原合成，反应在细胞质中进行，需要消耗ATP和三磷酸尿苷（UTP）。即葡萄糖在葡萄糖激酶的催化下，从ATP中获得磷酸，转变为6－磷酸葡萄糖，6－磷酸葡萄糖在葡萄糖变位酶的催化下，转变为1－磷酸葡萄糖，1－磷酸葡萄糖在糖原合成酶和分枝酶的协同催化下合成糖原（如图6－6所示）。

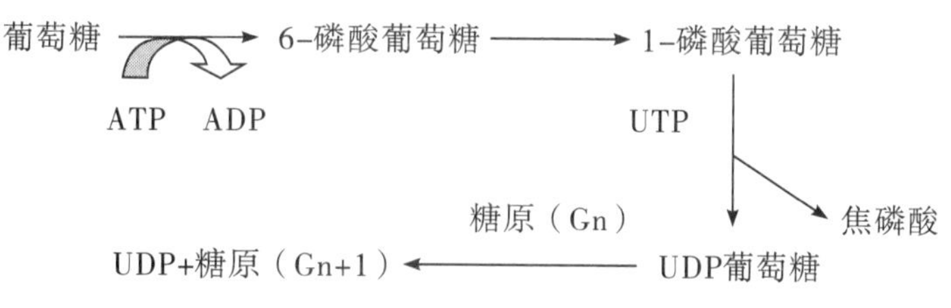

图6－6　肌糖原的合成示意图

以不同方式运动后肌糖原的合成代谢的适应性特点不同。研究表明，耐力训练能使运动后肌糖原再合成累积的速度和程度增加，肌糖原超代偿显著，如果在运动后及时补充糖还会提高肌糖原的恢复速度。而高强度间歇运动也会明显影响肌糖原的生物合成，可使正常训练后安静状态下肌糖原储量及耗竭运动后肌糖原再合成量显著增加。

三、运动调节肝脏糖代谢增进健康的生化分析

肝脏是调节血糖浓度正常水平的重要器官。肝脏通过糖原的合成和分解以及糖异生来维持血糖浓度的相对恒定。运动可以提高肝脏对糖代谢的调节能力，从而增进人体的健康水平。

(一) 运动时肝脏糖代谢的特点

运动时，为维持血糖平衡，补偿收缩肌从血中摄取的葡萄糖，肝脏必须加快葡萄糖的生成和释放。其实，运动中肝葡萄糖的释放与血糖的吸收基本上保持平衡，所以影响葡萄糖吸收的因素也大都是影响肝葡萄糖释放的直接或间接因素。对于肝葡萄糖的来源，基本上归结为两个途径：第一，肝糖原分解；第二，糖异生。在持续性耐力运动的前阶段，肝葡萄糖释放主要以肝糖原分解为主，随着运动的进行，糖异生底物的逐渐增加，糖异生在肝葡萄糖释放中的比率也越来越大。当运动后期，两种途径释放的葡萄糖不能与收缩肌吸收和利用的葡萄糖达到平衡，血糖水平就会趋向下降而导致体能的下降。

1. 肝糖原分解

肝糖原分解速度与运动强度呈线性关系。据报道，大强度自行车运动每分钟肝糖原的分解速率约为基础水平的 7.6 倍，一般大强度运动 2 ~ 3 h 内就可以使肝糖原耗竭。

肝糖原分解速率随着运动时间的延长，呈下降趋势，强度愈大的运动，速率下降愈明显，这应该与运动后期肝糖原的储备下降有关。动物实验还显示肝糖原的分解速率下降与肝脏中环腺苷酸（cAMP）的浓度呈相关关系，cAMP 浓度越高，肝糖原分界速率下降越快（如图 6 - 7 所示）。故认为肝糖原的分解可能受 cAMP 的调节机制影响。

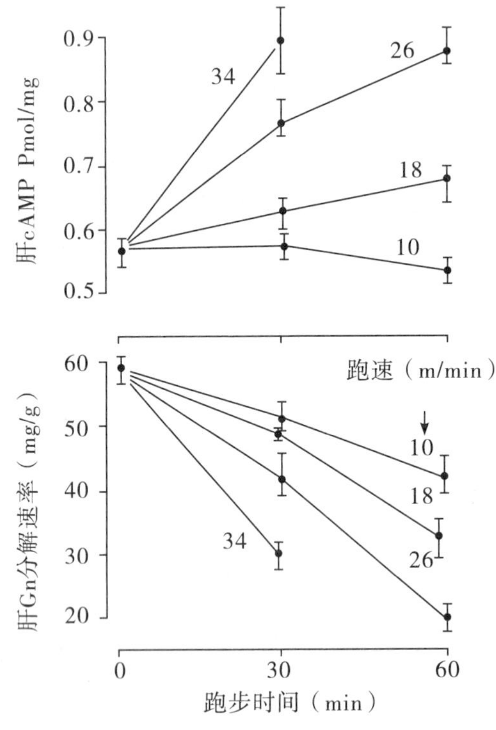

图 6 - 7 跑步时间和跑速对大鼠肝 Gn 和 cAMP 的影响（引自 Winder，1983）

2. 运动时的糖异生作用

短时间大强度运动时，肝脏输出的葡萄糖绝大部分由肝糖原分解而来，糖异生只占

10%左右，其原因与糖异生开始阶段的底物基质不足有关；在长时间持续性耐力运动中，开始阶段的糖异生速率同样较低，在前 40 min 时，糖异生在肝输出的葡萄糖中仅占 6% ~16%，随着时间的延长，糖异生基质的浓度逐渐增高，糖异生的速率明显提高，达到肝输出葡萄糖的 40% ~45%，而当运动后期肝糖原几乎耗竭的时候，肝脏输出的葡萄糖几乎全部为糖异生提供。

随着运动的进行，糖异生基质的主体也在不断变化，在短时间大强度运动和持续性耐力运动的前期，糖异生的基质主要是乳酸，强度愈大，乳酸的底物作用愈大；运动进行到中期时，生糖氨基酸达到一定浓度，此时，葡萄糖—丙氨酸循环成为肌肉和肝脏糖代谢的联系桥梁；在运动进行到后期时，随着脂肪酸氧化的增多，持续性运动中血糖的供能比率提高到近 50%。所以，运动前期的较高的糖原储备可以减少运动中运动肌对血糖的利用，对于维持运动中血糖的稳定，延缓运动时低血糖的出现，推迟运动疲劳的发生有积极意义。而对经常运动的人来讲，运动前单纯的肌糖原下降比单纯的肝糖原下降对运动的影响大很多，而且更易引起运动后期的低血糖的糖异生作用逐渐加强，有研究显示，其速率可达基础值的 10 倍。

（二）运动促进肝糖原的恢复

耐力训练可以提高肝糖原贮量。其原因可从以下机制得到解释：一是运动引起的激素应答反应相应地增强，具体表现为运动血浆胰高血糖素和儿茶酚胺浓度上升的幅度减少；二是运动后肝细胞内 cAMP 生成的数量有所下降。两种作用产生的效应可使肝糖原分解速率下降。另外，虽然耐力训练对糖异生酶的影响不明显，但在适中强度运动中，训练鼠肝糖异生的速率稍有上升，原因并非糖异生过程的代谢能力增强，而是训练改善了运动时的血流分配，使肝血流量增大，流经肝脏的糖异生基质的量增多，被代谢利用的概率也相应升高。

耐力训练适应后，肝脏糖代谢的变化还与骨骼肌代谢适应有关。训练使脂肪酸氧化供能的比例提高，例如经 12 周耐力训练的人，运动中脂肪酸供能比例（53%）明显比对照者（40%）高，这引起运动肌吸收和利用血糖的比例降低，使运动中保持高的血糖水平。

耐力训练引起亚极量强度运动时肝糖原分解减慢，这种适应性变化的意义在于提高维持血糖正常水平的能力，有利于保持长时间运动能力和抗御低血糖症的发生和发展。

第二节 运动调节脂代谢增进健康的生化分析

在组成人体的化学物质中，脂肪无论是作为人体储存能量的物质还是构成组织和激素等成分来说都是重要的。但是从健康的角度看，体内脂肪含量比例过高或过低都是身体多种慢性疾病的根源。因此，保持身体理想的脂肪比例有利于健康。运动锻炼可以增加机体能量消耗，促进和改善脂肪分解代谢，特别是在耐力性运动中，脂肪作为能源物质的作用也显著增加，随着运动持续时间的延长，脂肪动员的比率和速率都会增加。因此，运动对调节脂代谢、改善身体脂肪含量、增进健康起着重要的作用。

一、运动时脂肪的代谢特点

运动时脂肪的利用主要在骨骼肌，且是通过脂肪酸氧化来实现的，而脂肪酸主要来自于脂肪组织中的甘油三酯、各种血浆脂蛋白中的甘油三酯和肌细胞内的甘油三酯。脂肪酸氧化在人体运动过程中的供能地位与血浆游离脂肪酸的作用密不可分。血浆库内的游离脂肪酸转换率高，可满足多种器官和组织功能活动的能源需要，是安静和长时间运动时骨骼肌的主要供能物质之一。运动时脂肪供能的重要性随运动强度的增大而降低，随运动持续时间的延长而增强。

（一）运动强度对脂肪代谢的影响

机体动用血液中的脂肪酸供能与运动强度密切相关。中低强度运动时，主要以脂肪氧化供能为主，在以 25% VO_2max 的运动强度运动时，几乎所有的能量都来于脂肪氧化；而以 65% VO_2max 运动时只有 50% 的能量来源于脂肪氧化。所以运动强度的大小是机体利用脂肪氧化供能的最主要因素之一。脂肪酸再酯化的速率也受到运动强度的影响，运动强度较大，机体需要更多的能源物质时，脂肪酸动员的速度加快，脂肪酸的再酯化过程就受到了抑制，脂肪酸氧化供能的比率就增加了。国外有研究发现安静时 70% 的脂肪酸在脂肪细胞内进行再酯化，而以 40% VO_2max 的强度运动 30 min 时，只有 25% 的脂肪酸再酯化，脂肪酸再酯化的速率明显降低，而血浆游离脂肪酸的出现率和可利用率大大增加；而进行高强度运动（ >80% VO_2max）时，则因糖酵解增加，血乳酸浓度增高，抑制脂肪水解，促进了脂肪组织的再酯化作用。

（二）运动持续时间对脂肪代谢的影响

运动持续时间是决定运动量的关键因素之一，耐力性运动一般持续时间在 30 min 以上，与短时间大强度的力量或者速度运动相比，持续时间较长的耐力性运动血液中脂肪酸和甘油三酯的供能比重显著性增加了。研究发现，中等强度运动 30 min 后脂肪酸动员明显增加，脂肪在运动中的供能作用明显增大。Seip 等研究发现以 50% VO_2max 运动 60 ~ 90 min 时，检测到骨骼肌中脂蛋白酯酶（LPL）的基因表达明显增强，并可以持续到运动后 8 h 以上。Hildebrand 研究发现以 50% VO_2max 运动 45 min 时，Ⅰ型肌中控制丙酮酸激酶、己糖激酶、血氧合酶的基因转录都加强，而Ⅱ型肌中控制血氧合酶的基因转录没有改变；从 45 min 持续到 180 min 时，Ⅰ型肌中控制丙酮酸激酶、己糖激酶、血氧合酶基因转录分别增强了 15 倍、25 倍和 30 倍。180 min 后，Ⅱ型肌中控制丙酮酸激酶的基因转录增长了 200 倍，而控制血氧合酶的基因转录增长了 15 倍。另外，进行 60 min长时间的耐力运动，可以使大鼠骨骼肌和心肌 LPL 的活性提高。

（三）运动类型对脂肪代谢的影响

运动类型对机体脂代谢也有不同程度的影响，不同的运动类型由于所动用的供能系统不同，三大能源物质的供能比例会有显著性的差异，耐力性运动如马拉松跑与 100 m 跑所动用的能源系统差异是很大的，而且在同一种运动的不同阶段动用的能源系统也是不同的。研究发现，参加系统性耐力训练的运动员大多数表现出血浆 HDL - C 浓度升高，平均升高 20% ~35%，而参加速度、力量训练的运动员则无明显变化。又有研究发现，耐力性项目运动员血浆甘油三酯的浓度普遍处于正常值偏低水平，与速度、力量训练的运动员有显著性差异，其中长跑、越野滑雪和网球运动的测试结果相似，而长跑比骑自行车脂肪氧化得更多。近年来，大量研究显示，高强度间歇运动更能使总能量消耗增加，其原因在于高强度运动可促进骨骼肌脂肪酸 β－氧化，从而使骨骼肌能有效消耗脂肪，并使瘦体重增加。

（四）饮食和激素对脂肪代谢的影响

饮食的调控对机体能源物质动用比例的影响也比较大，在耐力性运动中，普通膳食摄入的糖（55%）、脂肪（30%）和蛋白质（15%），在运动开始时利用糖，随后逐渐利用脂肪。研究发现，数天食用高脂低糖膳食，运动时优先利用的能源物质是脂肪，但出现疲劳的时间提前很多。数天食用高糖低脂膳食，运动优先利用的能源物质是糖，随着运动的持续，逐渐转向动用脂肪供能，但运动耐力却是食用混合膳食的两倍，是高脂膳食的三倍。许多研究表明，禁食可以使运动时脂肪酸氧化供能的比例增加。禁食可使肾上腺和去甲肾上腺素浓度升高，刺激脂肪水解，使血浆中游离脂肪酸浓度升高。国外的研究发现禁食 6 h 以上进行运动最有利于动员脂肪，而高糖膳食、运动前食糖则不利于脂肪动员。Lambert 的研究发现补充中链脂肪酸有利于增加脂肪氧化供能，但究竟补充多少更有利于脂肪氧化供能，目前尚无确切的结论。

关于激素对脂代谢的调节作用，不少研究已经证实，如肾上腺素、去甲肾上腺素、儿茶酚胺、胰岛素、胰高血糖素、促甲状腺素和生长激素等都是促进脂肪氧化动员的良好刺激因素，这些激素通过抑制脂肪酸合成的转录、降低脂肪酸合成酶的活性等多种途径增强酯解速度，启动脂肪酸的利用。动员后的脂肪酸进入线立体进行 β－氧化。体内肉碱等物质的含量相应地升高以增强脂肪酸的转运，促进脂肪酸的 β－氧化，释放能量供肌体利用。运动时肌体的各种应激反应促使脂肪酸连续地从脂肪组织释放入血，血浆脂肪酸浓度逐渐升高、运动肌摄取和利用量也相应地增多，耐力性运动的开始数分钟内，大肌群参与收缩，血浆脂肪酸浓度暂时下降，然后逐渐升高。

二、运动调节脂代谢增进健康的生化机制

随着社会快速变化，人们的生活方式也发生了很大的变化，高热量饮食和体力活动不足导致了各种代谢性的疾病的发生，其中，肥胖、高脂血症、动脉粥样硬化、高血压等疾病是目前世界上死亡率最高的几种疾病。国内外研究表明，人体内脂类代谢异常是最重要的致病因素。高脂血症是指由各种原因引起的机体脂代谢紊乱，从而使血 TC 和 TG 水平升高的情况。长期血脂增高的直接后果是脂质尤其是胆固醇侵入大血管壁后沉积、集聚在血管壁上，促使动脉血管内膜平滑肌细胞和纤维细胞的增生，导致动脉粥样硬化，而动脉粥样硬化又是冠心病等高致死率和高致残率疾病的重要病理基础。可见，脂代谢与人类的健康状况密切相关。运动可以促进和改善脂肪代谢，因此，规律性运动锻炼可以预防和抑制由于脂肪代谢紊乱引起的相关疾病，从而增进身体健康。

（一）运动控体重的生化分析

体重增加甚至肥胖的发生率正逐年上升，已对人类健康构成严重威胁。大量研究表明，肥胖尤其是腹部脂肪积累过多的向心性肥胖不仅影响个人体型，而且导致体能下降和对健康的威胁，伴随糖尿病、心血管疾病、痛风以及某些肿瘤等多种疾病的发生。如

何减轻体重，防止肥胖病，已成为社会普遍关注的问题。从运动调节脂代谢的特点来看，适宜运动锻炼是减体重的首选方法。

1. 控体重的生化基础

影响体重的两个基本要素是热能的摄入量和消耗量。成年人热量的摄入与消耗平衡时，体重保持不变，当热量消耗大于摄入时，体重减轻，反之，则体重增加。研究认为体重增加还可能与体内棕色脂肪组织功能低下有关，体内棕色脂肪组织的减少，会使体内能量以热的形式散发减少而转变为脂肪。

体脂的蓄积程度反映出机体能量代谢的平衡状况，即个体从食物中获得的能源物质的质、量与维持各种生命活动所消耗的能量的综合平衡情况。成年人的能量收支维持相对平衡时无体脂堆积，体重保持不变。美国运动医学会于 1976 年提出了减体重的负热能平衡原理。该原理认为，体重及身体成分受遗传因素和营养、运动负荷等后天因素的影响，大众控体重主要考虑后天因素。如果日常消耗的能量小于摄入食物的能量，剩余部分能量就以体脂形式贮存，体重就会增加；反之，如果适当减少热量的摄取，同时采取一定负荷的运动以增加能量消耗，机体将动用体脂来保持热能平衡，从而达到控制体重的目的。

根据负热能平衡原理，减体重的一般措施主要从两方面入手。

（1）减少能量摄入。主要方法有控制饮食和服用一些抑制食欲和消化吸收的药物。

（2）增加能量消耗。人体的能量消耗主要有安静状态下的能量消耗、运动时的能量消耗、食物的特殊动力作用、寒冷生热和应激产热。其中任何一种作用加强都会增强脂肪的分解和利用。

2. 运动控体重的生化机制

运动对体重的影响可以用两个热力学的定律来解释。第一个定律是热量不变定律，即热量是从一种形式转换而来，吃进体内的热量，必须经由运动将过多的热量消耗，否则就会堆积起来。第二个定律是人体热量的转化效率不佳，因为人类体内存在缓冲机制，因此，除了在运动时会消耗热量外，也会启动人体的另一作用，即增加瘦体重，这个作用对减体重相当重要，因为瘦体重是人体代谢比较旺盛的组织，瘦体重增加代表人体的基础代谢率也随之提高。因此，运动不仅可以增加能量消耗，还能提高静息代谢率。一般情况下，轻微的体力活动就能使机体多消耗 10% ~20% 的能量，而剧烈运动时消耗的能量可达到静息状态下的几倍到数十倍，而且运动后的高代谢率状态可持续 1 ~ 2 h 以上。运动减脂最基本的生化依据是运动动员了大量脂肪脂解供能，从而减少体内脂肪细胞的体积和数量。大量脂肪酸在体内氧化分解的前提是充足的氧供及脂肪酸氧化系列酶有足够的活性，因此，有氧运动是运动减脂的基础。抗阻力运动可刺激神经—内分泌系统，促进肌肉蛋白质的合成，有助于去脂体重的保持，同时，通过增加基础代谢率和提高脂肪氧化对减体重具有一定影响。因此，有氧运动与力量锻炼相结合，总体效果是体重下降的同时，身体成分改善，体脂百分比下降，去脂体重保持不变或增高，是控制体重和保持去脂体重的首选运动组合形式。

健康人在有氧运动过程中呼吸商逐渐下降，而肥胖者在有氧运动过程中呼吸商的下降推迟，甚至出现呼吸商先升高后逐渐下降的现象，说明肥胖者利用脂肪的能力较差。

研究发现，肥胖者经过长期有氧运动练习，脂肪酶的活性可产生适应性的增高，呼吸商开始下降的时间逐渐提前。根据刺激—反应—适应的生物学原理，人体进行长期运动训练后，在形态、结构、生物化学和机能等方面将发生一系列适应性变化。长期的有氧耐力运动，慢肌纤维发生适应性肥大，骨骼肌毛细血管网增多，毛细血管内皮细胞表面积扩大，激活存在于内皮细胞上的脂蛋白脂肪酶系统，使得肌肉动用脂肪作为能源的能力提高，造成体脂减少。尽管体重可能没有明显下降，但瘦体重的比例明显增加。运动不仅本身消耗能量，而且影响安静时的代谢率及食物的特殊动力作用，使能量消耗增加。如 King 等将 197 名成年男性和 160 名女性随机分为不同强度、不同训练方式（受监督或是自行运动）的各组，追踪 1 年后发现，除了女性的高强度运动训练组外，大部分的运动训练皆可使 BMI 减少 1% ~4%；另外，Dunn 等将不常运动的 116 名男性和 119 名女性以随机方式分为两组，一组以生活方式改变为主的运动介入，另一组则是以前往运动健身中心训练为主，在追踪 2 年后发现，这两组受试者体重并无明显变化，但是身体脂肪比例则分别下降约 2.4% 和 1.9%。1 h 步行、跑步或游泳的能量消耗是静坐时的几倍到几十倍，主要是因为运动一方面引起儿茶酚胺等激素分泌增加，通过膜受体介导提高细胞内 cAMP 水平，从而激活激素敏感性脂肪酶，加快脂肪组织的脂解；另一方面使 6 - 磷酸葡萄糖脱氢酶活性降低，α - 磷酸甘油脱氢酶活性提高，加速 α - 磷酸甘油的氧化分解，从而使细胞内 α - 磷酸甘油含量减少，脂肪合成降低。此外，规律性有氧运动还可增强骨骼肌摄取脂肪酸的能力，因为有氧训练可使脂酰 CoA 进入线粒体的过程中相关的脂酰 CoA 合成酶和肉碱酰基转移酶的活性提高或含量增多，同时也使脂肪酸 β - 氧化场所的线粒体数目增加，体积增大以及相关多种氧化酶的活性都有不同程度的增强，这些都有利于脂肪酸更多地被氧化利用，提高安静时的代谢率，使机体安静状态下的脂肪供能增加，这有助于调节体重和避免肥胖。运动还通过调节机体能量平衡使身体成分发生变化，改变体脂分布，减少腰腹部脂肪，从而降低并发糖尿病、高血压和高脂血症的危险性。

当然，运动控体重的效果还与运动强度、运动持续时间、运动方式和营养因素有关。

（二）运动调节血脂代谢增进健康的生化分析

血浆中所含的脂类物质统称为血脂，包括甘油三酯（TG）、总胆固醇（TC）和各种脂蛋白如高密度脂蛋白（HDL）、低密度脂蛋白（LDL）等。人体内血脂的来源有两种途径，即内源性和外源性。内源性血脂是指在人体的肝脏、脂肪等组织细胞中合成的血脂成分；外源性血脂是指由食物中摄入的血脂成分。正常情况下，外源性血脂和内源性血脂相互制约，共同维持着人体的血脂代谢平衡。若是长期受到不良因素的影响，如高脂肪、高热量饮食或缺乏体力活动等，则会造成血脂升高，诱发疾病。大量研究证实，科学合理的运动可以有效改善机体血脂环境，维持正常的血脂水平，对防治高脂血症的发生，降低冠心病及动脉粥样硬化的发生具有积极的促进作用。

1. 运动对血脂代谢的调节作用

运动对血脂产生良好的调节作用，有助于预防和降低心血管疾病的危险。运动对血脂代谢的效应则与运动强度、运动持续时间和运动类型等因素有关。

（1）运动强度。不同的运动强度对血脂的影响不同。Sheikholeslami 等采用中等强度（45% ~55% 1RM）、高强度（80% ~90% 1RM）和一个控制组研究其对心血管因素的影响，结果表明运动训练组的载脂蛋白 B、载脂蛋白 A、脂蛋白酶（LPL）、TG 水平、载脂蛋白 B/载脂蛋白 A 并没有显著变化，而 LDL－C 和 TC/HDL 的值则显著下降（$P \leq 0.05$）；在高强度组血浆纤维蛋白原水平明显下降，而 HDL－C 水平升高（$P \leq 0.05$），表明年轻健康男性 6 周的运动训练对减少心血管的危险因素有益，高强度的运动训练比中度的运动训练能更有效地降低血浆纤维蛋白原和增加血浆 HDL－C 水平。Panagiotakos 等报道了同样的结果，认为所有的血脂与运动强度呈负相关，只有 HDL－C 和载脂蛋白 A1 的浓度与运动强度呈正相关，提示运动强度可能是影响正常人群血脂改善效果的主要因素。运动强度对血浆血脂及脂蛋白水平的影响报道不一，Kishali 等研究男性和女性受试者在不同的训练水平血脂及脂蛋白浓度对心血管疾病的风险。他们以土耳其国家摔跤队进行了研究，认为中等和高水平的练习，并没有引起血脂及脂蛋白水平的显著差异，但性别差异非常明显。HDL－C 值，女性比男性高（$P<0.05$）；LDL－C 值，女性比男性低（$P<0.05$），中等和高水平运动练习的人比久坐的女性患心血管疾病的风险低。说明运动强度相同时女性血脂及脂蛋白改善效果要好于男性。

虽然运动强度对血脂的影响报道不一，但总的趋势是中、小强度运动引起血清 LDL－C的下降。并且每次锻炼的持续时间比运动强度更为重要，较为全面的血脂状况改善要在较长的锻炼周期后才能出现，中小强度的有氧运动在预防动脉粥样硬化和冠心病方面起重要作用。

（2）运动持续时间。经常参与体育锻炼的人群血脂状况的测定和久坐的人比较，经常性的运动虽然没有引起体重和身体质量指数的变化，但会对血脂产生良好的影响，有助于降低心血管疾病的危险（以老年人长跑组为例，见表 6－2）。Kin Isler 等通过研究 45 名进行两个月的跑步和舞蹈有氧训练的，女大学生的血脂指标发现跑步和舞蹈有氧运动组与对照组之间 TC 水平均具有显著的统计学意义（$P<0.01$），HDL－C（$P<0.05$）和 TC/HDL－C（$P<0.01$）差异显著（见表 6－3）。Ring-Dimitriou 等用相关系数及多元回归分析来确定有氧健身和血脂之间的关系，结果表明，有氧训练能有效改变血脂及脂蛋白的代谢模式，规律的有氧耐力运动对心血管产生有利的影响。Park 等研究 8 名老年妇女在没有药物影响下有氧运动后血脂的变化，发现训练后 TC 水平和 TG 水平下降，HDL－C 显著升高，LDL－C 显著下降，动脉粥样硬化指数（AI）显著降低、载脂蛋白 A－I 增加和载脂蛋白 B 下降。运动影响健康人群的脂蛋白，但是，血浆脂蛋白的浓度和年龄都与心血管疾病的风险独立相关，Angelopoulos 等在年龄是否与血脂浓度关联这一问题上认为，年龄不影响载脂蛋白 B 或脂蛋白，年龄与脂蛋白 B 的浓度增加、LDL－C 的急性减少和每次运动时间对脂蛋白的影响有关。

表 6－2　老年人长跑组与对照组血脂水平比较

单位：mg·dL^{-1}

组别	TG	TCH	HDL－C	LDL－C	LDL 活性
长跑组	99.8	210.4	75.0	101.5	151.7
对照组	118.4	206.3	61.8	119.1	129.7

（依冯炜权《运动生物化学原理》）

表 6－3　两个月跑步和舞蹈有氧运动对血脂指标的影响

变量	有氧跑步组		有氧舞蹈组		对照组		F 值
	前	后	前	后	前	后	
BW（kg）	56.13 ± 5.08	56.47 ± 4.81	55.83 ± 5.21	56.08 ± 5.44	57.77 ± 4.07	58.00 ± 4.46	0.2
TC（mg/dL）	166.53 ± 31.92	126.73 ± 25.38	160.00 ± 22.08	131.83 ± 22.68	160.38 ± 34.80	143.92 ± 34.33	8.38**
TG（mg/dL）	96.40 ± 33.33	68.67 ± 17.24	103.42 ± 21.46	81.17 ± 16.34	83.00 ± 22.72	76.69 ± 29.51	1.83
LDL－C（mg/dL）	80.53 ± 10.89	71.00 ± 5.78	79.75 ± 9.13	72.17 ± 6.31	78.15 ± 12.16	75.46 ± 10.51	3.05
HDL－C（mg/dL）	38.47 ± 3.64	44.93 ± 8.32	38.50 ± 5.22	40.25 ± 6.35	36.62 ± 4.01	37.54 ± 7.01	3.65*
TC：HDL－C	4.32 ± 0.68	2.86 ± 0.46	4.19 ± 0.63	3.34 ± 0.72	4.39 ± 0.85	3.86 ± 0.83	11.56**

注：* $P<0.05$；** $P<0.01$。　　（引自 KinIsler 等，2001）

急性运动时血浆胆固醇的含量可能增加、减少或不变，这决定于运动时胆固醇的动员和消耗状况。以^{14}C标记的胆固醇进行研究时证明，运动时人或动物对胆固醇的氧化明显增加，并与运动负荷成正比关系。尽管运动时血浆胆固醇水平不一定降低，但可使体内胆固醇储存量减少，因而长时间运动有减少血浆胆固醇浓度的作用。

总之，短期运动对血脂浓度影响不大，而长期运动往往引起血脂水平的变化，且不同运动方式也影响血脂水平的变化。

（3）运动类型。对于不同运动类型对血脂的影响研究结果不甚一致。许多研究认为抗阻运动能引起血脂有益的改变，如 Varady 等研究 45 名健康老年妇女有氧耐力训练和抗阻运动对血浆脂蛋白水平的影响，结果显示有氧耐力组和抗阻力组都经历了 HDL－C 增加，TG 下降，TC、LDL－C 保持不变时，TC 和 TG 与 HDL－C 的比例下降显著；抗阻训练组 LDL－C 和 TC 显著下降。抗阻训练和耐力训练导致血浆脂蛋白水平在老年妇女中积极的变化，提示在没有体重或饮食变化的抗阻运动，可以用来改变健康老年妇女的脂蛋白。

Thompson 等对于抗阻运动如何影响血脂改变的问题进行了研究，他们采用 6 个月的抗阻运动训练实验比较载脂蛋白 E 不同基因型（基因型 E2/3 组，E3/3 组和 E3/4 组）对血脂变化和最大摄氧量的影响。训练中的 E2/3 组和 E3/3 组 TC/HDL－C 和 LDL－C/HDL－C 降低，但在 E3/4 组 TC/HDL－C 和 LDL－C/HDL－C 增加，各组间差异显著（$P<0.05$）；最大摄氧量总体增长 10%，但 E2/3 和 E3/4 组增加 5%，E3/3 组增加 13%，各组间差异显著（$P<0.01$）。研究表明，运动训练时载脂蛋白 E 的不同基因型对血脂变化的影响存在差异。此外，运动训练中载脂蛋白 E 的基因型影响有氧代谢能力。

总之，近年来研究者对抗阻运动有了新的认识、研究也更深入，并发现抗阻运动能改善血脂代谢，在某些方面甚至优于有氧耐力运动。同时，我国传统体育项目中的太极、八段锦也对血脂代谢调节具有重要的作用（如图 6－8 所示）。但就目前的研究结果显示，不同方式的有氧运动对血脂的影响不尽相同（见表 6－4）。

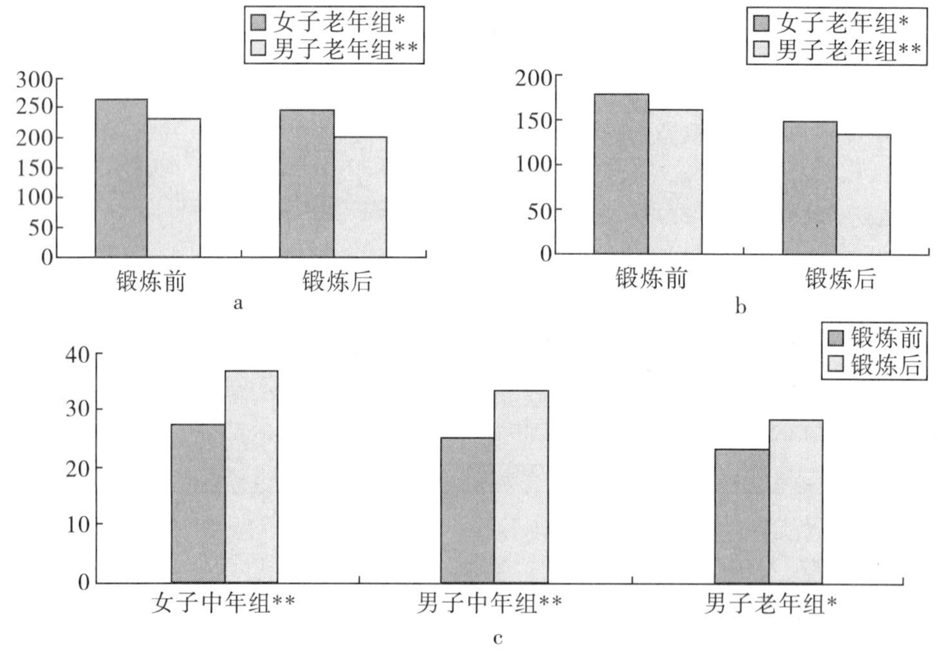

图 6－8 八段锦对中老年人血脂（a：TC，b：LDL，c：HDL）的影响（引自周小青等，2007）

表 6－4 不同方式的有氧运动对血脂的影响

运动方式（项目）	TC	TG	HDL	LDL
快走或慢跑	↓$P<0.05$	↓$P>0.05$	↑$P<0.05$	↓$P>0.05$
登山或登楼梯	↓$P>0.05$	↓$P>0.05$	↑$P<0.05$	↓$P>0.05$
健身舞蹈	↓$P>0.05$	↓$P>0.05$	↑$P<0.05$	↓$P>0.05$
太极拳或木兰拳	↓$P<0.05$	↓$P>0.05$	↑$P>0.05$	↓$P>0.05$
耐力性力量训练	↓$P>0.05$	↓$P>0.05$	↑$P<0.05$	↓$P>0.05$
游泳	↓$P>0.05$	↓$P>0.05$	↑↓不一致	↓$P>0.05$

（引自范旭东，2013）

运动不仅对健康人群的血脂产生良好的调节作用，而且对肥胖、血脂异常人群也有很好的改善作用。Joseph 等对中度超重老年人运动后的身体成分和血脂浓度进行了研究，发现经过运动后 TC、LDL－C、TG 没有变化。然而在男子组 HDL－C 增加，女子组 HDL－C 下降；男子组 TC/ HDL－C 比值下降，女子组 TC/HDL－C 增加。表现虽然运动对血脂的影响小，但男性 HDL－C 有显著增加，同时 TC/HDL－C 比值下降，而女性表现出相反的变化。而 Wooten 通过研究女子久坐和肥胖妇女运动后的血脂及脂蛋白的变化，认为单一的有氧运动以 70% 最大摄氧量，在消耗 500 kcal 之前，都不足以改变久坐、血脂正常、肥胖的妇女的血脂及脂蛋白。因此，长期体育锻炼促进了脂代谢，运动能有效降低肥胖者的体重和 BMI，改善其血脂状况，表明身体脂肪量与血脂变化不出现与有氧运动训练相关的变化，同时，运动对肥胖人群血脂的影响男女表现出的 TC、TG、LDL－C、HDL－C 变化各不相同。

运动作为血脂异常的辅助疗法之一，已为医生和患者所共识，但在没有药物治疗的情况下，以运动处方对高血脂治疗研究的报道极少。对血脂异常的中老年人来说，长期坚持有氧运动可以增加 HDL－C，同时降低 TG 水平。血脂异常人群要通过锻炼获得较好的效果，必须注意采用合适的运动强度。走、跑、健身操等有氧运动可以有效改善血脂异常患者全身的脂肪分布，减少腹内脂肪积聚，可以有效地改善血脂异常患者的血脂及脂蛋白代谢状况。而对于运动量和血脂指标改善程度之间的因果关系尚未有明确的结论，但可以肯定的是运动锻炼的持续时间比运动强度更为重要。

2. 运动调节血脂代谢的生化机制

运动引起血脂代谢改变的原因，一方面为运动使一些酶活性变化了，另一方面为运动后甘油三酯的贮存及恢复能力也增强了，使机体利用脂肪供能的比例增加，有利于血脂下降，其生化机制解释如图 6－9 所示。

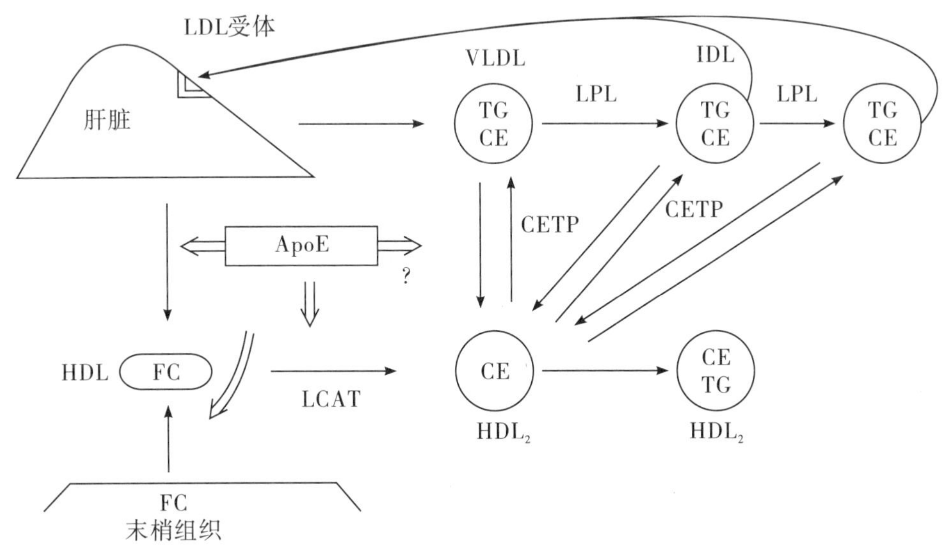

图 6－9 运动调节血脂代谢的机制示意图

（1）运动骨骼肌能消耗体内更多游离脂肪酸（FFA），加速乳糜微粒（CM）和极低密度脂蛋白（VLDL）的分解。短时间极量或高强度运动（超过80% VO_2max）时，骨骼肌摄取血浆FFA的数量有限。长时间中低强度运动中，血浆FFA在骨骼肌的供能中起关键作用。在运动的刚开始阶段，由于工作肌摄取脂肪酸增加，血浆游离脂肪酸浓度出现短暂降低，为了提高血浆游离脂肪酸水平，除了脂肪组织的脂解作用和脂肪动员加速外，毛细血管内皮细胞表面的LPL也催化血浆脂蛋白中的甘油三酯分解，生成甘油和脂肪酸，其中脂肪酸即与血浆清蛋白结合形成游离脂肪酸供骨骼肌摄取利用。运动时骨骼肌利用血浆脂蛋白中的脂肪供能比例与运动强度和持续时间有关，中等强度运动时，血浆甘油三酯浓度变化不明显。由于长时间耐力运动时VLDL和CM中脂肪氧化供能可以占到10%总脂肪的氧化量，所以，长期训练可使血脂浓度降低，这可能与肝释放出VLDL减少，心肌、骨骼肌组织脂蛋白脂肪酶（LPL）活性增加和吸收血浆游离脂肪酸能力增强有关。

（2）运动引起细胞间LPL的活力增大，使毛细血管内皮LPL得到补充，血浆TG脂解增加，从而导致TG水平下降。LPL是人体内水解TG的关键酶，其主要功能是分解甘油三酯生成甘油和脂肪酸。长时间有氧耐力性运动时，机体利用脂肪作为能源明显增多。血中的游离脂肪酸（FFA）不断被肌肉组织摄取供能，因而血浆FFA浓度降低。而肌肉组织由于脂肪动员加强，使得储存的TG被消耗，这就促进了内皮细胞中的LPL合成分泌，引起脂肪组织和血浆LPL活性升高，促进TG及富含TG的脂蛋白的分解而产生更多FFA，引起血浆TG水平下降。Peltonen等研究表明，15周中等强度的耐力性训练可以使以前不活动的男性的血浆和脂肪组织LPL活性显著升高（$P<0.01$），分别较运动前升高33%和56%。

LPL不仅是人体内TG分解代谢的关键酶，而且在促进LDL向HDL的转化过程中起重要作用。有研究显示，耐力运动员升高的LPL活性与血浆HDL-C浓度呈显著性相关。因此，运动训练引起的LPL活性升高在促进TG及富含TG的脂蛋白分解的同时，也为HDL的合成提供了额外的底物，这可能是运动训练引起HDL-C水平升高的一个主要促进因素。除了LPL外，卵磷脂—胆固醇酰基转移酶（LCAT）是促进血脂分解代谢的另一种重要酶，它的活性与血浆HDL呈正相关。LCAT负责HDL中胆固醇的酯化。有研究表明，有氧运动可使LCAT活性增加，这不仅是血浆HDL水平提高，而且促进了外周细胞内TC的逆向转运。Marniemi等报道，运动训练使年轻男性LCAT活性升高（$P<0.05$），而且LCAT活性升高与血中HDL-C水平呈正相关。动物实验表明，8周运动训练（游泳）使血脂正常大鼠和患高胆固醇血症大鼠的肝脏LCAT mRNA的表达水平升高（$P<0.05$），而且LCAT mRNA的表达量与血清HDL-C的水平呈显著的正相关关系。

（3）运动可以有效地改善血浆脂蛋白的成分，能够升高HDL-C，降低LDL-C，使体内脂肪达到适宜的分布状态。LDL受体（LDL-R）分布于肝细胞和外周组织细胞，以肝细胞最为丰富。LDL与LDL-R结合后，通过进入细胞被摄取，LDL和LDL-R复合物内陷，从细胞膜脱落形成受体小泡，与溶酶体融合。LDL所携带的蛋白质被溶酶体中的蛋白酶水解为氨基酸，胆固醇则由酸性脂肪酶水解出游离胆固醇，游离胆固醇可供合成原生质膜和胆酸，是机体排除胆固醇的重要途径，因而LDL-R的活性是决定LDL分解代谢速率的重要因素。同时，肝脏也是体内转换胆固醇并将胆固醇排出体外的唯一器官，血浆 LDL－C 的摄取与降解主要是由肝细胞表面的 LDL 受体介导实现的。因此，肝细胞 LDL 受体的意义最为重要。研究发现，患高胆固醇血症大鼠的肝脏 LDL－R 结合活性比正常对照下降 37%，而长期有氧运动可以明显地提高高胆固醇血症大鼠的肝脏 LDL－R 结合活性，增加因细胞内胆固醇含量升高而下调的 LDL－R，从而加强 LDL 进入肝细胞降解的作用，降低血浆 LDL－C 水平。另有研究证实，高脂膳食对照组大鼠的肝脏 LDL－R mRNA 水平显著低于普通膳食对照组（$P<0.01$）；高脂膳食＋运动组显著高于高脂膳食对照组（$P<0.01$）；认为有氧运动具有在转录水平上对抗高脂负荷并上调大鼠肝脏 LDL－R 表达的作用。

总之，运动特别是持续时间较长而强度不大的耐力性运动对机体血脂代谢的调节及对高脂血症的防治具有非常积极的影响。高脂血症是脂代谢异常的典型形式，与人们的健康密切相关，应引起重视。为了减少高脂血症对健康造成的危害，人们应该从日常生活做起，积极地预防和治疗高脂血症及高脂血症引起的其他脂代谢异常疾病。饮食控制是治疗高脂血症的方式之一，运动加饮食控制更是高脂血症的重要有效手段。有氧耐力运动能够降低血脂中的不利成分，增加有益成分，而且能够有效地改善血脂的组成成分，对高脂血症的防治具有积极意义。

第三节　运动调节蛋白质代谢增进健康的生化分析

蛋白质对于人体健康和机能具有极其重要的作用，也是人体运动能力的重要物质基础。在运动健身中，追求好身材不只是脂肪少，同时也要有一定的肌肉。蛋白质是肌肉的主要功能成分，因此，肌肉对于身体健康和机能起着重要的作用，如肌肉减少引起质量下降时势必导致骨骼肌系统的功能削弱，影响身体工作能力。肌肉的增长除了正常的生长发育外就是运动锻炼的结果。运动锻炼特别是抗阻力训练可使肌纤维增多、增粗，其本质是运动可促进蛋白质的合成。运动促进骨骼肌产生的效果则取决于运动中发生的生化变化，不同性质的运动产生的效果不同。

一、体内蛋白质含量的评价方法

了解运动中蛋白质的代谢状况，必须首先掌握体内蛋白质含量的评价方法，以便根据运动时机体蛋白质代谢的特点，给予及时补充，以保证满足运动健身者对蛋白质的需要量，从而合理安排膳食和适当补充蛋白质、氨基酸，有利于促进身体机能恢复和增进健康。目前有多种体内蛋白质状态的评价方法，然而每一种方法都有其局限性。许多方法较为耗时且需要精密昂贵的实验室设备。这里主要介绍氮平衡、3－甲基组氨酸和氨基酸示踪法这三种方法。

（一）氮平衡

氮平衡涉及评价日常摄入蛋白质（含氮 16%）的量和机体氮的丢失量之间的关系。当机体蛋白质的摄入量大于丢失量时，为正氮平衡或者是正氮状态，这种状态表示摄入的蛋白质除满足组织更新、能量代谢的需要外，还用于合成增加体内的蛋白质，以供细胞增殖、增大。生长发育期、妊娠期、哺乳期、肌肉从损伤中恢复和愈合期以及训练引起骨骼肌粗壮都表现为正氮平衡。如果蛋白质的摄入量小于排泄量，为负氮平衡或分解代谢状态。这一状态发生于体重减少、疾病、烧伤或受伤。当蛋白质的摄入量与排泄量处于平衡状态时为氮平衡状态，健康青年人体重保持期一般处于氮平衡状态。

氮平衡的评价包括四个方面。

（1）膳食氮摄入量的测定：计算食物中氮的含量［总的蛋白质量（g/d）÷6.25］。

（2）整体尿中氮含量的测定：包括尿素氮、肌酸、氨和尿酸及其他含氮化合物。

（3）整体排泄物中氮的测定：包括胃消化吸收的蛋白质、脱落细胞和肠道细菌。

（4）皮肤和其他各种氮的测定：包括存在脱落细胞中的氮和血液、汗液、指甲、头发和精液中的氮如血氨、尿素、肌酐等。

在实际评价中有两个方程式可粗略计算氮平衡，第一个方程式计算总的泌尿系统和排泄物中的氮丢失量。第二个方程式以尿液中的氮来评价氮平衡，同时增加一个常量作为单一的评价排泄物中和皮肤中总的氮丢失量的指标。

公式1：氮平衡 $= I + (U - Ue) + (F - Fe) + S$

I 表示蛋白质摄入量（g）/6.25；U 表示总尿液中氮含量；Ue 表示内源性尿素氮；F 表示排泄物中氮含量；Fe 表示内源性排泄物中氮含量；S 表示皮肤氮丢失量。

公式2：蛋白质摄入量（g）/6.25 -［尿液中尿素氮（g）+4］

参数4包括估算每天有2 g的氮从粪便和皮肤中流失，同时每天另外的2 g氮从尿液和身体里以其他形式流失。

（二）3-甲基组氨酸（3-MH）

蛋白质的合成和代谢情况（尤其是肌肉中）也可以通过测量尿中3-MH的量来评价。大部分的3-MH是通过组氨酸在合成收缩蛋白之后经过甲基化合成的，通常情况下仅存在于肌肉组织中。由于机体不能从被降解的收缩蛋白中回收3-MH，因此，3-MH只能从尿液排出体外。尿液中3-MH量的增加可能是收缩蛋白中肌动蛋白和肌球蛋白分解增加的标志。

3-MH排泄量是用其与肌酸的排泄量的比来表示的，这样可以消除肾清除率的变化和肌肉质量等个体差异的影响。但这种方法尚存在争议，主要是3-MH的来源并非只有骨骼肌的降解，肠道和皮肤中也存在少量的收缩蛋白，同时其他组织的代谢循环过程也能对尿液中总3-MH的排泄量起到显著的影响作用。但由于这一评价方法无损伤、简便，也比较经济，所以3-MH不失是一个值得推荐的评价蛋白质降解的指标。

（三）示踪法

示踪法是用标记的外源示踪物质来显示蛋白质周转过程的评价蛋白质状态的方法。标记的氨基酸，特别是标记的^{13}C、^{14}C和^{15}C，以口服或是静脉注射的方式进入体内，它们能够示踪和遵循氨基酸正常的代谢过程，追踪的路径依据示踪剂正在参与蛋白质代谢的哪个环节而不同（是整个还是单个的组织），通常情况下会涉及要比较体液、组织和降解产物（如尿液和呼出的气体）中示踪剂的浓度或是放射强度比（标记的和未标记的比值）。标记的氨基酸进入游离氨基酸池，这个系统的氨基酸来源于日常摄入的蛋白质和机体蛋白质的降解及非必需氨基酸的合成。标记氨基酸通过蛋白质的合成（如构建机体蛋白质）和氨基酸氧化的方式离开游离氨基酸池，氨基酸氧化生成尿素、氨和二氧化碳。

这种方法提供一个对氨基酸或蛋白质转化的评价，其中蛋白质的转化过程包括蛋白质的合成和分解。示踪技术用在氮平衡评价上的主要优点是其反映了单个氨基酸的代谢过程，从而提供了评价蛋白质合成、氧化和降解的信息，但是一个单一的氨基酸的循环过程并不能代表所有氨基酸的循环过程。因此，需要采用许多氨基酸标记作为示踪剂来研究整个机体蛋白质的代谢过程和蛋白质在特殊组织（如骨骼肌）中的利用情况。

二、骨骼肌氨基酸代谢库

研究运动对蛋白质代谢的影响，尤其是骨骼肌蛋白质代谢的影响是十分重要的，而要了解运动时骨骼肌蛋白质的代谢，首先必须分析运动时骨骼肌氨基酸代谢库的变化。

人体内的氨基酸代谢库中骨骼肌占80%，肝脏占10%，肾脏占4%左右，而血浆仅占0.2%～0.6%。从游离氨基酸在体内的分布可以看出，骨骼肌、肝脏、肾脏中蛋白质的代谢比较旺盛。在进行各种生理活动时，只要蛋白质代谢有所变化，必然影响有关组织器官中的氨基酸代谢，再进一步影响血浆游离氨基酸的浓度及其在各组织器官中的转运。

人类的骨骼肌中八种必需氨基酸只占总游离氨基酸的8.4%，而非必需氨基酸中的谷氨酸、谷氨酰胺、丙氨酸就占79%左右（见表6－5）。从此可以看出，骨骼肌中游离氨基酸的来源与糖代谢的关系十分密切。另外，在运动时三种支链氨基酸——亮氨酸、异亮氨酸和缬氨酸的分解代谢在骨骼肌的能量代谢中也占有重要地位。支链氨基酸分解时所需要的特异酶——支链α－酮酸脱氢酶在骨骼肌中的含量占全身总量的60%左右。所以，即使在休息状态，人的骨骼肌总能量消耗中支链氨基酸氧化供能仍占14%之多。

表6－5　70 kg体重的成年男性骨骼肌游离氨基酸代谢库的组成（含肌肉40%）

人骨骼肌氨基酸	含量
细胞内游离氨基酸总量	86.5 g
必需氨基酸质量分数	8.4%
丙氨酸质量分数	4.4%
谷氨酸质量分数	13.5%
谷氨酰胺质量分数	61.0%
牛磺酸	34.6 g
肌肽	1.4 g
鹅肌肽	微量

影响骨骼肌游离氨基酸代谢库的因素很多，其中主要包括与蛋白质代谢相关的内在因素：①食物中蛋白质的质、量和消化系统对蛋白质的吸收率；②身体内氨基酸转运率；③蛋白质的生物合成速率；④蛋白质分解代谢的速率。运动是影响骨骼肌游离氨基酸代谢库的外在因素，运动中需要蛋白质参与供能代谢时，首先消耗机体细胞内氨基酸和少量的可变蛋白质，然后再进一步消耗组织细胞的结构蛋白质，尤其是骨骼肌的结构蛋白质。

三、运动时蛋白质分解代谢的特点

正常情况下，成人体内蛋白质处于稳态转换状态，即蛋白质合成和分解代谢处于动态平衡状态，绝大多数蛋白质的数量保持相对不变。蛋白质降解的氨基酸可以作为运动中的能源物质。特别是长时间运动时有5%～10%甚至更多的能量是来源于氨基酸和蛋白质，如在90 min的高强度训练中，蛋白质能提供高达20%肌肉的能量供应。在运动中肌肉组织的大部分蛋白质的合成受到抑制，而肝脏和肌肉内非收缩蛋白质的分解速率加快，收缩蛋白的分解代谢速率减慢，整体蛋白质代谢表现为分解代谢加强。从表6－6中安静、运动和运动后人体蛋白质代谢速率的比较可知，运动时机体的蛋白质分解速率超过合成速率，存在蛋白质净降解的现象。

表6－6　安静、运动、运动后人体蛋白质代谢速率的比较

单位：mg/kg・BW・h^{-1}

	合成速率	分解速率
安静	33.0±2.0	26.5±2.1
运动	28.4±1.6（↓14%）	40.9±2.6（↑54%）
运动后	40.3±1.9（↑22%）	35.4±1.2（↑34%）

注：以50% VO_2max强度进行跑台运动3.75 h，$n=6$。（引自Rennie，1981）

运动时骨骼肌蛋白质分解速率加快可以从血清（浆）中某些氨基酸（如酪氨酸）浓度升高和代谢产物增加得以证明。因为酪氨酸只能由必需氨基酸中的苯丙氨酸合成，因此，禁食状态下体内氨基酸代谢中酪氨酸只能来自于蛋白质的降解，事实上，蛋白质净降解的改变，是由于氨基酸代谢受到双重因素的影响。一方面，降解后的氨基酸大量进入血液，使血中氨基酸的浓度上升；另一方面，氨基酸的氧化利用增强，又使血中的氨基酸水平下降。血中酪氨酸水平的升高，表明蛋白质受运动影响，蛋白质代谢平衡被打破，使分解代谢作用上升而合成代谢作用下降，造成骨骼肌蛋白质净降解增加。运动时蛋白质分解代谢的特点与运动类型、运动强度和糖储备及性别等有关。

（一）运动类型

力量和耐力训练是运动的两种典型类型。运动中力量训练主要依靠的是磷酸原供能系统和糖酵解供能系统供能，通常情况下脂肪酸和氨基酸不是主要的能量来源。而耐力训练，尤其是亚极量强度，需要更高的可利用氧，因此，主要靠有氧代谢提供能量，在耐力运动期间，能量主要来自于机体储存的糖、脂肪和蛋白质、氨基酸的有氧代谢。亮氨酸的氧化是运动中蛋白质代谢的指标。

Pitkäman等研究力量性运动员在短跑、长跑、力量三种不同性质的训练课时，发现血清中氨基酸的变化不同。结果显示：①短跑训练课前后，丙氨酸和谷氨酰胺浓度明显上升，其他氨基酸则明显下降；②长跑训练课前后，丙氨酸、牛磺酸、精氨酸、谷氨酰胺和非必需氨基酸的浓度都有不同程度的上升，而其他氨基酸浓度下降；③力量性训练课后，血清氨基酸浓度都下降，尤以亮氨酸、异亮氨酸和门冬氨酸下降最多。

运动时氨基酸代谢加强，早在 1974 年，Ahlborg 等就报告运动导致血液氨基酸转运加强的主要是支链氨基酸（BCAA）和丙氨酸；BCAA 通过血液循环在骨骼肌和肝、肠中代谢供能或用以合成蛋白质，BCAA 在肌肉分解时产生的氨与糖分解时产生的丙酮酸生成丙氨酸，和 α－酮戊二酸生成谷氨酸和谷氨酰胺。肌肉中转氨酶活性的平衡常数值常处于谷氨酸和丙氨酸作用浓度之内，故蛋白质分解时这些反应易于进行。另一方面，运动时肝糖原和血葡萄糖分解生成丙酮酸的代谢加强，更易生成丙氨酸，丙氨酸在肝中又通过糖原异生为葡萄糖，再进入血流循环至肌肉，反复进行代谢。故提出了丙氨酸—葡萄糖循环代谢途径。

进一步的研究发现，用 ^{14}C 同位素说明丙氨酸的碳骨架 60%～70% 来自 ^{14}C 葡萄糖（或更多）。但当用碘乙酸抑制肌糖原酵解，中断丙酮酸生成时，大鼠膈肌生成丙氨酸的数量不减，认为氨基酸也是生成丙氨酸碳骨架的供应者。目前认为，当肌肉糖原丰富时，合成丙氨酸的丙酮酸有 60%～70% 来自葡萄糖；当肌肉糖原含量低时（如长时间大强度运动或饥饿），则只有 40%～50% 由葡萄糖供应丙酮酸，其余由氨基酸供应。

由此可以说明，短跑或长跑训练课时，肌糖原分解代谢加强，生成的丙酮酸增多，故丙氨酸、三羧酸的循环中间产物也有利于谷氨酰胺、精氨酸和门冬氨酸生成，使浓度明显增加，而在力量训练课中蛋白质分解代谢强度高、消耗多；糖供能相对减少，故可见血清中氨基酸不同程度下降，亮氨酸和异亮氨酸下降最明显，丙氨酸无明显变化，这是不同运动项目与身体代谢适应的表现。其代谢基本过程如图 6－10 所示，比过去的丙氨酸—葡萄糖循环更全面。

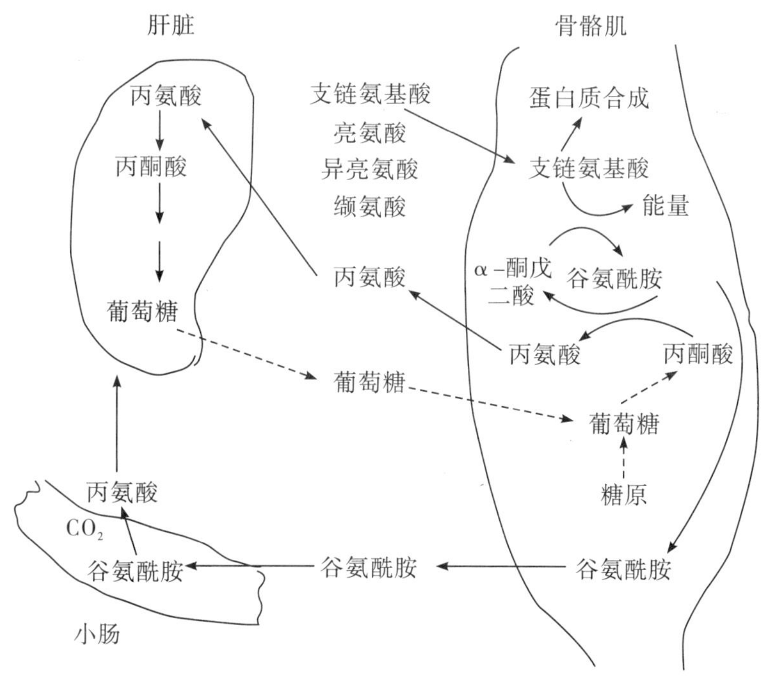

图 6－10 支链氨基酸在肝、肠组织通过血循环转运至骨骼肌代谢（引自 Layman，2002）

（二）运动强度

中到大强度的耐力训练促进了亮氨酸的氧化。Babij 等发现，亮氨酸的氧化速率与运动强度呈线性关系（如图 6－11 所示），这一发现可推断机体在耐力训练的过程中氨基酸的利用程度加强，同时大强度训练导致氨基酸的氧化程度加强。另外有研究显示，高强度力量练习后 48 h，尿 3－甲基组氨酸（3－MH）排泄量减少，而练习后 72 h 3－MH 排量出现上升趋势，提示骨骼肌蛋白分解有一定的延缓性增加。另外，中等强度运动时、运动后血清中丙氨酸、酪氨酸、苯丙氨酸、异亮氨酸的浓度显著升高，血清尿素明显升高，并与血清氨基酸变化相平行，说明中等强度运动中蛋白质、氨基酸的分解代谢加强。

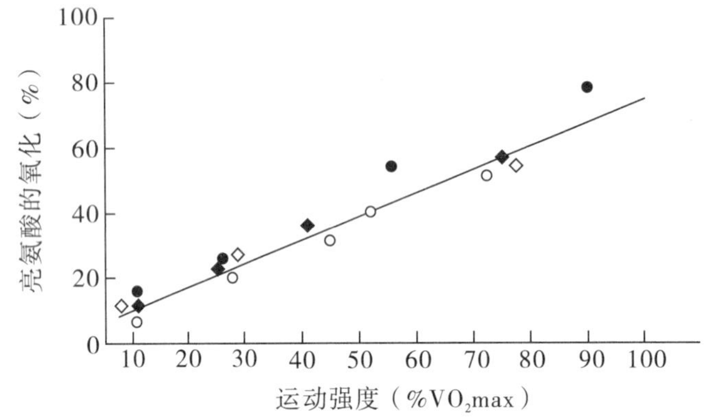

图 6－11　运动强度与机体亮氨酸代谢速率的关系（引自 Babij 等，1983）

（三）糖储量

糖是长时间大强度运动时体内主要的能源物质之一。体内糖的储备数量与运动中蛋白质的利用程度具有直接的相关性，当体内糖储备不足时，蛋白质、氨基酸用于氧化供能的程度会增加，特别是长时间大强度运动可导致糖原耗竭，如果所提供的膳食不足以恢复耗竭的糖原时，氨基酸的氧化供能比例增加。

（四）性别

大部分有关运动和蛋白质利用的情况研究主要涉及男性受试者。然而，有证据显示，不同性别运动后蛋白质利用的适应性改变情况是不相同的。研究表明，相对男性来说，女性在运动中更加依靠脂肪作为能量来源的物质，利用更少的氨基酸来氧化供能并排出更少的氮（如图 6－12 所示）。

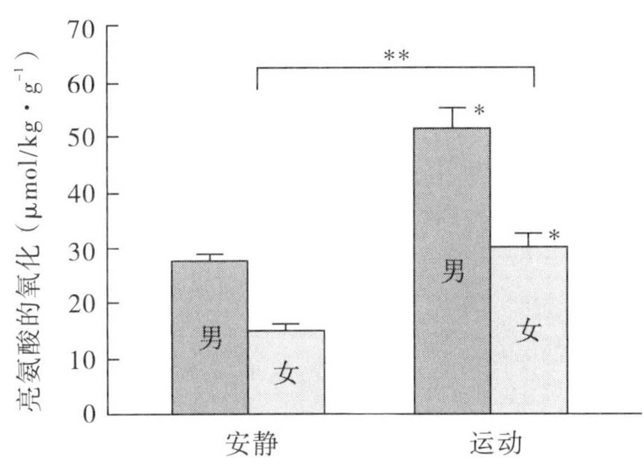

图 6-12　男、女安静和运动状态下亮氨酸氧化比较（引自 Phillips 等，1993）

四、运动调节蛋白质合成与增进健康的生化分析

蛋白质是生命活动中完成各种机能活动的结构和活性物质。因此，运动后对蛋白质合成的适应对于维持体能、增加健康主要表现在：①运动中消耗的蛋白质和运动机能提高需求的蛋白质增加，从而使肌肉细胞结构蛋白增加；②酶蛋白适应性增加，从而使某些酶数量增多而活性增加，有助于相应的代谢过程顺利或加速进行。因此，青少年、健身健美人士和中老年人可以通过运动训练提高肌肉质量，但是相应要增加蛋白质、氨基酸的需要量。

（一）运动后骨骼肌蛋白质合成代谢的特点

大多研究的结果证明，运动后骨骼肌内蛋白质合成代谢增强，但起始和终止的时间尚不明确，总趋势为：①运动后恢复 1 h 内，骨骼肌内蛋白质合成较弱；②运动后 2 h 内蛋白质合成速率上升，并在尚未确定的时间内持续上升。可见，运动后蛋白质合成速率对运动应答是双向的。应用亮氨酸示踪技术进行研究，发现运动后人体肌肉蛋白质合成速率增加，持续增加至少 24 h，甚至持续至运动后 36～48 h（如图 6-13 所示）。

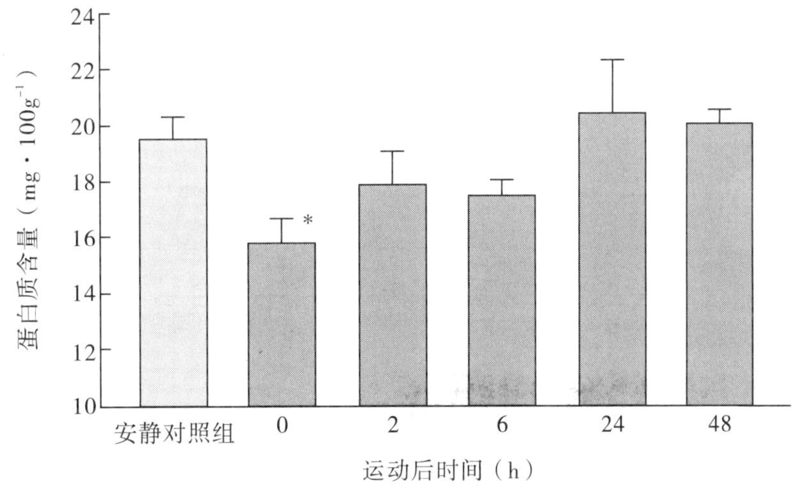

图 6-13　长时间耐力运动后股四头肌肌红蛋白含量变化（引自 Varrik 等，1992）

研究发现，运动结束后肌肉蛋白质降解速率逐渐下降，24 h 才恢复至安静水平，同时蛋白质合成速率不断增加。沃尔夫（Wolfe）等人报道，高负荷量运动后 3 h 肌肉蛋白质降解较安静时只增加了 50%，而合成却增加近 100%。运动后蛋白质代谢恢复至净平衡至少延续至 48 h。另有研究显示，抗阻力训练对肌肉内蛋白质的正氮平衡有促进作用（如图 6－14 所示），在一个抗阻力训练的训练周期后，这种合成速率的增加能够持续 48 h。

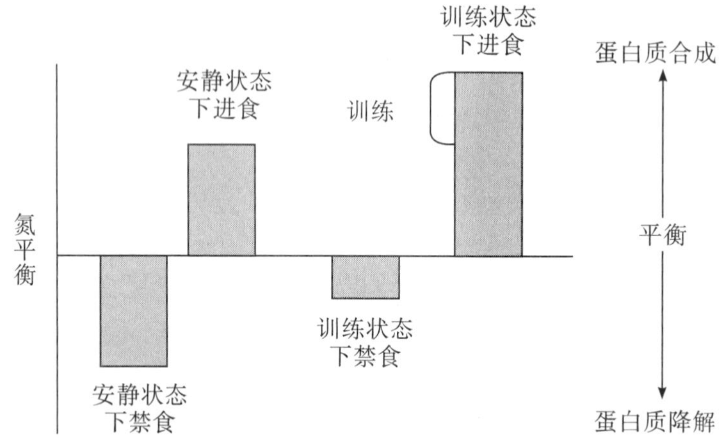

图 6－14　抗阻训练可减弱禁食引起的负氮平衡程度

（二）运动与骨骼肌蛋白质代谢适应性变化

骨骼肌细胞是完成运动的基本单位，故不同运动都可引起肌细胞产生适应性变化，力量、速度训练可使骨骼肌细胞纤维肥大，肌肉体积增大；耐力训练能使肌肉线粒体数目和总量增加，主要是增加慢肌纤维（Ⅰ型）的线粒体数量。

1. 力量训练与骨骼肌蛋白质代谢适应性变化

由于力量训练的类型和方法不同，因此引起骨骼肌细胞纤维的适应也有不同的特点。抗阻力训练可优先使快肌纤维增大，在肌纤维组成不变的情况下可使快肌纤维（Ⅱ型）在正常范围内增大 90%；速度或力量训练可选择性地使快速糖分解纤维（Ⅱb）或快速有氧糖分解纤维（Ⅱa）变得肥大；在抗阻力或力量训练及部分速度训练时，可使与肌纤维收缩有关的蛋白质增多，从而改善训练所要求的力量和做功（如图 6－15 和图 6－16 所示）。

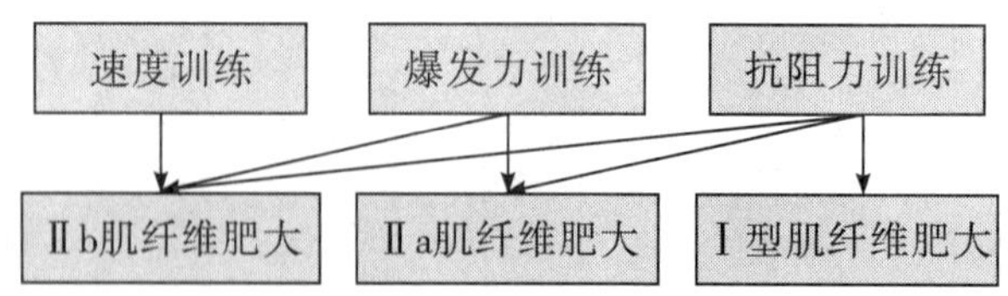

图 6－15　不同运动类型对肌纤维肥大的效果（引自 Viru A 等，2001）

力量训练的一个突出效果是促进蛋白质合成，使肌肉壮大。研究表明，力量训练使骨骼肌体积增大，从占体重40%增加到50%左右。肌肉变得粗壮的原因是肌纤维增粗和结缔组织细胞增生。例如一般成人肌纤维最大横截面是75 000 μm^2，举重运动员可以达到90 000 μm^2。力量和其他种类的快速爆发力训练使快肌纤维变粗的现象比慢肌纤维更显得突出。这是因为运动时主要募集快肌纤维进行收缩，结果使快肌纤维和慢肌纤维的比例增大。另外，肌肉内肌红蛋白量增加80%，提高了骨骼肌运输和储存氧的能力。

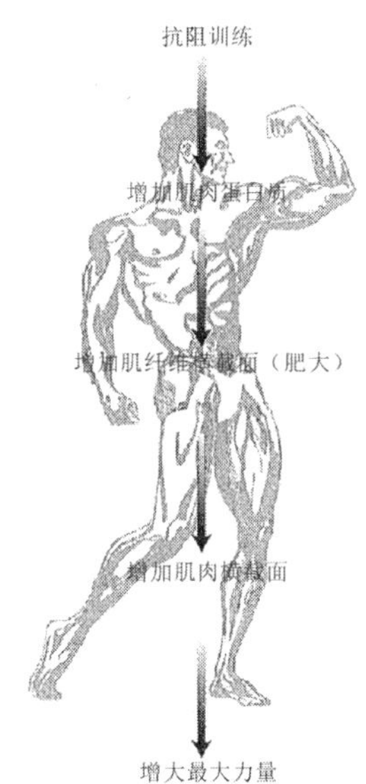

图6－16　抗阻训练效果示意图（引自 Viru A 等，2001）

2．耐力训练与骨骼肌蛋白质代谢适应性变化

耐力训练使骨骼肌线粒体数目增多，体积变大，也使骨骼肌中谷—丙转氨酶和谷—草转氨酶的活性提高。如有研究指出，耐力训练使鼠腓肠肌每克肌肉谷—丙转氨酶的活性上升，其中细胞质中升高50%，线粒体中升高80%。汉德森（Hendelson）等证明，动物进行耐力训练运动时利用亮氨酸供能的能力提高，利用氨基酸的能力也较未训练动物更有效果。另外，肌肉内肌红蛋白量提高80%，提高了骨骼肌运输和储存氧的能力。因此，可以认为，耐力训练使机体丙氨酸—葡萄糖循环加速，促进三羧酸循环中间代谢产物的回补作用，提高了氧化氨基酸供能的潜在能力，从而保证运动时蛋白质代谢更积极、更有效地发挥作用。

（三）运动后骨骼肌蛋白质合成适应的生化分析

运动后蛋白质合成速率加强的原因之一是运动引起的代谢物积累（某些氨基酸）和激素的适应性变化，最终达到结构变化增大和酶分子数量增加（如图6－17所示）。

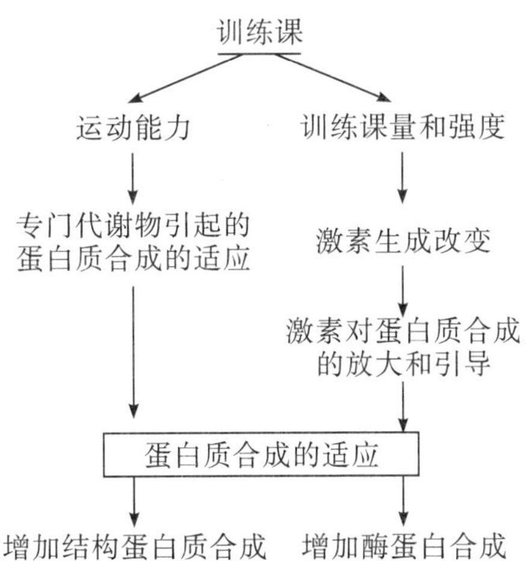

图6－17　运动训练和蛋白质合成的适应（引自 Viru A 等，2001）

另外运动导致蛋白质合成增加与 RNA 增多有关。在力量训练中，基因组活性增加表现为 DNA 依赖性聚合酶和氨基乙酰 RNA 合成酶的活性提高。在耐力训练中也有这样的效果。基因组活性增加的主要结果是对蛋白质合成转录阶段诱导作用的应答产生特殊的 mRNA。mRNA 在必须合成的蛋白质中有蛋白质的结构信息，在运动训练和训练后都发现有各种类型的 mRNA 产生，事实上，运动导致蛋白质合成增加的调控不单只在转录水平，亦发生在翻译水平和翻译后调控。转录调控可能使 α－肌动蛋白中 RNA 的增加更显著，翻译调控由总 RNA 的增加而实现，翻译后调控蛋白质含量增加不如 mRNA 的增加重要。蛋白质合成的适应基本生化过程可概括为图 6－18。

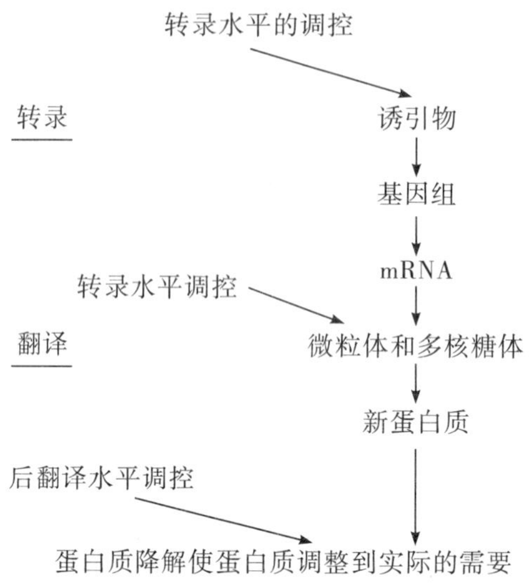

图 6－18　蛋白质合成适应的三个水平（引自 Booth 和 Thomason，1987）

在运动训练后的适应过程中，后翻译调控明显受蛋白质分解的影响。蛋白质在快速生长时，分解代谢和合成代谢同时存在。当鸡翅膀负重时，可见在慢肌中蛋白质含量增加 140%，这时，蛋白质代谢速率提高，其中 20% 用于合成蛋白质，80% 用于蛋白质代谢转换。在力量训练时，肌肉快肌纤维增大，其中被分解的结构蛋白约有 9% 用于合成新的蛋白质，供肌肉生长，随之可见肌肉肥大。

代谢物和激素对三个水平上合成蛋白质都起作用。转录活性可通过“管家”基因以适应蛋白质合成的要求，这些基因激活可在蛋白质降解中由低分子量特殊蛋白（蛋白质亚基碎片）进行。而其他代谢物则有诱导物作用，如蛋白质的代谢物肌酸和某些氨基酸，特别是亮氨酸。但是，肌酸在活体内并不能增加肌浆和各种类型肌纤维蛋白质合成的速率。亮氨酸在蛋白质合成中的作用是刺激转录作用。但单独用亮氨酸时肌肉蛋白质合成的刺激作用并无确实的实验结果，然而，当亮氨酸、异亮氨酸和缬氨酸在活体内联合使用时，可刺激心肌、隔膜和比目鱼肌蛋白质的合成。当在活体外只有异亮氨酸和缬氨酸而无亮氨酸时，标记的氨基酸掺入量比存在亮氨酸时少。在骨骼肌中，细胞内谷氨酰胺浓度升高可增加蛋白质的合成。在肌肉运动时可激活肌肉精氨酸酶、鸟氨酸脱羧酶和鸟氨酸—α－酮戊二酸转氨酶的活性，其结果为使蛋白质合成的引物亚精胺和精胺等多胺增多，直接促进氨酰 tRNA 合成酶和氨酰 tRNA 转移酶的活性，提高蛋白质的合成速率，其中关系可用图 6-19 表示。

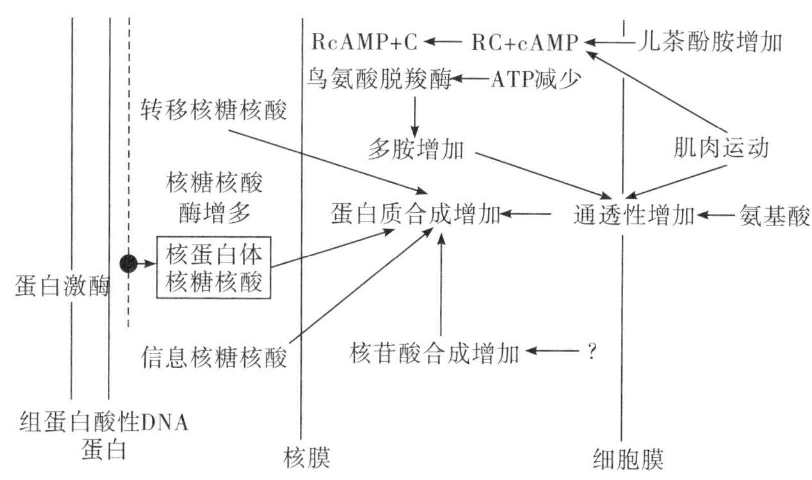

图 6-19 运动使肌肉蛋白质合成增加示意图（引自 Poortmans，1981）

亚精胺引物的作用与运动引起肌肉收缩和放松的过程中，肌肉的伸展使肌细胞膜通透性增加，氨基酸因而进入肌细胞内增多，有助于驱动蛋白质的合成过程（图 6-19 中核糖核酸的作用），从而使蛋白质合成增加。蛋白质合成还受 Na-K 泵、钙离子、花生四烯酸合成等的影响。

本章小结

糖与健康关系密切，其一表现在血糖浓度恒定，血糖过高表现为糖尿病，过低则为低血糖症。血糖浓度的恒定取决于其来源和去路，在这个过程中受到体内神经、激素和肝脏等组织的协同调节。运动是调节血糖浓度的外部因素，主要在于运动时骨骼肌对血糖的摄取和利用，运动时骨骼肌对血糖的利用与运动强度、持续时间和体内糖储量的变化等因素有关。运动对血糖的调节主要从整体、分子和细胞内信号传导三个层面进行调节，其中主要涉及如胰岛素、胰高血糖素、肾上腺素、糖皮质激素、生长激素等以及 GLUT-4 和瘦素、脂联素等细胞因子。其二是骨骼肌糖原的调节，骨骼肌糖原的储量和利用的能力决定机体无氧耐力和有氧耐力素质，特别是肌肉力量耐力的健康体适能。运动中肌糖原利用的速率和数量主要由运动强度、持续时间、运动类型等因素决定，通过运动锻炼可以提高肝糖原的含量和利用能力，从而提高人体的无氧耐力和有氧耐力体能水平。其三是肝糖原的调节，运动时，为维持血糖平衡，补偿收缩肌从血中摄取的葡萄糖，肝脏必须加快葡萄糖的生成和释放。肝脏主要通过肝糖原分解和糖异生释放葡萄糖以维持血糖的平衡。运动可以提高肝脏对糖代谢的调节能力，从而增进人体的健康水平。

脂肪无论作为人体储存能量的物质还是构成组织和激素等成分来说都是重要的。但是从健康的角度看，体内脂肪含量比例过高或过低都是身体多种慢性疾病的根源。因此，保持身体理想脂肪比例就有利于健康。运动锻炼可以增加机体能量消耗，促进和改善脂肪分解代谢，特别耐力性运动中，脂肪作为能源物质的作用也显著增加，随着运动持续时间的延长，脂肪动员的比率和速率都会增加。因此，运动对调节脂代谢、改善身体脂肪含量及增进健康起着重要的作用。运动时脂肪供能的重要性随运动强度的增大而降低，随运动持续时间的延长而增高。不同运动类型其脂肪的代谢特点也不一样，耐力性运动由于时间长，所以运动中利用脂肪量相对较多，当然由于高强度间歇运动中总能量消耗较多，因此，骨骼肌能有效消耗脂肪，并使瘦体重增加。另外饮食和激素也影响运动时脂肪的利用。根据能量代谢平衡原理，通过运动锻炼可以增加能量消耗并抑制脂肪酸再酯化，因此可以有效控制体重，达到减肥的目的，其生化机制是运动一方面引起儿茶酚胺等激素分泌增加，通过膜受体介导提高细胞内 cAMP 水平，从而激活激素敏感性脂肪酶，加快脂肪组织的脂解；另一方面使6－磷酸葡萄糖脱氢酶活性降低，α－磷酸甘油脱氢酶活性提高，加速 α－磷酸甘油的氧化分解，从而使细胞内 α－磷酸甘油含量减少，脂肪合成降低。此外，规律性有氧运动还可增强骨骼肌摄取脂肪酸的能力，因为有氧训练可使脂酰 CoA 进入线粒体的过程中相关的脂酰基 CoA 合成酶和肉碱酰基转移酶的活性提高或含量增多，同时也使脂肪酸 β－氧化场所的线粒体数目增加，体积增大以及相关多种氧化酶的活性都有不同程度的增强。另外，科学合理的运动可以有效改善机体血脂环境，维持正常血脂水平，对防治高脂血症的发生，降低冠心病及粥样硬化的发生具有积极的促进作用。运动对血脂代谢的效应则与运动强度、运动持续时间和运动类型等因素有关。运动引起血脂代谢改变的原因一是在于运动骨骼肌能消耗体内更多 FFA，加速乳糜微粒（CM）和极低密度脂蛋白（VLDL）的分解；二是运动导致细胞间 LPL 的活力增大，使毛细血管内皮 LPL 得到补充，血浆 TG 脂解增加，从而导致 TG 水平下降；三是运动可以有效地改善血浆脂蛋白的成分，能够升高 HDL－C，降低 LDL－C，使体内脂肪达到适宜的分布状态。

蛋白质是人体骨骼肌的主要成分，其质量与身体机能和健康水平关系密切。蛋白质的代谢首先分解氨基酸，然后再进一步分解代谢。通常可用氮平衡、3－甲基组氨酸和示踪法评价蛋白质的代谢状况。要了解骨骼肌蛋白质代谢，必须分析骨骼肌氨基酸代谢库的变化。运动时蛋白质代谢供能主要是在长时间耐力运动中、后期，由于体内糖原大量被消耗，蛋白质降解加剧，氨基酸的供能比例增加。运动时人体可利用的氨基酸主要有血浆和组织游离氨基酸库、组织蛋白质降解时释放的氨基酸以及非氨基酸类物质通过转氨作用合成的氨基酸。耐力运动中氨基酸代谢一方面经葡萄糖—丙氨酸循环进行糖异生转化为葡萄糖，以维持血糖恒定；另一方面则作为代谢底物参与供能代谢。运动时蛋白质分解代谢的特点与运动类型、运动强度和糖储备及性别等有关。运动后骨骼肌蛋白质代谢表现为合成代谢加强，特别是力量训练促进肌肉蛋白质合成的效果更加明显，表现为肌纤维增粗、肌肉壮大。运动后蛋白质合成速率加强与运动引起的代谢物积累和激素的适应性变化有关。

思考与练习

1. 简述血糖的来源与去路，并说明运动在维持血糖浓度恒定中对增进健康的作用。
2. 简述运动时血糖浓度的变化规律。
3. 简述运动中肌糖原利用与无氧耐力和有氧耐力的关系。
4. 叙述运动对调节肝糖原代谢增进健康的作用。
5. 简述运动时脂肪代谢的特点，并说明运动调节脂肪代谢增进健康的生化机制。
6. 从运动生化原理分析运动控体重的作用。
7. 简述运动对血脂的影响，并解释其生化机制。
8. 评价蛋白质代谢有哪些方法，说明其生化依据。
9. 简述以不同运动类型运动时骨骼肌蛋白质代谢的特点。
10. 简述运动对骨骼肌蛋白质代谢适应性变化的特征。
11. 分析运动促进骨骼肌蛋白质合成的生化机制。

第七章

运动延缓衰老的生化分析

随着年龄的增长，机体的形态结构和生理生化发生不同程度的变化，机体的生化变化主要是机体自由基的堆积增加，抗自由基的能力下降，造成线粒体 DNA 的缺失，还有体内的免疫能力降低等原因。身体机能下降表现为骨骼肌萎缩、骨质疏松等症状，这是人体趋向衰老的特征。衰老是不以人的意志为转移的生物学法则，因此，人们不可能违背这个自然规律。然而，采取适当的体育运动可以延缓衰老。生命在于运动，运动是人身健康的重要原因，古人曰“动则不衰”，故劳动者大都身体健壮，因人在劳动中，可使人体血液流动加快，这不仅能锻炼人的心脏，而且会促进肌肉的生长，使人体各种机能强化，新陈代谢加快。研究证明，适度的运动能使机体产生各种生物化学等适应性变化，如抗氧化系统能力的提高能更好地维持体内氧化还原状态的平衡，免疫系统提高能预防疾病的产生，还有运动可以改善骨代谢，预防和延缓肌肉萎缩和骨质疏松症的发生和发展从而达到骨骼健康的目的，进而达到延缓衰老的效果。由于运动对骨骼和肌肉影响更为直接，因此，本章主要介绍运动对衰老性肌萎缩的影响和运动对骨质疏松的影响及其延缓衰老的生化机制。

第一节　衰老概述

从生物学上讲，衰老是生物随着时间的推移，自发的必然过程，它是复杂的自然现象，表现为结构和机能衰退，适应性和抵抗力减退。在生理学上，把衰老看作是从受精卵开始一直进行到老年的个体发育史，身体各部分器官系统的功能逐渐衰退的过程。从病理学上讲，衰老是应激和劳损、损伤和感染、免疫反应衰退、营养不足、代谢障碍以及疏忽和滥用积累的结果。

一、衰老的定义

衰老（ageing，senescence）通常指生物发育成熟后，在正常情况下机体随年龄的增加，内环境稳定力下降，结构、组分逐步退行性变，趋向死亡这一不可逆转的现象。

二、衰老的生化变化

近几十年来，随着现代遗传学、分子生物学、细胞生物学和分子免疫学等边缘学科的飞速发展，人们对衰老的生化变化有了更深层次的认识，在大量实验证据的基础上提出了许多新的学说。自 19 世纪末应用实验方法研究衰老以来，先后提出的学说有 20 多种，很多学说并没有得到实验研究的支持。综合国内外研究资料，衰老的生化变化可以归纳为以下几方面。

（一）自由基的产生与衰老

随着年龄的增长，机体自由基的形成增加，抗自由基的能力下降，使机体逐渐走向衰老。现代抗衰老对策的研究，要延缓衰老的进程关键在于加强和完善机体内的抗衰老机制，使其充分发挥积极作用，同时加强外源抗衰物质的摄入，有效清除致衰老的因子。适当的体育锻炼能减少体内自由基的增加，加强抗氧化能力，从而延缓衰老。

1. 自由基的概念

自由基（free radical）是指在电子外层轨道上带有一个或几个不成对电子的分子、原子、离子或基团。凡是自由基，无论是不带电荷的分子或原子，还是带正电荷或负电荷的离子，其共同特征就是带有不成对的电子。例如最简单的自由基 $H^{\cdot}$，氧自由基（$O_2^{-\cdot}$），羟自由基（$OH^{\cdot}$）和类脂质自由基（$L^{\cdot}$）等。

2. 衰老的自由基理论

衰老的自由基学说是 Denham Harman 在 1956 年提出的，他认为衰老过程中的退行性变化是由于细胞正常代谢过程中产生的自由基的有害作用造成的。生物体的衰老过程是机体的组织细胞不断产生的自由基积累的结果，自由基可以引起 DNA 损伤从而导致突变，诱发肿瘤形成。自由基是正常代谢的中间产物，其反应能力很强，可使细胞中的多种物质发生氧化，损害生物膜。还能够使蛋白质、核酸等大分子交联，影响其正常功能。支持该学说的证据主要来自一些体内和体外的实验。包括种间比较、饮食限制、与年龄相关的氧化压力现象测定、给予动物抗氧化饮食和药物处理；体外实验主要包括对体外二倍体成纤维细胞氧压力与代谢作用的观察、氧压力与倍增能力及抗氧化剂对细胞寿命的影响等。该学说的观点可以对一些实验现象加以解释，如：自由基抑制剂及抗氧化剂可以延长细胞和动物的寿命。体内自由基防御能力随年龄的增长而减弱。脊椎动物寿命长的，体内的氧自由基产率低。

近几十年来对衰老的自由基理论不断补充，目前的观点为：要维持细胞正常的生理机能，既不能有过度的自由基氧化损伤，也不能有过度的抗氧化而影响氧化还原的依赖的信号传导。正常情况下，氧化系统与还原系统处于有机平衡，细胞功能正常。一旦氧化系统与还原系统失去平衡，细胞氧化还原环境受到破坏，表现出应激和功能异常，持续不平衡将导致衰老及相关疾病，如动脉硬化、糖尿病、癌症、神经退行性疾病等都与氧化还原失衡密切相关。尤其是氧化损伤占主导时，生物大分子功能受到破坏，导致衰老发生，即自由基衰老学说的核心思想（如图 7－1 所示）。

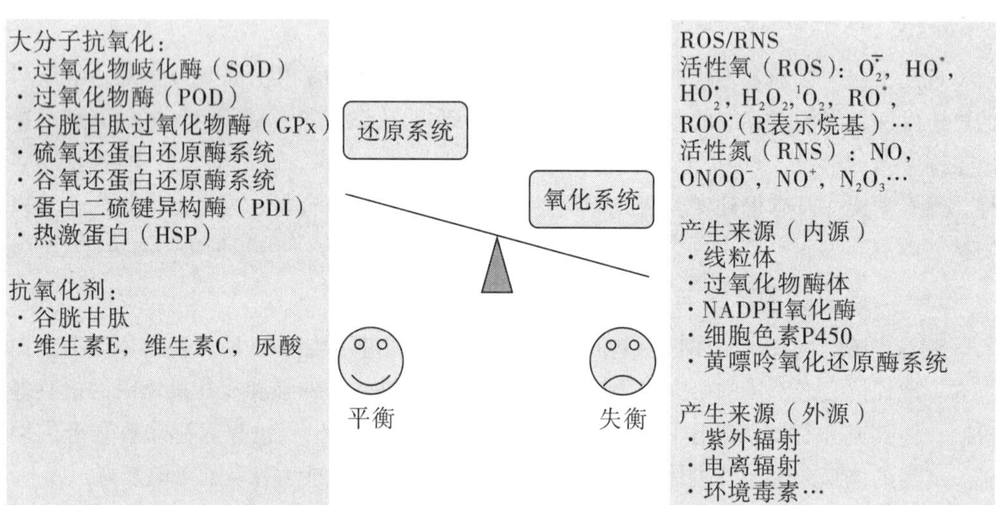

图 7－1 细胞氧化还原调控（引自胡明曦等，2014）

3. 自由基的平衡与延缓衰老

机体内存在有消除自由基的物质，形成抗自由基的防御保护系统，使体内自由基的形成和消除处于动态平衡。清除自由基的物质可分两种类：其一，抗氧化酶系统，该系统包括超氧化物歧化酶（SOD）、过氧化氢酶（CAT）和过氧化物酶（POD）、谷胱甘肽过抗氧化物酶（GSH－Px）。过氧化氢酶（CAT）和过氧化物酶（POD）存在于细胞内过氧化氢酶体中，可催化 H_2O_2 分解，GSH－Px 含硒，存在于细胞内主要消除过氧化物

(LOOH) 和 H_2O_2，G－6－PD（6－磷酸葡萄糖脱氢酶）是产生 NADPH 主要途径磷酸戊糖通路的关键酶，有时也作为抗氧化酶之一。其二，抗氧化剂，如维生素 C、维生素 E、尿酸和 β－胡萝卜素，它们可防止自由基对细胞膜的破坏作用。此外，有些药物如丹参、五味子、刺五加、绞股蓝等也具有抗氧化、消除自由基的作用。衰老动物的心、脑、肝特别是脑和心脏细胞内脂褐素明显增多。日本一项专利表明，维生素 E、维生素 C、β－胡萝卜素和绿茶混合能阻止 ROS 以控制衰老。老年斑退化（ARMD）是另一种与衰老有关的症状，可以导致健康人失明。血液中 α－C、β－C、玉米黄质（cryptoxanthin）和叶黄素（lutein）的含量较高可降低老年性黄斑部病变（ARMD）的发展。研究认为，β－C 和维生素 A 具有防止人体衰老的生物效应。实验证实，摄入抗氧化剂类维生素的人可减少老年斑的形成。

有氧训练可提高机体抗氧化能力，一定时间和强度的运动训练可以使机体的抗氧化系统对运动产生适应性变化，运动使抗氧化系统内氧化酶的活力明显提高，有利于增强清除因运动而产生氧自由基的能力，减轻组织中脂质过氧化反应的程度；同时，运动训练也使人体安静时自由基的生成量减少，并能使人体在运动时自由基的高峰值降低。运动训练可以上调组织的 SOD、GSH－Px 的活性以及 GSH 的含量，表现出很强的运动适应性。有资料表明，通过长期的体育锻炼可以减少体内自由基的产生，我国许豪文等研究，体育锻炼有助于体内清除自由基对细胞膜的损害作用，故有助于延缓衰老。大量的实验表明，适宜运动负荷导致机体抗氧化能力提高的同时也能保护机体免受自由基等的损害，尤其对于机体的某些脏器的结构功能变化尤为明显。机体通过提高自由基的清除率和抗氧化能力达到延缓衰老的目的。张勇等研究认为，力竭性运动下大鼠骨骼肌线粒体电子漏导致线粒体质子漏增多，是运动性疲劳状态下线粒体氧化磷酸化程度下降的重要因素。刘丽萍等研究经不同时间游泳训练的大鼠的肝组织过氧化脂质发现，15 d 游泳运动组自由基产生与清除基本达到动态平衡，保证了细胞结构和功能的完整，30 d 游泳运动组 MDA 含量下降，此运动量的安排促进了肝组织的物质和能量代谢，肝自由基产生与清除达到动态平衡。力竭组大鼠肝细胞中 MDA 含量显著增加，是由于大量自由基的存在，因此认为慢性运动后自由基产生与清除能力高于力竭运动。

长时间的剧烈运动或力竭性运动使得机体自由基的生成增多，抗氧化能力下降；而中、小强度的有氧运动则使 SOD 的活性与 MDA 的比值升高，提高了机体的抗氧化能力。长期有氧训练通过抗氧化酶的适应性改变，使得机体抗氧化能力增强，这不仅促进了自由基的消除，减轻了自由基的损伤与危害，而且还抑制了增龄引起的抗氧化能力的降低，有利于体内氧化与抗氧化系统的平衡，并对机体产生有益的影响，这是有氧运动促进健康和延缓衰老的重要机制。

大量研究证实长期运动训练可以很大程度预防和改善衰老相关的疾病，其机制可能是通过促进线粒体生成和激活内源性抗氧化防御体系而提高线粒体功能和调控氧化还原平衡。运动训练可以降低正常衰老过程中的认知功能的下降，同时也能预防神经退行性疾病如阿尔茨海默症（Alzheimer's Disease，AD），帕金森症（Parkinson Disease，PD）和其他类型痴呆症的发生。Spirduso 在 1975 年就证明活跃的老年人比不活跃的老年人甚至年轻人有更好的认知功能，特别是在进行认知相关的测试的速度方面。运动训练改善认知功能很可能是通过在系统的、细胞水平的和分子水平的改变而实现。参与更多运动训练的人有更大的脑容量，很可能与改善认知功能相关。现有的研究表明运动训练具有对老年痴呆症的潜在预防作用，其支持的机制包括运动训练增加具有存储记忆和学习功能的脑源性神经营养因子，降低包括大脑在内的很多器官的活性氧生成速度，增加大脑血流量、代谢物和降低 β 淀粉样沉淀的水平。因此，长期的运动训练预防衰老相关疾病和提高老年人的生命质量可能是通过调控线粒体功能和氧化还原平衡而发挥作用。

（二）线粒体 DNA 损伤与衰老

线粒体 DNA（mtDNA）是细胞能量转化系统，在细胞合成、细胞转化及信息传递的过程中起重要作用。1972 年 Harman 首次提出 mtDNA 与衰老密切相关这一假说，之后的研究者发现许多与衰老有关的退行性疾病的主要原因是 mtDNA 的变异，这些衰老病的原发性和继发性症状都被认为是氧自由基对 mtDNA 氧化损伤的结果，与细胞的氧化还原调控机制的失衡相关。mtDNA 是由 16 565 个碱基对构成的双股环状 DNA，有特殊遗传特征，mtDNA 未受组蛋白的保护，易受自由基袭击及某些药物副反应损伤，由于它不具有核酸校读作用，故错误率较高。其突变率是细胞核 DNA 的 10～100 倍，增龄等因素又使 mtDNA 突变积累，线粒体氧化磷酸化能力降低，细胞产生 ATP 的量越来越少，这是发生衰老的基础。mtDNA 突变可归纳为碱基替换突变和重组突变两种。人类脑、心肌、骨骼肌、皮肤、肝、生殖细胞中 mtDNA 片断缺失，可能缺失的碱基序列不同，但是 mtDNA 片断缺失比率随年龄而增加，存在与衰老的正相关性，可能导致人类多种老年退行性疾病，有几种老年人常见病（如 O 型糖尿病、帕金森氏病和阿尔采默病）与线粒体功能减弱有关。许多国家实验室已把 mtDNA 的损伤和抗损伤作为抗衰老药物的重要指标。

（三）免疫能力下降与衰老

衰老的免疫学说可以分为两种观点：①免疫功能的衰老是造成机体衰老的原因；②自身免疫学说，认为与自身抗体有关的自身免疫在导致衰老的过程中起着决定性的作用。衰老并非是细胞死亡和脱落的被动过程，而是最为积极的自身破坏过程。从衰老的免疫学说可以看出免疫功能的强弱似乎与个体的寿命息息相关，迄今的研究表明机体在衰老的过程中确实伴有免疫功能的重要改变，以下从个体水平、器官、组织水平和细胞、分子水平阐述。

伴随衰老免疫功能改变的特点是对外源性抗原的免疫应答降低，而对自身抗原免疫应答增强。据 Whittingham 报告，用抗原免疫后，老年人抗体效价比年轻人呈现有意义下降。此外自身抗体的检出率随衰老程度的增加而升高，细胞免疫也随增龄而降低。人类的胸腺在出生后随着年龄的增长逐渐变大，13～14 岁时达到顶峰，之后开始萎缩，功能退化，25 岁以后明显缩小。新生动物切除胸腺后即丧失免疫功能，年轻动物切除胸腺后，免疫功能逐渐衰退，抗体形成及移植物抗宿主反应下降。老年动物和人的T细胞功能下降，数量也减少。随年龄的增长，机体对有丝分裂原刀豆蛋白A、植物血凝素及抗CD_3抗体的增殖反应能力下降。这是衰老的免疫学特征之一。伴随老化程度的增加，细胞因子的分泌有明显的改变。在T细胞的增殖中IL-2的产生和IL-2受体的出现是很重要的，老年人IL-2产生减少，IL-2受体，特别是高亲和性受体的出现亦减少。

自身免疫学说认为免疫系统任何水平上的失控都可以导致自身免疫反应的过高表达，也从而表现出许多衰老加速的证据。免疫系统控制衰老也有许多相反的证据。小鼠中有一种长命的近交品系——C57BL/6，它的抗核抗体的比例及胸腺细胞毒抗体的含量相对较高，但未显示较高程度的免疫病理损伤。裸鼠是一种先天性无胸腺无毛综合征的小鼠，其T细胞免疫功能极度缺乏，以至于可以接受同种异体甚至异种移植物，这种小鼠如果饲养在普通条件下可致早期死亡，但是在无菌条件下饲养其寿命不低于正常鼠。如果在通常的饲养条件下切除新生小鼠的胸腺，会死于3月龄左右，若将其置于无菌的环境中，大多数可以活得更长久。可见免疫系统虽然对生存期可以产生影响，但并非决定因素。免疫学说将免疫系统说成是衰老的领步者及根本原因所在，然而至今尚无明显的理由说明免疫系统随龄退化的原因，免疫系统的增龄改变也均是衰老导致的多种效应的表现，应该视为整体衰老的一部分，而不是衰老的启动原因。

（四）端粒缩短与衰老

近期衰老的分子水平研究还表明，端粒（telomere）与衰老密切相关。端粒学说由Olovnikov提出，认为细胞在每次分裂过程中都会由于DNA聚合酶的功能障碍而不能完全复制它们的染色体，因此最后复制的DNA序列可能会丢失，最终造成细胞衰老死亡。端粒是真核生物染色体末端由许多简单重复序列和相关蛋白组成的复合结构，具有维持染色体结构完整性和解决其末端复制难题的作用。端粒酶是一种逆转录酶，由RNA和蛋白质组成，是以自身RNA为模板，合成端粒重复序列，加到新合成的DNA链末端。在人体内端粒酶出现在大多数的胚胎组织、生殖细胞、炎性细胞、更新组织的增生细胞以及肿瘤细胞中。正因如此，细胞每有丝分裂一次，就有一段端粒序列丢失，当端粒长度缩短到一定程度，会使细胞停止分裂，导致衰老与死亡。大量实验说明端粒、端粒酶活性与细胞衰老及永生有着一定的联系。第一个提供衰老细胞中端粒缩短的直接证据是来自对体外培养成纤维细胞的观察，通过对不同年龄供体成纤维细胞端粒的长度与年龄及有丝分裂能力的关系观察到随着增龄，端粒的长度逐渐变短，有丝分裂的能力明显渐渐变弱；Hastie发现结肠端粒限制性片断的长度随供体年龄增加而逐渐缩短，平均每年丢失33 bp（base pair，碱基对）的重复序列；植物中不完整的染色体在受精作用中得以修复，而不能在已经分化的组织中修复，这在较为高等的真核生物中也证实了体细胞中端粒酶的活性受抑制；精子的端粒要比体细胞长，体细胞缺失端粒酶活性就会逐渐衰老，而生殖细胞系的端粒却可以维持其长度；转化细胞能够通过端粒酶的活性完全复制端粒以得永生。

德国萨尔州大学（Universitat des Saarlandes）的研究者2009年在《循环》（*Circulation*）杂志在线发表他们的研究论文，认为体育锻炼能调节端粒稳定蛋白（TSP）的表达，从而产生保护作用。为得出这一结论，乌尔里希·劳夫斯（Ulrich Laufs）在人与小鼠身上进行了不同的实验。首先，劳尔夫让小鼠在滚轮上跑上 3 周，发现 TSP 表达升高，它能保护细胞免除死亡。随后，劳尔夫将试验“搬”到人身上。然而，让一群人坚持运动，另一群光看不练，进行前瞻性研究并不现实。于是，他将目光转向那些每周跑几十公里、坚持数年之久的专业运动员。有趣的结果出现了，长跑运动员血液白细胞里的端粒，竟然比一般人长，端粒酶活性更高，而这无疑有助于保持端粒长度，延缓衰老。此外，他们的心率也较慢，血压与胆固醇水平较低。对此，劳尔夫说：“这直接证明了运动具有抗衰老作用。”

但是许多问题用端粒学说还不能解释。体细胞端粒长度与有丝分裂能力呈正比，这一点实验已经证实了，而不同的体细胞其有丝分裂能力是不尽相同的，胃肠黏膜细胞的分裂增殖速度比较快，神经细胞分裂的速度就比较慢。曾有人就不同年龄供体角膜内皮细胞的端粒长度进行研究，发现角膜内皮细胞内端粒长度长期维持在一个较高的水平，而端粒酶却不表达。另外，Kippling 发现，鼠的端粒比人类长 5～10 倍，寿命却比人类短得多。这些都提示体细胞端粒长度与个体的寿命及不同组织器官的预期寿命并非一致。生殖细胞的端粒酶活性长期维持较高的水平却不会像肿瘤那样无限制分裂繁殖；端粒长度由端粒酶控制，那何种因素控制端粒酶呢？生殖细胞内端粒酶活性较高，为什么体细胞中没有较高的端粒酶活性？看来端粒的长度缩短是衰老的原因还是结果尚需进一步研究。

第二节　衰老性肌萎缩与运动干预

骨骼肌是人体进行身体活动的动力源，具有一定的骨骼肌力量水平是人体进行各种体力活动的基础。成年人骨骼肌约占人体体重的 40%（女性约占 30%），然而，随着人体年龄的增加骨骼肌质量会逐渐减少，直接导致骨骼肌功能衰退，引起人体运动和平衡能力障碍、肌力衰退。Rosenberg 等报道人类从 40 岁开始，骨骼肌质量以每年 1%～2% 的速度逐渐流失，60 岁以上的老年人中衰老性肌萎缩的发生率占 15%，到 80 岁竟占了 30%～40%。据统计，美国每年由于骨骼肌质量和力量下降引起的各种疾病所造成的经济损失和医疗保健费用高达 180 亿美元。运动训练可延缓衰老性肌萎缩的发生，特别是抗阻训练效果更为显著。

一、衰老性肌萎缩的概念

随着人体生物年龄的增加，其骨骼肌在不断地萎缩，表现为以质量快速下降、肌力减退等退役性病变，直接导致骨骼肌系统功能衰退，人体运动和平衡能力下降、步行缓慢、骨骼脆性增大且易骨折等一系列症状的综合征，被称为“骨骼肌减少症”或“老年骨骼肌减少症”。肌肉萎缩是指横纹肌营养障碍，肌肉纤维变细甚至消失等导致的肌肉体积缩小。主要有神经源性肌萎缩、肌源性肌萎缩、失用性肌萎缩和其他原因性肌萎缩。据统计小于 70 岁的人群有 6%～24% 患有骨骼肌减少症，大于 80 岁的超过 50%。

有学者认为骨骼肌减少症并非一种疾病，它是增龄的自然结果，广泛存在于老年人群中。随着年龄的增长，每个人都要经历肌肉数量的减少和肌肉功能的下降，即使是长期训练有素的运动员也不例外。肌肉体积和肌肉力量随着年龄的增长而增加，其峰值出现在成年期，随后开始下降，肌肉力量下降的幅度因人而异，如图 7－2 所示为生命过程中骨骼肌减少症模型。

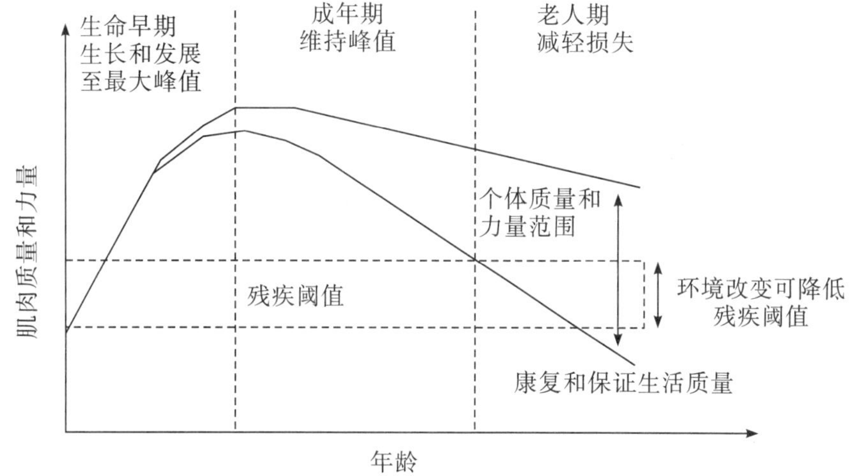

图 7－2　生命过程中骨骼肌减少症模型（引自 WHO/HPS，2000）

二、衰老性肌萎缩的生化特征及其对健康体适能的影响

衰老性肌萎缩的生化特征主要是氧化应激增加和氧化蛋白质的积累。研究表明，老龄化肌肉中氧化应激增加、ROS 的产生、脂质过氧化增多和氧化蛋白质积累增加，这些变化影响了人们的健康体适能。

（一）衰老性肌萎缩的生化特征

衰老性肌萎缩表现为随着年龄的增长肌纤维的大小维数目减少，不同类型的骨骼肌减少的比例不同（见表 7－1），Lexell 等发现男性肌纤维数目 70～73 岁比 19～37 岁减少了 25%，女性 20 岁时肌纤维为 70%，到 80 岁时肌纤维只有 50%（如图 7－3 所示）。

表 7－1　肌纤维的大小与年龄的关系

研究者	性别	年龄（岁）	肌肉	肌纤维大小	
				Ⅰ型	Ⅱ型
Coggan et al（1992）	男	26±1 对比 64±1	腓肠肌	—	↓（±13%）
	女	23±1 对比 63±1	腓肠肌	—	↓（±24%）
Dreyer et al（2006）	男	21～35 对比 >60	股外侧肌	—	↓（±25%）
Frontera et al（2008）	男/女	71±5 对比 80±5	股外侧肌	—	↓（NS）

续上表

研究者	性别	年龄（岁）	肌肉	肌纤维大小	
				Ⅰ型	Ⅱ型
Kim et al（2005）	男/女	20～35 对比 60～75	股外侧肌	—	↓（18%）
Kosek et al（2006）	男/女	20～35 对比 60～75	股外侧肌	—	↓（19%）
Larsson et al（1978）	男	20～29 对比 60～65	股外侧肌	—	↓（33%）
Lexell et al（1988）	男	15～22 对比 80～83	肌外侧肌	—	↓（26%）
Petrella et al（2006）	男	20～35 对比 60～75	股外侧肌	—	↓（14%）
	女	20～35 对比 60～75	股外侧肌	—	↓（27%）
Sato et al（1984）	女	≤39 对比≥70	胸小肌	↑（±8%）	↓（±12%）
Verdijk et al（2007）	男	20±1 对比 76±1	股外侧肌	—	↓（27%）

（依文献作者汇编）

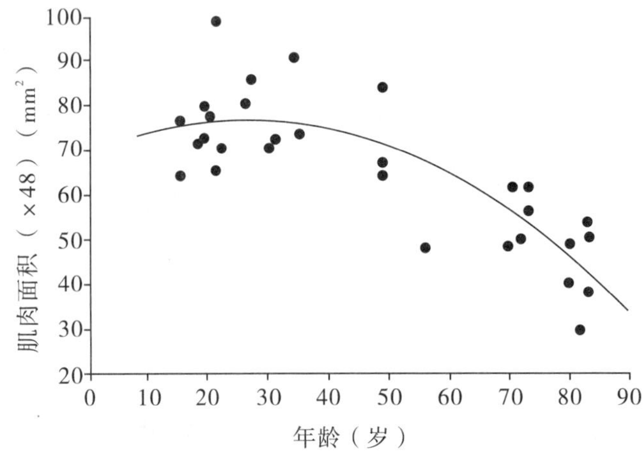

图 7-3 男性肌纤维数目与年龄的关系（引自 Lexell et al，1983）

骨骼肌质量的下降是衰老过程中的另一生化特征，但往往伴随脂肪的囤积而不会引起体重的明显下降，而骨骼肌的质量从 20 岁到 80 岁在总体上可能下降高达 40%。CT、MRI 和直接尸体骨骼肌横断面检查都得出了类似的结论。如 Lexell 等对 43 名 15～83 岁的原本健康的人进行尸体解剖，并从骨骼肌面积、大小、总数以及Ⅰ型肌纤维和Ⅱ型肌纤维所占的比例和分布情况进行分析，发现骨骼肌质量的下降始于 25 岁左右，其后下降速度逐渐加快。还有学者利用超声影像观察发现，老年人股四头肌横断面比年轻人小 25%～35%。与此同时，大腿上的非肌肉组织（脂肪和其他组织）却增加了 59%。Rice 等对 7 名年轻人和 13 名老年人进行 CT 扫描检查，发现老年人的四肢横断面积与年轻人接近，但是老年人的骨骼肌面积比年轻人少 28%～36%，而非肌肉组织比例比年轻人高得多（如图 7-4 所示）。

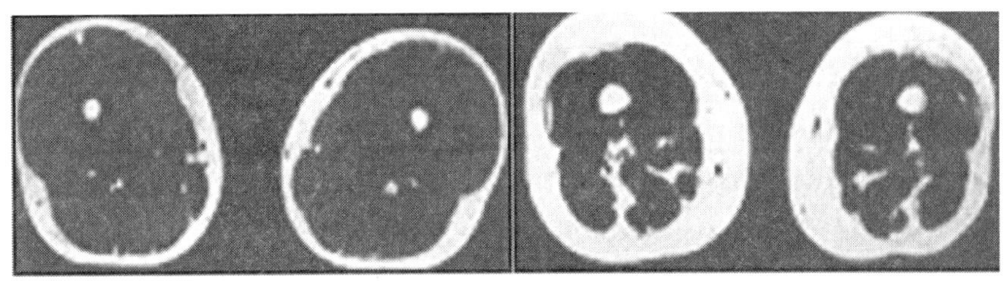

21岁女性（BMI=24.3 kg/m²）　　73岁女性（BMI=245 kg/m²）

图 7－4　BMI 接近不同女性 CT 扫描比较（引自 Rice，et al，1989）

衰老过程中骨骼肌质量的减少存在性别差异。Gallagher 等应用双能 X 线吸收仪测量了 20 岁到 90 岁的 148 名女性和 136 名男性的所有四肢骨骼肌，结果发现，男性四肢骨骼肌比女性发达，但是随着年龄的增长，男性骨骼肌萎缩的速率比女性快。Janssen 等对 18 岁到 88 岁人群的调查也得出了类似的结论。但是，导致男性骨骼肌下降速率比女性快的机制目前仍不清楚，多数学者认为与生长激素、胰岛素样生长因子以及睾酮水平有关。

老龄化更多的氧化应激是以细胞内 ROS 的数量，以及脂类、蛋白质和 DNA 损坏的水平为特点的。老龄化与氧化应激增加密切相关，许多研究表明，脂质过氧化，蛋白质氧化修饰，DNA 损伤与年龄增加有关，老年大鼠比目鱼肌中的氧化应激大于成年鼠，老龄鼠肌肉中总谷胱甘肽水平、谷胱甘肽水平和谷胱甘肽过氧化物酶的水平分别比成年鼠肌肉中高 72%、70%、28% 以上。谷胱甘肽抗氧化系统是防止蛋白质氧化应激损伤的一个主要途径，谷胱甘肽是一个三肽（γ－谷氨酰—半胱氨酰—甘氨酸）含有巯基（－SH）组，其重要作用是防止缩氨酸细胞被氧化。谷胱甘肽的保护功能是直接与自由基结合并且在还原反应中失去电子。谷胱甘肽是氧化反应的底物，而这些反应是由谷胱甘肽过氧化物酶催化的。在氧化还原反应中，谷胱甘肽被氧化成氧化型谷胱甘肽，同时过氧化氢和其他氧化物减少。

氧化应激是指破坏自由基（氧化剂）和抗氧化剂之间的平衡，平衡向氧化剂转移。骨骼肌在低于基础标准的情况下，不断产生自由基。低水平自由基是维持肌肉细胞的正常功能必不可少的。自由基水平低，可逆化氧化氨基酸，特别是半胱氨酸，参与细胞信号传导，导致翻译后的蛋白质的改变。虽然自由基是正常肌肉功能所必需的，但是当其控制功能被打乱时，在细胞产生过多的自由基，造成不可逆转的损害，扰乱其正常功能，并最终导致细胞中的脂类、蛋白质和 DNA 的功能紊乱。有证据指出随着衰老 ROS 生成的加快会引起包括骨骼肌在内的许多组织的氧化损伤，这是衰老性肌萎缩的重要原因。骨骼肌细胞不断地生成 ROS，如超氧阴离子和过氧化氢，并在肌肉内扩散。超氧阴离子和过氧化氢作为信号分子，可改变细胞机能。而羟自由基则是在氧化还原活性的游离铁和其他转化金属存在时通过芬顿（Fenton）化学反应生成的，并很快与周围的生物分子起反应。肌肉内衰老性铁积累有助于氧化损伤增强和衰老性肌萎缩。氧化应激反应和肌肉功能之间的联系的证据是，外源性氧化剂的增加或抗氧化剂的营养缺失使得肌肉的收缩功能减少。由于肌肉功能障碍的氧化应激作用，可能会导致蛋白质的氧化。最近的研究表明，肌肉不活动，不仅抑制西罗莫司的目标（AKT－mTOR）通路（激活蛋白质合成），同时也能激活 NF－κB 和 FOXO 途径（激活蛋白降解的途径），致使肌肉萎缩加剧。

蛋白质的退化主要是受核因子 κB（NF－κB）的通路和 FOXO 的途径影响。NF－κB 通路的激活炎性细胞因子，尤其是肿瘤坏死因子 α，这是在炎症条件和恶病质（一种慢性疾病，通常是伴随着全身肌肉萎缩）下升高。FOXO 途径是触发自由基和 AMP 激活的蛋白激酶（AMPK），因为细胞内 AMP 激活使 ATP 的消耗增加。NF－κB 和 FOXO 通路的激活导致基因 atrogin－1/MAFbx 和 MuRF1 上调，这两个基因编码的 E3 泛素连接酶，因此这些基因的上调增加蛋白质的降解通过泛素—蛋白酶体系统。有研究发现，在各种条件下发生的肌肉萎缩都伴随着 E3 泛素连接酶基因 1（Atrogin－1）表达的增强。E3 泛素连接酶是泛素—蛋白酶体降解系统中的核心成员，其功能在于调控细胞多种生理进程。泛素—蛋白酶体可能在严重损伤、脓毒血症及癌症等各种分解代谢病人的肌肉萎缩发生发展中起重要作用。

（二）衰老性肌萎缩对健康体适能的影响

Fleg JL（1988）研究显示骨骼肌减少症会直接导致老年人体力活动减少以及其认知水平的下降。另外，Roubenoff 研究证明骨骼肌减少症也会促进骨质疏松、骨关节炎等疾病的发展，也是导致老年人残疾和行动障碍的重要因素之一，其一系列的并发症也将进一步影响老年人的生活质量，并加剧给社会带来的负担。

增龄性骨骼肌减少症的发生与增龄性肌纤维丧失、体力活动的减少、激素水平的下降、营养缺乏等密切相关。治疗上通过调节饮食、替代给药、抗阻力量运动改善增龄性骨骼肌减少症和患者神经肌肉功能逐渐减退的情况。

三、衰老性肌萎缩的运动干预

运动训练可以作为一种有效干预手段减弱甚至扭转因衰老而造成的肌肉质量和功能的下降。研究证明适宜的运动训练特别是抗阻训练可以激活骨骼肌周围的肌卫星细胞，使之增殖并向成肌卫星细胞转化，使骨骼肌细胞的体积和质量增大，肌纤维的百分含量增加，形成新的骨骼肌。如翁锡全等以无负重（抗阻训练模型Ⅰ组）、30%（抗阻训练模型Ⅱ组）、50%（抗阻训练模型Ⅲ组）和 70%（抗阻训练模型Ⅳ组）最大负重等 4 种强度对 19 月龄的衰老大鼠进行 8 周抗阻训练，发现抗阻训练模型的各组肌纤维排列相对整齐，且抗阻训练模型Ⅱ组、Ⅲ组和Ⅳ组实质横截面积和肌蛋白含量均显著大于对照组（$P<0.05$，$P<0.01$）（见表 7－2 和表 7－3）。

表 7－2 抗阻训练对大鼠腓肠肌蛋白含量的影响

组别	n	腓肠肌蛋白质含量（mg/g）
安静组对照	8	22.43 ± 3.40
抗阻训练模型Ⅰ组	7	22.37 ± 4.63
抗阻训练模型Ⅱ组	7	29.16 ± 4.85**##
抗阻训练模型Ⅲ组	8	29.55 ± 2.67**##
抗阻训练模型Ⅳ组	8	29.44 ± 6.15**##

注：* $P<0.05$，** $P<0.01$，与安静对照组相比；# $P<0.05$，## $P<0.01$，与抗组训练模型Ⅰ组相比。

（引自翁锡全等，2013）

表 7－3 抗阻训练对大鼠腓肠肌纤维横截面（CSA，μm^2）的影响

组别	n	总 CSA	空泡 CSA	实质 CSA
安静对照组	8	4 654.28 ± 213.88	1 198.96 ± 58.45	3 455.32 ± 206.55
抗阻训练模型Ⅰ组	7	4 216.71 ± 301.34	673.76 ± 31.99*	3 542.94 ± 285.32
抗阻训练模型Ⅱ组	7	4 703.79 ± 282.00	289.09 ± 30.10**#	4 404.70 ± 237.64**#
抗阻训练模型Ⅲ组	8	4 629.29 ± 228.56	319.55 ± 23.17**#	4 309.74 ± 219.55**#
抗阻训练模型Ⅳ组	8	4 944.17 ± 270.68	497.21 ± 72.00**#	4 446.96 ± 231.33**#

注：*$P<0.05$，**$P<0.01$，与安静对照组相比；#$P<0.05$，##$P<0.01$，与抗阻训练模型Ⅰ组相比。

（引自翁锡全等，2013）

一般来说，不经常参加体育运动的人在 20～25 岁达到最大肌肉力量，以后每 10 年将会损失 10% 左右的肌肉重量和肌肉力量。研究表明衰老性肌萎缩与氧化应激增强、蛋白质代谢失衡以及线粒体机能下降等诸多方面密切相关。运动训练能减少肌肉丢失，目前对抗阻训练的效果较为普遍接受。孟思进研究发现抗阻运动可使小鼠腓肠肌 GPX 活性显著升高，能诱导肌肉肥大，增强蛋白质合成信号分子的活性，逆转了衰老性肌质量下降，还能增强线粒体机能；抗阻运动与组合运动能显著增加老年小鼠骨骼肌内西罗莫司靶蛋白（mTOR）、p70s6k 和 ERK1/2 活性和股直肌线粒体呼吸链酶复合体Ⅰ、Ⅲ、Ⅳ的活性。激活蛋白激酶 B（Akt）/ mTOR 可促进肌肉蛋白质合成，Akt 也可抑制蛋白质分解和凋亡。抗阻运动增大骨骼肌质量主要是通过增强 IGF21/ Akt / mTOR 信号通路的表达来实现的，但没有明显影响骨骼肌线粒体的机能。抗阻健身锻炼主要是通过负重进行的一系列关节全活动度的运动练习，锻炼者在负重运动中应当保持正确的身体姿势并且避免闭气。许多运动干预的研究报道，老年人从事抗阻健身锻炼后，其骨骼肌力量具有显著性提高，但是增加的幅度由于抗阻健身锻炼方案的不同而不一样。此外，抗阻健身锻炼和年龄增长具有交互作用。在大量的有关抗阻运动对老年人肌肉力量影响效果的研究文献中，Peterson 等对符合 meta-analysis 要求的 47 项研究结果进行系统的定量分析（meta-analysis），结果表明，抗阻训练对老年人肌肉力量的影响是有效的。Roubenoff 研究显示机体活动量比较少的老年人，他们的骨骼肌质量比较小，发生骨骼肌减少性疾病的概率就明显升高。Kostek 等通过对受试者进行 10 周强度为 1RM 的伸膝运动显示，运动后骨骼肌质量和骨骼肌力量均明显增加。Bross 等总结报告显示，经过 3～4 个月的抗阻力量运动可以提高老年人骨骼肌的质量。所以抗阻力量运动是针对衰老过程中延缓骨骼肌质量下降的一种良好的干预措施。抗阻训练结合蛋白补充能够有效地提高肌肉蛋白合成代谢的水平，亮氨酸和晶氨酸是较有效的肌肉合成的代谢刺激剂。研究发现，抗阻训练结合蛋白质补充可以有效地增强年轻人和老年人肌肉蛋白的合成，而在训练前1 h 补充同样剂量的蛋白补剂时（4.5 g 精氨酸，相当于 10 g 乳清蛋白），年轻人在训练后的 1.5 h 蛋白代谢达到峰值，而老年人则要到训练后的 3～5 h 后达到高峰。

第三节 骨质疏松与运动干预

人体骨骼是动态变化的组织，大约每年有 10 % 的骨骼被更新。骨形成、骨吸收和静止三个阶段构成了骨的重建过程；骨转换的过程即是破骨细胞不断清除旧骨，成骨细胞形成类骨质并进行矿化的过程，这两个过程在时间和空间上紧密耦联并发生在同一重建单位中。整个骨吸收—骨重建过程受成骨细胞调控。骨量的多少取决于同一骨重建单位中骨形成与骨吸收的平衡。当这一平衡被破坏，骨吸收大于骨形成时，就导致了骨质疏松症的发生。老年人的骨骼结构发生变化，骨骼和肌肉出现不同程度的萎缩。骨骼的弹性韧性减弱、脆性增加，骨质疏松，容易骨折及愈合较缓慢。老年人的骨质疏松现象严重，60 岁以上的男性占 10%，女性占 40%；65 岁以上，男性占 21%，女性占 66%；80 岁以上几乎都有骨质疏松。肌肉则表现为肌肉萎缩，弹性及韧性变差，肌肉工作能力下降，易疲劳，70 岁时的肌力是年轻时的 60%。实验证明运动训练可以改善骨代谢，预防和延缓骨质疏松症的发生和发展从而达到骨骼健康的目的。

一、骨质疏松的概念

骨质疏松是影响老年人生活质量的一大问题，随着人口老龄化的不断加剧，这个问题变得越来越突出。骨质疏松症（osteoporosis）是一种系统性的骨病，其特征是骨量下降和骨的微细结构破坏，表现为骨的脆性增加，骨折的危险性显著性增加，即使是轻微的创伤或无外伤的情况下也容易发生骨折。老年性骨质疏松症是指发生在老年和绝经期后妇女的骨质疏松症。随着年龄增加，人体内单位体积骨组织的量低于正常值，骨小梁间隙增大，骨基质减少。

骨质疏松可分为原发性骨质疏松症、继发性骨质疏松症和特发性骨质疏松症三大类。目前认为可能有以下几方面：①机械应力作用产生电位变化，压电指在某些晶体受压时可产生电流效应，Wolman（1994）提出压电及电位流变化；②负荷使骨无机盐可溶解度变化；③前列腺素释放增多；④骨骼供血量增加；⑤微损伤刺激了修复过程，成骨大于失骨；⑥甲状腺机能，血游离甲状腺素浓度下降，基础代谢也降低，适应性地保存部分能量；⑦血浆皮质醇浓度升高，交感肾上腺素系统张力增强。

二、骨质疏松对健康体适能的影响

许多研究材料表明，在生长发展中的骨骼，较低和中等强度的运动负荷就可显著增加密质骨和小梁骨密度和骨量。研究表明，负重和冲击性体育运动项目，如跑跳投等田径项目、网球和垒球等球类项目，都有助于增加骨峰值量。秦林林等（1999）在北京地区抽样调查了 757 例年龄在 15 ~ 50 岁之间的正常健康人，发现中国男性一般在 25 岁左右达到峰值骨量，而女性则稍向后推迟 2 ~ 3 年；运动水平高者的峰值骨量与运动水平低者的之间差异显著。William 等对 20 名成年长跑者进行了跟踪观察，在系统训练 9 个月后测定受试者跟骨的骨矿物质的含量，结果发现骨矿量平均增加了 3. 11%。Snow-Hater 等发现 20 名成年女性在 8 个月的慢跑训练后，骨密度平均增加 1. 3%。可见运动负荷对成年人骨骼的作用主要是保存骨量或一定时间段内少量增加骨量。研究表明运动员的高骨密度优势与非运动者相比可保持到老年。目前几乎所有研究都提示适量运动对运动员骨骼有利，但不同运动专项的不同特点仍待进一步研究。Eliakim 等研究发现 2 h/d，5 d/周，共 5 周的游泳运动与对照组相比，血清骨钙素、B 型血清碱性磷酸酶和Ⅰ型前胶原羧基端前肽等骨形成生化标志物的含量显著升高，而骨吸收生化标志物Ⅰ型胶原交联 N 末端肽显著下降，显示出这种运动方式对骨健康有益。

常见于军事野营训练军人和长跑运动员，尤其是马拉松运动员中的持续性超强度运动训练会引起骨骼负载超荷，导致其微细结构的破坏。这些骨微损伤随时间不断积累，如得不到时间改建修复会导致骨强度下降，甚至发生疲劳性骨折。青少年女运动员过量运动训练并加上饮食的控制会导致月经失调，出现与激素相关的骨形成的抑制，即骨量和骨密度下降。KusKinen 等的实验研究亦证实过量运动对骨骼的负面影响，小鼠从14 d 龄开始训练，每天跑 80 min，12 周时股骨较对照组粗大；但若持续训练到 21 周或者每天跑台训练延长到 120 min 后，股骨反而比对照组细小。

三、骨质疏松的运动干预

业已证明，运动干预能增加骨密度及减少骨钙的流失，预防和延缓骨质疏松的发生，从而延缓衰老的进程。

（一）运动干预对骨质疏松的作用

适宜的体育运动都有助于减少跌倒机会，从而减少骨质疏松骨折的发生。不同方式的长期规律性运动均可使骨密度增加，骨折发生率降低。全身振动训练可明显提高腰椎 L2 ~ L4和股骨颈骨密度，长期进行木兰拳练习的围绝经期妇女的腰椎（L2 ~ L4），股骨颈（FN）、股骨近端（FTRO）和 WARDS 区（FWI）的骨密度明显高于久坐工作者，长期跑步、骑车等以下肢为主的运动方式可明显增加下肢骨密度，游泳以提高上肢及躯干部骨密度占优势，而有氧、抗阻、柔韧等多种方式组合可明显提高全身多部位骨密度。研究表明，老年人经常坚持步行、爬楼梯、下蹲和负重等活动，可显著降低骨质疏松骨折的危险性；老年人平均每天参加一小时或以上的体育锻炼比平均每天参加少于半小时活动的人的股骨骨折发生率减少一半；运动能有效地减少骨质疏松症病人摔倒的概率，从而有效预防骨质疏松性骨折；长期习练太极柔力球运动的围绝经女性脊柱的骨密度明显增加。近年来在国际刊物上连续报道了在华人地区流行的老年太极拳运动，有助于保持耐力，改善肌力，防止神经肌肉协调功能的减弱，从而有效防止骨质疏松和骨质疏松性骨折，并提高老人的生活质量。运动干预由于能增加骨骼肌力量，骨骼肌对骨的牵拉作用增加，有效改善骨的废用状态，直接刺激成骨细胞增加骨生成量，增强骨密度，修复骨结构，因此，运动对预防骨质疏松有着重要意义。Brown 等研究发现 6 个月肌力训练后，腰椎骨密度增高。运动还可以增加与骨形成相关的调节激素（如雌激素、雄激素、甲状旁腺激素等）和细胞因子的浓度，降低引起骨吸收相关的调节激素和细胞因子的浓度，从而使体内的血钙和磷达到动态平衡。研究发现有氧运动可明显提高更年期女性雌性激素水平，长期进行低强度有氧运动则可降低绝经期妇女的甲状旁腺激素水平，有利于骨的生成与抑制骨的吸收过程。白细胞介素 -1 和白细胞介素 -6 促进骨吸收，研究表明运动可降低这类细胞因子水平，延缓破骨细胞活性，使骨量丢失减少。1995 年美国运动医学学院发表有关骨质疏松与运动锻炼的指导性报告，强调：①负重运动是骨骼正常发育和保持骨量的关键，能增加肌肉力量的运动对骨骼尤其是对非负重性骨骼都有积极作用；②女性可普遍通过参加体育运动增加一定的骨量，但主要的益处是避免非运动性的骨量快速丢失；③不应以增加运动锻炼来取代停经初期的激素替代疗法；④老年人最理想的运动锻炼应包括增加肌力、柔韧性和协调性的运动成分，从而可间接地但有效地减少摔倒和由其造成的骨质疏松性骨折。可见，体育运动防止骨质疏松和骨质疏松骨折的策略应是全身性的，包括力量和有氧运动练习。由于伴随年老出现了肌力和骨强度下降、关节退化和反应速度减低等身体变化，年轻人可接受的大强度和高冲击性运动老年人并不适宜，尤其是田径和某些具有跑跳投动作的球类运动。

（二）运动对骨质疏松预防的生化机制

（1）运动能提高钙阈值和钙吸收效应。钙缺乏是造成骨质疏松的主要原因，运动能增加钙的需求量，即提高了钙阈值，这时补钙效果较好；相反，要是长期不运动，使骨质对钙的需求量减少，此时如大量补钙，钙会从尿中排出。另外，要是在户外运动有充足阳光，可增加维生素 D 的产生，进一步促进钙的吸收。

（2）运动可增加骨血流量引起骨形成。钙易在酸性环境下溶解，一旦血流量降低，局部血流酸化，就会导致骨溶解和骨萎缩，而运动可以增加骨血流量。

（3）运动增加性激素的分泌促进骨的生长。研究证明适度中等强度运动尤其是力量训练可促进睾酮和雌激素的分泌，性激素与骨代谢密切相关，睾酮和雌二醇能促进骨蛋白质的合成，骨基质总量增加，使骨盐沉积保留、骨质增厚、骨骺融合，从而促进骨的生长发育。围绝经期妇女由于卵巢功能减退，雌激素水平急剧下降，致骨基质形成不足，影响钙盐沉积，使骨量丢失加速，骨质疏松症患病率明显高于同年龄男性。骨质疏松症的发生发展呈渐进性，早期常无先兆症状而被忽视，而目前临床上多数治疗药物和方法只能使骨小梁增粗、增厚，不能使断裂的骨小梁再连接，因此该病的预防比治疗更为重要。研究表明运动可通过直接刺激和肌肉牵拉等机制增加骨负荷，刺激骨形成。

本章小结

衰老通常指生物发育成熟后，在正常情况下机体随年龄的增加，内环境稳定力下降，结构、组分逐步退行性变，趋向死亡这一不可逆转的现象。衰老是机体发展的自然规律，衰老机体的生化变化主要是机体自由基的堆积增加，抗自由基的能力下降，线粒体 DNA 的缺少，体内免疫能力降低等，由于机体骨骼和肌肉生化成分发生改变，因此容易引起骨骼肌萎缩、骨质疏松等症状。自由基是指在电子外层轨道上带有一个或几个不成对电子的分子、原子、离子或基团。凡是自由基，无论是不带电荷的分子或原子，还是带正电荷或负电荷的离子，其共同特征就是带有不成对的电子。自由基的不稳定性特征会引起机体氧化损伤，加快衰老的发生。采用适度的运动干预可以使机体产生各种生物化学等适应性变化，如抗氧化系统能力的提高，表现为抗氧化酶的活性提高，自由基减少，这样能更好地维持体内氧化还原状态的平衡。运动能提高免疫系统能力从而预防疾病的产生，还可以改善骨代谢，预防和延缓肌肉萎缩和骨质疏松症的发生和发展从而达到骨骼健康的目的，进而达到延缓衰老的效果。随着人体生物年龄的增加，其骨骼肌在不断地萎缩，表现为以质量快速下降、肌力减退等退役性病变，直接导致骨骼肌系统功能衰退，引起人体运动和平衡能力下降、步行缓慢、骨骼脆性增大且易骨折等一系列症状的综合征，被称为“骨骼肌减少症”或“老年骨骼肌减少症”。骨质疏松症是一种系统性的骨病，其特征是骨量下降和骨的微细结构破坏，表现为骨的脆性增加，骨折的危险性显著性增加，即使是轻微的创伤或无外伤的情况下也容易发生骨折。运动对骨质疏松预防的生化机制为：运动能提高钙阈值和钙吸收效应，可增加骨血流量引起骨形成，并可增加性激素的分泌促进骨的生长。

思考与练习

1. 何谓衰老？简述衰老发生的机制。

2. 什么叫骨质疏松症？简述运动对骨质疏松预防的机制。如何通过运动来预防骨质疏松从而达到延缓衰老的目的？

3. 随着年龄的增加机体骨骼肌质量减少，试述某一种类型的运动对预防老年肌肉减少症的作用。

4. 什么叫自由基？简述衰老的自由基学说。

5. 分析运动延缓衰老的作用机理。

第八章

常见病运动康复的生化分析

近30多年来，国民经济飞速发展，人民生活水平随之不断提高。与此同时，科技进步带来日常生活的便利，人们的生活方式和行为习惯也发生极大改变，“静生活”时间大大增加。在尽享现代文明成果的同时，一些因不良生活方式导致的疾病，即所谓的“文明病”，如肥胖症、糖尿病、血脂异常、高血压、高尿酸血症等也悄然侵袭着人们的身体，危害着人们的健康甚至生命。由于这类疾病的病因及病理机制复杂，治疗困难且常不能完全有效。治疗的有效性主要取决于对这类疾病生化或病理生理机制认识的程度、早期确诊及在发展至不可逆的组织损伤或并发症之前尽早治疗。大量研究结果显示：体育锻炼对预防、缓解或治疗这类慢性疾病或病理过程具有显著作用，目前，运动疗法正作为一种经济而健康的治疗手段，在“文明病”的康复治疗中发挥积极作用而备受重视。本章主要针对运动康复在几种常见病治疗中的作用效果及其机理进行阐述。

第一节　肥胖症运动康复的生化分析

自20世纪60年代以来，超重和肥胖问题日趋严重，无论是发达国家还是发展中国家，肥胖人群在全世界范围内迅速扩大，且向低龄化发展，迄今为止，全球超重（含肥胖）人群已占全球人口的1/3，中国有3亿人“超重”，4 600万“肥胖”成人，是世界上仅次于美国的第二肥胖人口大国。大量研究结果表明，肥胖是由特定的生化因子引起的一系列进食调控和能量代谢紊乱性疾病，与2型糖尿病、血脂异常、高血压、冠心病、卒中和某些癌症等多种疾病的发生、发展密切相关，被世界卫生组织（WHO）确定为第五大影响人类健康的危险因素。肥胖症及其相关疾病损害患者身心健康，导致生活质量下降，预期寿命缩短，因此，如何保持合理的体成分比例，避免超重和肥胖及如何健康有效减肥已成为当今保健医学、预防医学、临床医学、康复医学关注的焦点。

一、肥胖症概述

多种原因使人体内脂肪积聚过多即为肥胖，肥胖不仅影响形体美观，而且给生活带来诸多不便，更重要的是容易引起多种并发症，加速衰老和死亡。

（一）肥胖症的概念、分型及其临床表现

肥胖症（obesity）是由包括遗传和环境因素在内的多种因素相互作用所引起的，以体内脂肪堆积过多和（或）分布异常、体重增加为表现特征的慢性代谢性疾病。肥胖症按发病原因分为原发性肥胖（单纯性肥胖）和继发性肥胖，其中单纯性肥胖约占肥胖总数的99%，病因不明，与遗传、饮食结构不当和体力活动不足等因素密切相关。继发性肥胖症约占肥胖症的1%，由某些疾病如库欣综合征、原发性甲状腺功能减退症、下丘脑性肥胖、多囊卵巢综合征等或服用抗精神病药、糖皮质激素等药物引起。此外，还可根据脂肪的体内分布分为腹型（或中心性）肥胖和外周性肥胖。腹型肥胖的脂肪主要分布在内脏和上腹部皮下，多见于男性，因此，又称男性型肥胖。外周性肥胖的脂肪主要分布于下腹部、臀部和股部皮下，多见于女性，又称女性型肥胖。腹型肥胖者发生糖尿病、高脂血症、高血压、代谢综合征等的危险性较大，外周性肥胖者减肥较为困难。

肥胖症见于所有人群任何年龄，主要表现为大量脂肪沉着，通常分布于脐周、肩、上肢前侧和下腹等躯干部，严重时上肢后侧及背部也出现大量脂肪。轻度肥胖症患者除形体受影响外多无明显症状。中重度肥胖症可出现气急、关节痛、肌肉酸痛、肌肉无力、体力差、耐久力差、动作迟缓、缺少活力等身体状态异常以及焦虑、忧郁等心理精神状态异常。重度肥胖症患者由于胸壁和腹部大量脂肪堆积可影响呼吸时胸廓和膈肌的运动，使肺通气换气功能受阻，导致动脉血氧饱和度下降和血中二氧化碳浓度升高，且会在睡眠时加重，严重时在睡眠过程中发生阻塞性呼吸暂停，出现持续性低氧和高二氧化碳血症等睡眠—呼吸紊乱表现，临床上称之为肥胖性换气不足综合征或称为匹克威克综合征（Pickwickian Syndrome），表现为呼吸困难，不能平卧，间歇或潮式呼吸，脉搏加

快，出现发绀、浮肿、神志不清、嗜睡、昏睡等。肥胖症女性还可出现月经异常、卵巢功能不全、不育症或妊娠高血压综合征。

此外，肥胖症患者的胆囊疾病、高尿酸血症和痛风、骨关节病、静脉血栓、某些癌肿（女性乳腺癌、子宫内膜癌、男性前列腺癌、结肠和直肠癌等）等的发病率增高，容易发生麻醉或手术并发症。肥胖症及其一系列慢性伴随病、并发症严重影响患者健康、正常生活、工作能力机会，甚至寿命。

（二）肥胖症的诊断标准

肥胖症的诊断内容主要包括测量身体肥胖度、脂肪百分率和脂肪分布，其中脂肪分布对预测心血管疾病的危险性更为准确。

肥胖度的评估方法有多种，常用方法有身体质量指数（body mass index，BMI）、腰围或腰臀比和理想体重法等。BMI 是目前国际上判定肥胖度的最重要指标，计算公式为：BMI ＝体重（kg）÷身高^2（m^2）。研究表明，除肌肉发达及年龄很大和很小的人以外，多数人的 BMI 与身体的脂肪百分率明显相关，能较好反映机体的肥胖程度。腰围或腰臀比（waist-hip ratio，WHR）能反映身体的脂肪分布，是衡量腹型肥胖的主要指标，计算方法：腰臀比（WHR）＝腰围长度（cm）÷臀围长度（cm）。由于亚洲人身材普遍矮小，而中国人的族群特征表现为整体感觉偏瘦，但腹部较易堆积脂肪，因此，国际生命科学学会中国肥胖问题工作组（WGOC）根据我国大规模人群调查数据，于 2003 年提出了中国成年人判断超重和肥胖程度的界值（见表 8－1），2010 年中国卫生部将 WGOC 所推荐的标准确定为国家标准。

表 8－1 中国成人超重和肥胖的身体质量指数和腰围界限值与相关疾病* 危险的关系

分类	BMI（kg/m^2）	腰围（cm）		
		男：<85 女：<80	男：85～95 女：80～90	男：≥95 女：≥95
体重过低**	<18.5	……	……	……
体重正常	18.5～23.9	……	增加	高
超重	24.0～27.9	增高	高	极高
肥胖	≥28	高	极高	极高

注：* 相关疾病指高血压、糖尿病、血脂异常和危险因素聚集；** 体重过低可能预示有其他健康问题。

此外，还可用身体密度测量法、生物电阻抗测定法或双能 X 线（DEXA）吸收法等准确测定体脂总量并计算脂肪组织重量占体重的百分比，男性体脂百分比大于 25% 以上，女性体脂百分比大于 30% 以上即为肥胖。

二、肥胖症的病因、危害及其生化分析

人体脂肪的积聚总是由于能量摄入超过能量消耗，即无论多食或消耗减少，或两者兼有，均可引起肥胖。大量研究表明，肥胖的发生是多种因素相互作用的结果。

（一）肥胖症的病因

肥胖症的主要致病因素包括遗传、环境两大类。

1. 遗传因素

研究发现肥胖症有家族聚集倾向，但其遗传机制未明，也不能排除家族共同饮食以及活动习惯的影响。近年发现某些单基因（如瘦素基因、瘦素受体基因等）突变可引起顽固性肥胖，但这类肥胖症极为罕见，绝大多数肥胖症是复杂的多基因系统与环境因素综合作用的结果。

2. 环境因素

饮食和体力活动是影响人体脂肪积聚的主要环境因素，调查数据显示中国近年超重和肥胖流行的主要原因包括传统饮食的改变、体力活动时间的减少和静态生活方式的增加。坐位生活方式、体力活动不足使能量消耗减少，进食多、喜甜食或油腻食物等不良饮食习惯使摄入能量增多，饮食结构也对人体脂肪积聚产生影响，在超过生理热量需求的等热卡食物中，脂肪比糖类更易引起脂肪积聚，全国营养调查资料显示：过去 20 年里膳食中宏量营养素的比例和来源发生了明显变化，动物性食物来源的热量摄入从 1982 年的 8% 增长到 2002 年的 25%。某些营养素缺乏也可引发肥胖，如维生素 B_6、维生素 B_{12}、烟酸等摄入不足，将不同程度地影响脂肪分解，使体内脂肪堆积，产生肥胖。缺钙也可导致肥胖，当膳食钙摄入减少导致机体缺钙时，1，25－二羟维生素 D_3的合成增加，引起钙流向脂肪细胞内，促使脂肪合成增加，水解减少，最终导致脂肪聚集。而环境因素中社会生活或民族风俗文化可通过饮食结构、饮食习惯和生活方式等影响相关人群肥胖率的高低。

遗传和环境因素引起脂肪积聚的机制至今尚未完全明确，目前普遍接受的是“节俭基因假说”（Neel，1962）。节俭基因是指参与“节俭”的各个基因的基因型组合，它使人类在食物短缺时能有效利用食物能源而生存下来，但在食物供应极为丰富的当今社会环境下却会引起（腹型）肥胖和胰岛素抵抗。目前发现的节俭基因（腹型肥胖易感基因）包括 β_3－肾上腺素能受体基因、激素敏感性脂酶基因、过氧化物酶体增殖物激活受体 γ（PPARγ）基因、浆细胞膜糖蛋白 1（PC－1）基因、胰岛素受体底物－1（IRS－1）基因、糖原合成酶基因等。

（二）肥胖对健康的影响

人体脂肪堆积会带来一系列生理功能的改变，研究表明肥胖（特别是腹型肥胖）与糖尿病之间关系密切，也是引起多种心血管疾病如血脂异常、高血压、冠心病、脑卒中和某些癌症等的重要因素。长期肥胖对机体产生的主要危害如下：

1. 肥胖与 2 型糖尿病

BMI 过高是 2 型糖尿病发病的主要危险因子，随 BMI 的升高，糖尿病发病率成倍增加，与 BMI 小于 21 的同性别相比，BMI 大于 35 的女性和男性患糖尿病的危险性分别升高 93 倍和 42 倍。人体脂肪分布也影响糖尿病发病，如果腰围大于 102 cm，即使 BMI 正常，糖尿病的发病率提高 3.5 倍。肥胖患者体内脂肪代谢加强，血浆游离脂肪酸

(FFAs) 浓度增加，导致肝脏摄取胰岛素的能力降低，影响肝对糖的摄取利用，而循环血液中胰岛素浓度增加，可引起组织细胞胰岛素受体表达下调，产生胰岛素抵抗。随着FFAs浓度的持续增加，胰腺靠代偿性分泌胰岛素增加来维持正常血糖水平，而当病情继续发展，正常血糖水平将不能维持，导致高血糖症和糖尿病。

2. 肥胖与心脑血管疾病

多数肥胖症患者体内脂质代谢发生紊乱，出现以血胆固醇与甘油三酯增加为特征的血脂异常，长期可导致动脉粥样硬化性心脑血管疾病。肥胖症患者由于脂肪组织大量增加，机体耗氧量增加，导致循环血量和心室充盈量增加，使心脏长期负荷过重，引起结构改变，发生心脏离心性肥大，当心输出量的增加合并外周血管阻力增加时，将导致高血压的发生，肥胖高血压患者的舒张压和收缩压均升高，其升高程度与肥胖程度平行。长期血压升高可引起左心室壁增厚，产生向心性肥大。此外，左心室肥大还可增加心律失常的发生概率。

3. 肥胖与生殖功能紊乱

体重大于理想体重160%的男性，性腺功能降低、血浆睾酮降低、雌激素水平升高，可出现女性化乳房。而女性肥胖则可引起月经紊乱、不孕等。

4. 其他

肥胖症患者活动困难，日常生活受到影响，此外，肥胖影响形体美观，形成精神负担和自卑心理，妨碍社会交往。

三、肥胖症运动康复的生化分析

肥胖症的发生与遗传和环境有关，而环境因素的可变性使肥胖症的防治成为可能。改变不良的饮食习惯，长期坚持规律的全身性运动，建立健康的生活方式是预防和治疗肥胖症的关键环节，仅在必要时才需辅以药物或手术治疗。

（一）肥胖症运动康复的生化原理

鉴于体重及身体成分受遗传因素和营养、运动负荷等多种环境因素的影响，人体控体重主要考虑环境因素，早在1976年美国运动医学会就提出了减脂的负热量平衡原理。该原理认为，如果人体的能量消耗小于摄入食物的能量，剩余能量就以体脂形式贮存，体重增加；反之，如果适当减少热量摄取，并采取适当负荷的运动增加能量消耗，机体将动用体脂保持热能平衡，从而可达到减脂控制体重的目的，因此，治疗肥胖症的两个基本环节是减少热量摄取及增加热量消耗。

肥胖症的运动疗法是在控制总热量摄入基础上进行的。由于脂肪在体内大量氧化分解供能的前提是充足的氧供和脂肪氧化相关酶的高活性，因此，有氧运动是运动减脂的基础。研究发现，低热量膳食对短期快速减肥控体重有明显效果，而有氧运动则对长期减肥控体重效果明显，如能结合力量训练则可使减脂效果更好。运动可调节能量平衡，降低体脂，保持合理的身体成分，重塑体形，并有利于体质改善和减少体重反弹现象。根据刺激—反应—适应的生物学原理，人体进行长期有规律的运动训练后，在形态、结构、生物化学和机能等方面将发生一系列适应性变化。肥胖者经过长期有氧运动训练，体内脂肪酶的活性可产生适应性增高，有氧运动过程中呼吸商开始下降的时间逐渐提前，长期的有氧耐力运动还会使慢肌纤维发生适应性肥大，骨骼肌毛细血管网增多，毛细血管内皮细胞表面积扩大，肌肉动用脂肪供能能力提高，长期可使体脂重减少。研究发现，运动或体力活动具有对抗体脂和肥胖的遗传因素的作用，因此，遗传缺陷型肥胖症患者也可通过适当运动调控体脂和体重。一般情况下，轻微的体力活动就能使机体多消耗10%～20%的能量，剧烈运动时消耗的能量可达静息状态下的几倍到数十倍，且运动后的高代谢率状态可持续1～2 h以上。1 h步行、跑步或游泳的能量消耗是静坐时的几倍到几十倍。其原因主要是运动一方面引起儿茶酚胺等激素分泌增加，激活激素敏感性脂肪酶，加快脂肪组织的脂解；另一方面使6－磷酸葡萄糖脱氢酶的活性降低，α－磷酸甘油脱氢酶活性提高，加速α－磷酸甘油氧化分解，使细胞内α－磷酸甘油含量减少，脂肪合成降低。此外，长期规律性有氧运动产生的运动适应可增强骨骼肌对脂肪酸的摄取能力，提高安静时的脂肪代谢率，通过调节机体能量平衡使体成分发生变化，改善体脂分布，减少腰腹部脂肪堆积，并有助于避免肥胖反弹，从而降低糖尿病、高血压和血脂异常等疾病的发生概率。

（二）肥胖症运动康复方法的生化分析

运动减脂效果受运动强度、运动持续时间、运动频率、运动项目等多种因素的影响，且存在较大的个体差异。因此，必须在实施运动减脂前针对个体进行机能评定，制定个体化运动处方，以保证减脂效果。

1. 运动治疗目标

一般肥胖症患者体重减轻5%～10%，就能明显改善各种与肥胖相关的心血管病的危险因素以及并发症。肥胖症患者在实施运动减脂时应根据实际情况制定合理的减肥目标，不提倡在短期内过分或过快降体重。目前较为安全的最大减脂速度推荐量是每周减重0.5 kg，按此速度长期坚持，每个月约可减重2 kg，一年可减重24 kg，当达到正常的体重体脂要求时应坚持进行体重维持性运动。此外，对肥胖症要进行鉴别诊断，继发性肥胖症患者还需强调病因治疗。

2. 运动方式

大肌肉群参与的节奏性低阻力动力型有氧运动是一直以来提倡的减脂运动方式，如快步行走、慢跑、游泳、自行车、健美操、水中运动等，这类运动有助于维持机体的能量平衡、增强耐力、提高心肺功能，或长期保持而令肥胖者的体重不反弹。不同个体可以按其肥胖程度、身体状况、个人兴趣等选择合适的项目。值得一提的是水中进行的有氧运动是较好的减脂手段，除能改善有氧运动能力外，由于水的浮力作用，可使关节承受的负荷减轻，而水的良好导热性可随时把运动产热排掉。水中运动形式多样，除游泳外，还可进行水中行走、跑步、跳跃、球类游戏等。非竞赛性球类运动既能持续消耗能量，锻炼肌肉，娱乐性高，还可达到良好的减脂效果，合适的球类项目有乒乓球、羽毛球、排球、篮球等。以上这类运动项目长期进行可改善人体的有氧耐力素质，对血清脂质、脂蛋白代谢有积极的影响。持续、规律的有氧运动可使血TC、TG、LDL浓度降低，

HDL浓度升高，通过改善血液脂质异常能间接起到抗动脉粥样硬化的作用。

在有氧运动的基础上安排一定量的抗阻性力量训练，可增强运动减脂的效果，其原因是力量性训练可加速各类肌纤维特别是快肌纤维的增加，使机体瘦体重增加，肌肉能量消耗能力加强，提高机体安静和运动时的代谢率，同时使体形更加健美。

3. 运动强度和运动时间

运动量是确保减肥有效的关键所在，由运动强度和运动时间决定，其中运动强度起主要作用。

进行有氧训练时运动强度是决定运动时脂肪氧化分解程度的主要因素。减脂运动须控制在乳酸阈值以下的中小强度负荷，以保证运动中高的脂肪供能比例。研究发现在进行50%～70%最大摄氧量（VO_2max）强度运动时，脂肪氧化的速率处于理想状态。运动强度可用心率来控制，心率计算的经验性公式为：

$$最大心率=220-年龄$$

一般在进行有氧健身运动时，要求心率达到最大心率的60%～70%。但肥胖症患者在运动疗法的初期以达到最大心率的50%为宜，以后可逐渐增加，以运动疲劳经10～20 min休息后可恢复正常为宜。要达到有效减脂，应保证足够的运动时间，每次运动持续时间至少20 min以上，一般以60 min为宜，也可达1～2 h。具体运动持续时间的确定应配合运动强度进行调节，运动强度大时，时间应稍短，运动强度小时，时间应稍长。日本爱知大学运动医疗中心提出运动强度为40%～60%最大摄氧量，每次运动2 h有较好的减肥效果。如果减肥目标速度控制在每周0.5 kg，以运动作为主要减肥方式，则每天必须氧化分解消耗的热能约2 093 kJ（约500kcal）。小强度运动时，假设每分钟净能量消耗为10.5 kJ，则需要运动持续200 min。如果以每周0.3 kg或0.2 kg的速度减肥，分别需运动持续120 min和80 min。因此，为达到运动减脂的效果，必须保证足够的运动持续时间，运动持续时间过短，由于脂肪酸氧化酶系统的活性动员很慢，往往不易达到减脂效果。

进行力量练习时可取最大肌力的60%～80%，重复20～30个/次，每隔2～3周增加运动负荷。

4. 运动的频率及时间安排

根据运动中能量供应的生化原理与肌纤维对运动的适应性变化，减脂运动必须长期坚持、有规律地进行才能达到好的效果而不反弹。一般有氧运动安排是3～5次/周，最好每天1次。同时可隔天安排一次力量练习。

5. 运动康复的注意事项

①进行系统锻炼前，要评价心血管功能状况及有无心血管系统并发症，必要时进行心血管功能负荷试验，以确定最大心率或最大摄氧量，然后确定运动强度，保证运动锻炼的安全有效。②运动减肥必须持之以恒。③运动结合饮食控制和生活方式的改变是减体脂的最佳方式。

（三）肥胖症运动康复案例（资料来源：杨毅，2010年）

（1）对象。某健身俱乐部中年女性会员30名，平均年龄42.17岁±1.45岁。

（2）有氧健身操运动处方。实施26周的有氧运动处方（见表8－2）。

表 8-2　26 周的有氧运动处方

运动周数	第 1~2 周	第 3~4 周	第 5~10 周	第 11~26 周
运动阶段	准备阶段Ⅰ	准备阶段Ⅱ	正式阶段Ⅰ	正式阶段Ⅱ
热身运动	5 min	5 min	5 min	5 min
有氧健身操	30 min	40 min	50 min	60 min
整理运动	5 min	5 min	10 min	10 min
间歇时间/次数	5 min/1 次	5 min/1 次		
运动频数	3 次/周	4 次/周	4 次/周	4 次/周

（3）运动强度。准备阶段：采取最大心率的 55% ~ 75% 运动强度，适宜运动心率为 100 ~ 130 b/min；正式阶段：取最大心率的 65% ~ 85%，适宜运动心率 115 ~ 150 b/min。

（4）有氧锻炼前后身体肥胖度相关指标的变化。经过对某健身俱乐部中年女性实施 26 周的有氧运动处方，结果表明有氧锻炼能有效地改善其身体成分、形态，可降脂塑形，对减轻体重、缩减腰围、降低肥胖度具有显著的作用（见表 8-3）。

表 8-3　有氧锻炼前后身体肥胖度相关指标的变化

指标	有氧锻炼前	有氧锻炼后
身高（cm）	163.2 ± 15.23	163.3 ± 5.23
体重（kg）	63.7 ± 5.03	58.6 ± 5.11*
体脂百分比（%）	26.9 ± 3.82	21.4 ± 3.79*
体重指数	23.9 ± 2.42	22.0 ± 2.38*
腰臀比	83.1 ± 3.76	80.2 ± 3.64*
上臂部皮褶（mm）	19.1 ± 3.86	14.5 ± 3.62*
肩胛下角皮褶（mm）	21.3 ± 3.91	16.4 ± 3.74*
腹部皮褶（mm）	27.4 ± 5.40	22.0 ± 5.27*
胸围（cm）	87.3 ± 3.32	85.9 ± 3.26
腰围（cm）	77.2 ± 3.56	72.4 ± 3.53*
臀围（cm）	93.1 ± 4.30	90.3 ± 4.02
大臂围（cm）	25.5 ± 2.46	23.6 ± 2.31*
大腿围（cm）	51.4 ± 4.14	48.3 ± 3.95*

注：* $P<0.05$，与锻炼前比。

第二节　糖尿病运动康复的生化分析

随着我国现代经济的发展及城市化进程的加速，人们的生活方式发生了巨大改变，糖尿病患病率显著增加，尤其近 10 年，糖尿病流行情况更为严重，且呈年轻化趋势。根据 2010 年中国国家疾病控制中心和中华医学会内分泌学分会调查显示，我国 18 岁以上人群糖尿病患病率为9.7%，可能是世界上糖尿病患病人数最多的国家。糖尿病不仅给患者造成痛苦，使其生活质量下降，寿命缩短，病死率增高，也给家庭和社会带来沉重的负担，并已成为社会性公共卫生问题，因此，应积极加以防治。

一、糖尿病概述

糖尿病在传统中医中称为“消渴症”，是一种终身性代谢性疾病，目前认为肥胖是糖尿病的主要危险因素，长期血糖增高可导致眼、肾、神经、心脏、血管等组织的慢性进行性病变，引起功能缺陷、衰竭甚至死亡。

（一）糖尿病的概念、分型及其临床表现

糖尿病（diabetes mellitus，DM）是一种以慢性血葡萄糖（简称血糖）水平增高为特征的代谢性疾病。机体在多种遗传和环境因素的共同作用下造成胰岛素分泌和（或）功能缺陷，导致糖、脂肪、蛋白质等的物质代谢和能量代谢紊乱，长期可引起多器官系统损害，出现眼、肾、神经、心脏、血管等组织器官的慢性进行性病变、功能减退甚至衰竭，病情严重或应激时可发生急性严重代谢紊乱，如糖尿病酮症酸中毒（DKA）、高血糖高渗状态等。

目前，临床上仍采用WHO糖尿病专家委员会提出的病因学分型标准（1999），将糖尿病分为4种类型，即1型糖尿病（T1DM）、2型糖尿病（T2DM）、妊娠期糖尿病和其他特殊类型糖尿病。T1DM和T2DM是糖尿病的主要类型，其中，又以T2DM多见，在所有糖尿病患者中约占90%。

糖尿病病程呈慢性进行性，多数病人特别是T2DM早期无明显症状，随着疾病逐渐进展、血糖升高后，出现糖尿病典型的“三多一少”临床表现，即多尿、多饮、多食、体重减轻（消瘦）。多尿是因血糖升高，大量葡萄糖从肾小球滤出致尿渗透压增高，阻碍了肾小管对水的重吸收，大量水分随糖排出形成多尿。患者排尿次数和尿量明显增多，每日尿量可达3～5 L，有的甚至可高达10 L。因多尿丢失大量水分从而出现口渴、多饮。由于患者的胰岛素作用不足，体内的葡萄糖不能充分利用而自尿中丢失，为了补偿损失的糖分，维持机体活动，患者多有饥饿感，从而导致食欲亢进，易饥多食，同时，患者体内葡萄糖不能充分利用，蛋白质和脂肪消耗增多，加之失水，可致体重减轻、乏力和消瘦。有些患者无任何症状，仅于健康检查或因其他疾病就诊化验时发现高血糖。长期糖尿病患者或糖尿病控制不良可引发多种并发症，主要包括急性严重代谢紊乱、感染性并发症和慢性并发症。

急性严重代谢紊乱是指糖尿病酮症酸中毒和高血糖高渗状态。糖尿病酮症酸中毒（DKA）是T1DM患者最常见的糖尿病急症。常见诱因是胰岛素治疗中断或不适当减量、感染、创伤、手术、妊娠和分娩等，由于胰岛素绝对缺乏，糖、脂、蛋白质三大营养物质代谢紊乱，血糖明显升高，脂肪分解加强，但由于糖代谢障碍，草酰乙酸不足，脂肪酸在肝脏经β-氧化产生的大量乙酰辅酶A不能进入三羧酸循环氧化供能而合成酮体；同时由于蛋白合成减少，分解增加，血中成糖、成酮氨基酸均增加，使血糖、血酮进一步升高。早期出现血酮升高（酮血症）及尿酮排出增多（酮尿症），患者呼吸中有酮味（烂苹果味），随着酮体中β-羟丁酸和乙酰乙酸消耗体内碱储备，血pH值下降，出现酮症酸中毒，病情进一步发展，可出现神志障碍、昏迷甚至死亡。目前糖尿病酮症酸中

毒延误诊断和缺乏合理治疗而造成死亡的情况仍较常见。高血糖高渗状态则多见于老年T2DM患者，以严重高血糖、高血浆渗透压、脱水为特点，常有不同程度的意识障碍或昏迷，血糖可达33.3～66.8 mmol/L，此症病情危重，病死率高于DKA。

糖尿病慢性并发症病变可遍及全身各重要器官，各种并发症可单独出现或以不同组合同时或先后出现。糖尿病慢性并发症包括两类。

（1）大血管病变：动脉粥样硬化侵犯主动脉、冠状动脉、脑动脉、肾动脉和肢体动脉等体内大血管，引起冠心病、缺血性或出血性脑血管病、肾动脉硬化、肢体动脉硬化等。肢体外周动脉粥样硬化主要发生在下肢动脉，导致肢体供血不足，出现下肢疼痛、感觉异常和间歇性跛行等表现，严重时，可发生肢体坏疽而致残。

（2）微血管病变：是微小动脉和微小静脉之间、管腔直径在100/μm以下的毛细血管及微血管网发生微循环障碍和微血管基底膜增厚，主要发生在视网膜、肾、神经和心肌组织，其中视网膜病是糖尿病致盲的主要原因。糖尿病慢性并发症的危险性随着病程的延长而增加，由于T2DM可能存在无症状的长期高血糖，故多数T2DM患者在确诊时多有慢性并发症，而脑血管动脉粥样硬化或糖尿病肾病是大多数糖尿病患者的致死原因。

（二）糖尿病的诊断标准

目前参照中华医学会糖尿病学分会《中国2型糖尿病防治指南（2013年版）》中新修订的标准诊断糖尿病，如表8－4所示。

表8－4　糖尿病的诊断标准

诊断标准	静脉血浆葡萄糖水平（mmol/L）
（1）典型糖尿病症状（多饮、多尿、多食、体重下降） 加上随机血糖检测 或加上	≥11.1
（2）FPG检测 或加上	≥7.1
（3）OGTT：葡萄糖负荷后2 h血糖检测 无糖尿病症状者，需改日重复检查	≥11.1

注：随机血糖是指不考虑上次用餐时间，一天中任意时间的血糖；FPG：是指空腹血糖，空腹状态指至少8 h未进食摄取热量；OGTT：口服葡萄糖耐量试验。

此外，糖化血红蛋白（HbA1c）作为糖尿病的诊断指标之一，其检测较OGTT简便易行，结果稳定，变异性小，且不受进食时间及短期生活方式改变的影响，患者依从性好。2011年WHO建议在条件具备的国家和地区采用HbA1c指标来诊断糖尿病。但目前我国的HbA1c检测方法尚不普及，标准化程度不够高，因此并不推荐采用HbA1c诊断糖尿病，在有条件进行HbA1c标准化检测且质量控制严格的医院，HbA1c大于6.5%以上可作为诊断糖尿病的参考指标。

二、糖尿病的病因、危害及其生化分析

糖尿病的病因和发病机制极为复杂，至今未完全阐明。胰岛素由胰岛β细胞合成和

分泌，经血循环到达体内各组织器官的靶细胞，通过与膜上特异受体结合而发挥调控细胞内物质代谢过程的作用，整个过程中任何一个环节发生异常均可导致糖尿病。不同类型糖尿病的病因不尽相同，即使在同一类型中也存在着异质性。

（一）糖尿病的病因

糖尿病不是单一病因引起的疾病，而是遗传、自身免疫、环境因素等复合病因引起的综合征。

1. 遗传因素

糖尿病的发生有明显的遗传易感性，尤以 2 型糖尿病（T2DM）明显。

2. 环境因素

（1）病毒感染：风疹病毒、腮腺炎病毒等感染直接损伤胰岛 β 细胞，可迅速大量破坏 β 细胞或使细胞发生微细变化、数量逐渐减少。此外，病毒感染还可损伤胰岛 β 细胞而暴露其抗原成分，启动自身免疫反应，加重胰岛 β 细胞损伤。

（2）化学物质作用：某些药物如链脲佐菌素、吡甲硝苯脲（一种灭鼠剂）等进入人体可直接损伤（大剂量、急性损伤）或通过自身免疫反应（小剂量、慢性损伤）破坏胰岛 β 细胞。

3. 自身免疫

90% 新诊断的 T1DM 患者血清中存在胰岛细胞抗体，因此胰岛细胞自身抗体检测可预测 T1DM 的发病及确定高危人群，并可协助糖尿病分型及指导治疗。

4. 生活方式

进食过多高热量饮食、肥胖、体力活动减少是患者发病的重要因素。

以上多种病因引起的胰岛素绝对或相对不足，胰岛素的作用减弱，可伴有胰岛素拮抗激素如胰高血糖素、生长激素等的水平升高，导致多种物质代谢和能量代谢的障碍，主要涉及糖、脂肪和蛋白质的代谢紊乱，并伴有水、电解质和酸碱平衡失调。

在糖尿病自然进程中，不论其病因如何，都会经历几个阶段。疾病可能已存在一段很长时间，最初血糖正常，之后血糖随疾病进展而变化。首先出现空腹血糖和（或）负荷后血糖升高，但尚未达到糖尿病诊断的标准，称为葡萄糖调节受损（IGR），代表正常葡萄糖稳态和糖尿病高血糖之间的中间状态。在血糖达到糖尿病诊断标准后，某些患者可通过控制饮食、运动、减肥和（或）口服降血糖药而使血糖得到理想控制，不需胰岛素治疗；随着病情进展，一些患者需用胰岛素控制高血糖，但不需要胰岛素维持生命；而有些患者胰岛细胞破坏严重，已无残存分泌胰岛素的功能，则必须用胰岛素维持生命。

（二）糖尿病对健康的影响

糖尿病及其并发症可引起多种症状和体征，急性高血糖所致的症状和体征可发生于糖尿病的任何阶段，而与慢性并发症相关的症状和体征则可能在发生高血糖 10 年后才开始出现，糖尿病对人体健康造成的最大危害在于其并发症，并发症的出现和发展是患者致残、致死的主要原因。

三、糖尿病运动康复的生化分析

糖尿病是一种终身性慢性疾病，治疗也须是终身性的，强调早期和长期、积极而理性以及治疗措施个体化的原则，患者的行为和自我管理能力是糖尿病控制是否成功的关键。国际糖尿病联盟（IDF）提出的糖尿病治疗的综合性措施包括：医学营养治疗、运动疗法、血糖监测、药物治疗和糖尿病知识教育，其中运动疗法对糖尿病的治疗、控制尤为重要。

（一）糖尿病运动康复的生化原理

规律运动有助于控制血糖，减少心血管病危险因素，对糖尿病高危人群一级预防效果显著，流行病学研究结果显示规律运动 8 周以上即可将 T2DM 患者 HbA1c 降低 0.66%，坚持规律运动 12 ~ 14 年的糖尿病患者病死率显著降低。糖尿病运动康复的生化原理可归纳为以下几点。

1. 耐力运动可加强胰岛素对运动中血糖的调节作用，增加肌肉对胰岛素的敏感性

糖是肌肉收缩的主要能源物质之一。安静时，人体骨骼肌的主要供能物质来源于脂肪组织的游离脂肪酸，糖仅占少量；运动时，肌肉能量需求增加，同时，运动促使全身血流重分布，肌肉血流量增加，毛细血管开放数量增加，强化了胰岛素与肌细胞膜上受体的结合力，导致少量胰岛素就能使葡萄糖进入肌细胞，而长期有规律的耐力运动还可使肌肉内参与糖代谢的相关酶活性提高，促进肌肉对糖的利用，使血糖浓度下降。因此，经常性的耐力运动可使肌细胞膜上的胰岛素受体功能增强，改善组织细胞与胰岛素的结合能力，可在胰岛素浓度较低时保持较正常的血糖代谢，即增强了胰岛素的作用敏感性。对于 T1DM 患者可减少胰岛素用量，对 T2DM 患者则可通过提高肌肉组织利用胰岛素的能力，减轻或消除“胰岛素抵抗”现象。

2. 耐力运动可改善脂质代谢和调节体重

耐力运动使机体对血液游离脂肪酸的利用率增加，有利于促进脂肪代谢，减少体脂，控制体重，有利于患者整体代谢功能的恢复。长期坚持规律运动还可提高体内脂蛋白脂肪酶的活性，降低极低密度脂蛋白（VLDL），增加高密度脂蛋白（HDL），有利于糖尿病患者改善血脂异常，从而预防或减少心脑血管并发症的发生。同时，随着体重的减轻，患者对胰岛素的需求量相应下降。

3. 耐力运动可增加肌肉毛细血管的密度

肌肉毛细血管的密度增加可扩大肌细胞与胰岛素及血糖的接触面，改善血糖利用。同时，运动可增加有氧代谢酶的活性，改善糖的分解利用，使血糖水平下降，糖耐量曲线改善。

4. 耐力运动可提高大脑和神经的功能

研究发现，糖尿病患者遇事容易紧张。运动可使人体调节情绪的能力增强，有利于消除紧张，保持体力。

5. 运动可以提高糖尿病患者的心肺功能和体质水平，增强抵抗力，减少感染的机会

无论是 T1DM，还是 T2DM，运动都可通过增加机体组织的胰岛素敏感性从而提高葡萄糖利用率，达到降低血糖，减少降糖药物的用量的目的，经常参加运动有利于改善血糖控制能力、调节体脂和血脂、降低血压，运动还有积极的心理作用，可消除精神紧张，使心情愉悦，促进睡眠。

（二）糖尿病运动康复方法的生化分析

大量研究显示，运动量的大小与糖尿病的患病危险性之间存在明显的剂量—反应关系，因此须在专业医生的指导下进行运动锻炼。除病情尚未得到控制的重度糖尿病患者外，一般轻至中度的糖尿病患者均可进行运动疗法，特别是肥胖型患者。应根据年龄、性别、体力、病情及有无并发症等个体情况，制定运动康复处方，循序渐进地进行长期有规律的运动。

1. 运动治疗目标

糖尿病患者运动疗法的近期目标是通过控制高血糖和相关代谢紊乱来消除糖尿病症状和预防急性代谢并发症的发生，远期目标是通过良好的代谢控制来预防慢性并发症，提高患者的生活质量。

2. 运动方式

糖尿病运动疗法首选有氧耐力运动项目，如散步、快走、慢跑、打球、游泳、太极拳、爬山、自行车等，要求尽量选择让全身大部分肌肉群参与的运动，不要只集中于某些肌肉，这样，有利于加强全身肌肉对葡萄糖的利用。同时还要兼顾运动的有趣性以及是否简单方便，以利长期坚持，使机体产生适应性变化，达到治疗的目的。不同运动项目还可组合、交换，但患者应避免参与高强度、高对抗性、高刺激性和竞技性较强的体育项目，如快跑、快速游泳、滑冰、击剑、网球、滑雪、摩托车、汽车、航海或举重等，以防过度疲劳和兴奋，引起交感神经及胰岛 α 细胞过度活跃，糖原分解加速和血糖升高。

对于病情较轻而稳定的年轻患者，开始时的运动方式可采用柔软体操、慢跑等使身体适应，然后再进行中等强度的动力性、周期性运动，并配合肌肉力量运动。对于肥胖者的运动量可适度增加，但要注意运动量需逐渐增加，特别要注意加强上、下肢和核心肌群的运动能力，以适应中等强度运动的需要。而老年患者宜采用散步、快走、慢跑、慢游泳、太极拳等运动。

3. 运动强度和运动时间

研究发现，每天 30 min 中等强度运动可使 T2DM 的患病危险性降低 58%。要达到理想的治疗效果，肌肉应获得足够的刺激强度但又不至产生血糖急剧波动等副作用，运动时间和运动强度应控制在适宜范围，以不感到疲劳为度，运动负荷不能过小，也不能过大，一般要比日常活动强，为达到改善代谢和心血管功能的目的，适合糖尿病患者的运动强度通常选择中等强度，即相当于 50% ~60% 最大摄氧量，或以 70% ~80% 最大心率（HRmax）作为靶心率。无条件做运动试验时，可用以下公式推算：

运动靶心率 = 安静心率 + 安静心率 ×（50% ~70%）

或170或180减年龄的余数作为运动时的靶心率。

运动时间可自10 min开始，逐步延长至30~40 min，运动中宜适当休息，但达到靶心率的累计时间一般以20~30 min为佳。因为运动时间过短，达不到改善骨骼肌代谢和心血管系统功能及有效影响体能的目的；而运动时间过长，易产生疲劳诱发酮症，加重病情。

4. 运动的频率及时间安排

长期坚持每天或一周数日定时进行体育锻炼是糖尿病运动疗法产生疗效的关键。运动的频度需根据运动强度的大小而定。如果运动强度较大，间歇可稍长，但若间歇时间超过3~4 d，则运动效果积累效应下降，已获得改善的胰岛素敏感性会随之消失，难以产生治疗效果，故运动频率以每周运动3~5次为宜，如果能坚持每天运动1次最为理想。

糖尿病患者的运动时间一般安排在餐后1~2 h内进行，有研究发现餐后90 min进行运动，其降糖效果最好。T1DM患者接受胰岛素治疗时，常可能处于胰岛素相对不足和胰岛素过多之间。在胰岛素相对不足时进行运动可使肝葡萄糖输出增加、血糖升高；而在胰岛素相对过多时运动则使肌肉摄取和利用的葡萄糖增加，有可能诱发低血糖反应。故对T1DM患者，体育锻炼最好安排在上午时间段，运动量不宜过大，持续时间不宜过长。对T2DM患者（尤其是肥胖症患者），适当运动有利于减轻体重、提高胰岛素敏感性，但如有心、脑血管疾病或严重微血管病变者，则应按具体情况做妥善安排。

5. 注意事项

参加运动治疗的患者应首先在医生的帮助下对自身身体状况及主要生理、生化指标做出评价，判断是否适合进行运动治疗。对血糖控制很差，有较严重的大血管并发症、眼底病变、肾病或有应激情况者（包括各种感染，心或脑血管病变尚未稳定时，糖尿病酮症酸中毒或高渗性昏迷的恢复期），应尽量避免运动或减少运动量。运动治疗应遵循医生指导、科学计划、量力而行、持之以恒、循序渐进及注意血糖监测的原则。同时应将运动治疗与药、膳疗法有机结合，达到综合治疗的目的。

第三节　血脂异常运动康复的生化分析

血脂异常一般与肥胖症、高血压、冠心病、糖耐量异常或糖尿病等疾病同时存在或先后发生，其对健康的危害主要在心血管系统，长期血脂异常可导致动脉粥样硬化。世界卫生组织（WHO）近年的统计资料显示，缺血性心脑血管病（包括冠心病和缺血性脑卒中）是中高收入国家或城市乃至全球的第一大致死原因，其疾病基础即为动脉粥样硬化。目前中国人群的血脂水平和血脂异常患病率尚低于多数西方国家，据《中国居民营养与健康现状（2004年）》报道，我国成人血脂异常患病率已达18.6%，估计患病人数1.6亿，随着社会经济的发展，人民生活水平的提高和生活方式的变化，人群血脂异常的发生率将逐步升高。因此，防治血脂异常对延长寿命、提高生活质量具有重要意义。

一、血脂异常概述

血脂异常即人体内脂蛋白的代谢异常，是多种心脑血管疾病最重要的危险因素之一，主要通过加速全身动脉粥样硬化，对身体造成隐匿性、渐进性、全身性和器质性的损害。

（一）血脂异常的概念、分类及其临床表现

血脂是血浆中的中性脂肪（甘油三酯和胆固醇）和类脂（磷脂、糖脂、固醇、类固醇）的总称。血脂异常指血浆中脂质量和质的异常。由于脂质不溶或微溶于水，在血浆中必须与蛋白质结合以脂蛋白的形式存在，因此，血脂异常实际上表现为脂蛋白异常血症。血脂异常是体内脂质代谢紊乱或转运异常所致的血浆中一种或几种脂质高于正常的代谢性疾病，通常表现为血浆或血清中总胆固醇（TC）、甘油三酯（TG）、低密度脂蛋白—胆固醇（LDL-C）升高和（或）高密度脂蛋白—胆固醇（LDL-C）降低。由于检测手段的改进及人们对脂质认识的深入，血脂异常作为一种常见的慢性疾病，出现过不同的名称，如高脂血症、高脂蛋白血症、脂质异常血症等，其中高脂血症使用时间长且简明通俗，至今仍然广泛沿用。但目前临床上倾向于采用血脂异常名称以较全面和准确地反映血脂代谢紊乱的状态。

血脂异常有多种分类方法，但目前临床上从实用角度简单地将血脂异常分为高胆固醇血症、高甘油三酯血症、混合性高脂血症和低高密度脂蛋白胆固醇血症。

血脂异常可见于不同年龄、性别的人群，某些家族性血脂异常甚至可发生于婴幼儿期。长期血脂异常，体内脂质可浸入并在身体某些部位或组织沉积，可出现如下临床表现：

1. 黄色瘤、早发性角膜环和脂血症眼底改变

黄色瘤由脂质在真皮局限性沉积而致皮肤表面出现局限性隆起，呈黄色、橘黄色或棕红色，结节、斑块或丘疹形状，质地较柔软，最常见的是眼睑周围扁平黄色瘤。早发性角膜环出现于40岁以下，多伴有血脂异常。严重的高甘油三酯血症可产生脂血症眼底改变。

2. 动脉粥样硬化

脂质常常侵入血管内皮（特别是大或中动脉血管壁）并沉积、集聚，促使动脉内膜平滑肌细胞和纤维细胞增生，导致动脉粥样硬化，引起心脑血管和周围血管病变。某些家族性血脂异常可于青春期前患冠心病，甚至心肌梗死。严重的高胆固醇血症有时可出现游走性多关节炎，严重的高甘油三酯血症可引发急性胰腺炎，出现相应的症状和体征。

很多血脂异常患者无任何症状和异常体征，常于体检或常规血液生化检查时被发现，而一般人在发现血脂异常后由于没有特殊的临床表现，并未引起重视，通常只有在引起冠心病、高血压、脑卒中等时，才意识到血脂增高的危害。

（二）血脂异常诊断标准

空腹状态下（禁食12~14 h）血浆或血清总胆固醇（TC）、总甘油三酯（TG）、LDL和HDL中的胆固醇含量（LDL-C和HDL-C）是最常检测的生化指标。根据《中

国成人血脂异常防治指南（2007 年）》，血脂异常的主要生化指标诊断标准见表 8 - 5。

表 8 - 5　血脂异常的主要生化指标诊断标准

	合适范围	边缘升高	升高	降低
血清 TC	<5.18 mmol/L (200 mg/dL)	5.18 ~ 6.19 mmol/L (200 ~ 239 mg/dL)	≥6.22 mmol/L (240 mg/dL)	
血清 LDL - C	<3.37 mmol/L (130 mg/dL)	3.37 ~ 4.12 mmol/L (130 ~ 159 mg/dL)	≥4.14 mmol/L (160 mg/dL)	
血清 TG	<1.70 mmol/L (150 mg/dL)	1.70 ~ 2.25 mmol/L (150 ~ 199 mg/dL)	≥2.26 mmol/L (200 mg/dL)	
血清 HDL - C	≥1.04 mmol/L (40 mg/dL)			<1.04 mmol/L (40 mg/dL)

注：TC 是所有脂蛋白中胆固醇的总和，TG 是所有脂蛋白中甘油三酯的总和。LDL - C 和 HDL - C 分别指 LDL 和 HDL 中的胆固醇含量。

二、血脂异常的病因、危害及其生化分析

血脂异常是一类常见的慢性代谢性疾病，除少数由全身性疾病所致（继发性高脂血症），绝大多数是由遗传基因缺陷（或与环境因素相互作用）引起（原发性高脂血症），其常见的致病原因如下。

（一）遗传基因的缺陷

已经发现某些基因突变可以导致家族性高脂血症，如家族性 LPL 缺乏症和家族性 Apo CⅡ缺乏症患者由于 CM、VLDL 降解障碍可引起Ⅰ型或Ⅴ型脂蛋白异常血症；家族性高胆固醇血症患者由于 LDL 受体和 Apo CⅡ基因缺陷可导致血浆 CM 和 VLDL 中的甘油三酯水解障碍，引起严重的高甘油三酯血症。但多数高脂血症是由多基因与环境因素综合作用的结果。

（二）环境因素

①营养因素：饮食中的脂肪和（或）胆固醇含量过多是引起血脂异常的常见原因，此外，还有喜食高糖食物、酗酒等；②肥胖：体脂增加可致肝脏输出 VLDL 增加，使全身的胆固醇合成增加，引起肝内胆固醇池扩大从而抑制 LDL 受体的合成；③年龄增加；④体力活动不足；⑤吸烟；⑥性别：雌激素能增加 LDL 受体的活性，在 45 ~ 50 岁绝经前，女性血胆固醇低于男性，但绝经后则高于男性，与女性绝经后体内雌激素减少有关。

（三）全身系统性疾病

如糖尿病、甲状腺功能减退症、库欣综合征、肝肾疾病、系统性红斑狼疮、骨髓瘤等可引起继发性血脂异常。

（四）药物

长期大量使用糖皮质激素可促进脂肪分解、血浆 TC 和 TG 水平升高。

无论何种病因，若引起脂质来源、脂蛋白合成、代谢过程关键酶异常，降解过程、受体通路障碍等，均可能导致血脂异常，常表现为血脂增高。血脂异常的主要危害是导致动脉粥样硬化。

正常人空腹 12 h 后血清中几乎无 CM。TG 增高的水平主要反映血中 VLDL 含量，VLDL 是由肝脏合成，TG 含量约占 55%，转运 TG 至外周组织，经脂酶水解后释放游离脂肪酸，LDL 由 VLDL 转化而来，是致动脉粥样硬化的始动和维持的基本因素。血液中的胆固醇约 60% 存在于 LDL 内，大多数 LDL 在肝细胞和肝外组织由 LDL 受体介导被摄取进行代谢。血液中大量存在的 LDL 可通过血管内皮进入血管壁内，内皮下滞留的 LDL 可被修饰成氧化型 LDL（Ox - LDL），被巨噬细胞吞噬后形成泡沫细胞，后者不断增多、融合，便构成了动脉粥样硬化斑块的脂质核心。大量研究提示，在动脉粥样硬化形成的过程中，会持续发生一系列的慢性炎症反应，该病对身体的损害是隐匿性、渐进性和全身性的，直接损害是导致动脉粥样硬化，由于全身各组织器官均依靠动脉供血、供氧，一旦重要器官动脉被粥样斑块堵塞，供血相关部位的组织器官产生缺血甚至坏死，可导致严重后果，其中最常见的致命性疾病是冠心病和脑卒中。HDL 具有抗动脉粥样硬化的作用，由肝脏和小肠合成后进入血液，能将胆固醇从周围组织（包括动脉粥样硬化斑块）逆转运到肝脏进行再循环或以胆酸的形式排泄，它还通过抗炎、抗氧化和保护血管内皮功能而发挥其抗动脉粥样硬化的作用，研究发现肥胖者 HDL - C 多数偏低，吸烟可使 HDL - C 下降；而少量饮酒和体力活动可升高 HDL - C。糖尿病、肝炎和肝硬化等疾病状态可伴有低 HDL - C。高甘油三酯血症患者也多伴有低 HDL - C、TG 升高，可能是通过影响 LDL 或 HDL 含量，而导致动脉粥样硬化的作用。

此外，严重乳糜微粒血症可导致急性胰腺炎，是另一致命性疾病。血脂异常也是促进血压增高、糖耐量异常、糖尿病的一个重要危险因素。在高 TG 患者中，47% 合并有超重或肥胖，33.7% 合并有高血压，9% 合并有糖尿病，8.4% 合并有低 HDL - C 血症，男女两性高 TG 血症者同时伴有其他“经典”心血管病危险因素者均高达 70% 以上，其伴有危险因素的个数明显高于无高 TG 血症者，血脂异常还可导致脂肪肝、肝硬化、胆石症、胰腺炎、眼底出血、失明、周围血管疾病、跛行、高尿酸血症等。

三、血脂异常运动康复的生化分析

目前国内外对于血脂异常的治疗方案主要包括非药物治疗和药物治疗，而非药物治疗中治疗性生活方式的改变（TLC）是控制血脂异常的基本和首要措施。TLC 主要针对血脂异常的可控危险因素如饮食、缺乏体力活动和肥胖，在饮食结构调整基础上实施运动疗法可进行体重控制、增强体能，达到减体脂、改善血脂异常、防治缺血性心脑血管疾病的目的。

（一）血脂异常运动康复的生化原理

运动疗法是治疗血脂异常的重要环节。研究表明适度的体能锻炼既能促进能量消耗，还可改善血浆脂蛋白成分，降低血液中 TC、TG、LDL - C 水平，升高 HDL - C 水平，从而达到纠正血脂异常的目的。血清 HDL－C 每增加 0.40 mmol/L（15 mg/dL），冠心病危险性可降低 2%～3%。已知血浆脂蛋白中脂质代谢在运动中供能意义不大，仅占总 TG 供能的 5%，因此，一次或短期运动不能明显降低血浆 TG 水平，长期规律性的耐力运动才能达到改善血脂异常的效果，由于体内脂质及脂蛋白代谢过程极为复杂，长期规律性耐力运动调整血脂异常的可能机制如下：

（1）血中游离脂肪酸是机体进行持久活动所需的能源物质，长时间耐力运动时骨骼肌中脂肪酸氧化代谢供能占总能耗的比例增加，使其摄取血中游离脂肪酸（FFA）增加，从而促进脂肪水解和脂肪动员。此外，长期规律性耐力运动还使骨骼肌组织产生结构和功能适应性改变，毛细血管密度增加、慢肌纤维占肌肉比例增大、肌内线粒体数量增加及体积增大、肌中脂代谢相关酶活性增强等，使肌肉利用脂肪的能力增强，全身体脂下降，从而使安静时进入到血中的脂肪酸下降，降低内源性 TG（VLDL，LDL）的浓度。

（2）脂肪水解作用在脂肪酶的作用下进行，脂肪酶的活性受到多种激素的调节，其中肾上腺素、去甲肾上腺素等儿茶酚胺类激素可激活脂肪酶，有促脂解作用；胰岛素则抑制其活性，具有直接抗脂解作用。长时间耐力运动时交感肾上腺素能系统兴奋性提高，血浆中儿茶酚胺类激素的浓度明显升高，胰岛素浓度降低，脂肪酶激活，促使脂肪组织中脂肪动员增强。

（3）脂蛋白脂酶（LPL）可催化 CM 和 VLDL 的核心 TG 分解为脂肪酸和单酸甘油酯，供组织氧化供能和贮存，它还参与 VLDL 和 HDL 之间的载脂蛋白和磷脂的转换，长期规律性耐力运动可使心肌、骨骼肌等多种组织细胞内的 LPL 合成适应性增加，使结合至毛细血管内皮的 LPL 得到补充，血浆中甘油三酯分解增加，加速 CM 和 VLDL 从血中清除，升高 HDL 水平，同时，长期规律性耐力运动可降低肝脂酶的活性，使肝释放出的 VLDL 减少，从而有效地改善血浆脂蛋白的成分。

（4）长期规律性耐力运动可促进肝组织细胞中卵磷脂胆固醇脂酰基转移酶（LCAT）的合成及释放入血液的量增加，LCAT 多与 HDL 结合，促进血中胆固醇代谢，将 HDL 中卵磷脂的 C2 位不饱和脂肪酸转移给胆固醇，生成溶血卵磷脂和胆固醇脂，从而降低血胆固醇的浓度。

（二）血脂异常运动康复方法的生化分析

血脂异常的运动疗法可避免药物治疗的诸多副作用，获得较好的治疗效果，且优于单纯的饮食控制，在实施的易行性和经济节省化方面具有药物治疗和饮食控制不可比的优越性。

1. 运动治疗目标

血脂和脂蛋白代谢紊乱与动脉粥样硬化及由此引发的缺血性心脑血管病密切相关，纠正血脂异常的主要目的在于降低缺血性心脑血管病（冠心病和缺血性脑卒中）的患病率和死亡率。《中国成人血脂异常防治指南（2007 年）》建议：首先根据是否有冠心病等危症以及有无心血管危险因素，结合血脂水平来综合评估心血管病的发病危险，将人群进行血脂异常危险分层评估，（低危患者指 10 年内发生缺血性心血管病的危险性为小于 5%；中危患者指 10 年内发生缺血性心血管病的危险性为 5%～10%；高危患者为冠心病或冠心病等危症，10 年内发生冠心病的危险性为 10% ~15%；极高危患者指急性冠状动脉综合征，或缺血性心血管病合并糖尿病，冠心病包括急性冠状动脉综合征、稳定性心绞痛、陈旧性心肌梗死、有客观证据的心肌缺血、冠状动脉介入治疗及旁路移植术后的患者。血脂异常以外的心血管病主要危险因素包括：①高血压；②吸烟；③低 HDL－C 血症；④肥胖；⑤早发缺血性心血管病家族史；⑥年龄为男性 45 岁以上，女性 55 岁以上。此外，代谢综合征的存在也增加了发生心血管病的危险）危险性越高，则调脂治疗应越积极。继发性血脂异常应以治疗原发病为主，但原发性和继发性血脂异常可能同时存在，因此，治疗措施应是综合性的，以治疗性生活方式改变为首要的基本的治疗措施。其次根据血脂异常患者心血管病的危险等级指导临床治疗措施及决定 TC 和 LDL－C 的目标水平。血清 TG 的理想水平是小于 1.70 mmol/L（150 mg/dL），HDL－C 的理想水平为 1.04 mmol/L（40 mg/dL）以上。

2. 运动方式

由于受脂肪水解和脂肪动员作用、脂肪酸的运输、骨骼肌对血浆游离脂肪酸的摄取及脂肪酸分解过程复杂等诸多因素的影响，运动时机体利用脂肪供能的输出功率较低，因此脂肪只作为长时间、中低强运动时的主要能源物质。因此，血脂异常患者宜依据各自的体力和爱好来选择中低强度、长时间周期性大肌群参与的运动方式，如散步、慢跑、骑自行车、游泳、健美操、太极拳、气功等。可采取有氧运动与力量练习相结合的方式。近年美国疾病控制预防中心和美国运动医学会推荐小量、短时、多次、累计完成总的运动时间和运动量积累，同样可以取得较好的效果。

3. 运动强度和运动时间

运动强度采用中等强度，现在认为改善脂代谢所需运动强度应低于改善心肺功能的强度，为 40% ~60% VO_2max 强度或 60% ~ 70% HRmax，力量练习为最大举重量的 80%，每次活动达到靶心率的时间应有 20 ~30 min，运动开始前应做 10 min 的准备活动，使心血管及四肢关节、韧带、肌肉渐渐适应，活动终止前也应有 10 min 的结束活动。力量练习：每次 45 min。

4. 运动的频率

训练宜从小量开始，逐渐增至所要求的运动量，循序渐进。训练效应至少需要 8 周才较显著。而且停训后又恢复到训练前状态。因此，要求患者持之以恒，才能保持运动效果，达到运动治疗高血脂异常的目的。有氧运动 3 ~5 次/周，力量练习每周 1 次。

5. 运动注意事项

血脂异常患者尤其是高龄、体胖、有心血管病倾向、平时不活动者在开始锻炼时，要咨询医务人员的意见和指导，必要时在监护下进行，以免运动不适应或发生意外，待锻炼一段时间后，患者了解了运动的基本情况，掌握了如何自我监督的方法，同时也确定了比较适宜的运动处方后，可以逐渐减少或撤除监护，或建立定期的联系，以便及时调整运动方案。

患者要在运动锻炼过程中定期监测血脂等，运动、饮食和药物是影响高脂血症的主要手段，在锻炼期间必须注意三者的协调问题。既要饮食控制，又不能缺乏营养，保证足够的身体需要，同时也要注意及时调整药物剂量，尽量以最小量的化学药物，和最大的生理性措施达到最有效的治疗效果。同时还要注意有些降脂药物兼具降压、降心率的作用，在制订运动处方时如以心率为运动强度指标时尤需注意。

第四节 高血压病运动康复的生化分析

高血压是最常见的心血管疾病，患病率高，危害性大，可引起血管硬化、心肌梗死、心律失常、脑出血、偏瘫等，是破坏心、脑、肾等重要器官的“无形杀手”。据估计2012年全国15岁以上高血压患者达2.66亿。且每年的新增患者估计为1 000万例。每年我国约有350万人死于心脑血管疾病，占总死亡原因的首位（41%），而一半以上与高血压有关。近年流行病学资料显示，城市中老年人群高血压主要并发症——脑卒中的死亡率呈逐渐下降的趋势，但在年轻人群中却是增加的，高血压的发病率如此之高，而人们的防病治病意识却十分淡漠，存在“三低”现象，即我国人群高血压知晓率、治疗率、控制率均很低。因此，必须引起全社会的高度重视。

一、高血压病的概述

高血压病是心脑血管疾病最主要的危险因素，长期高血压可导致心、脑、肾等脏器的功能性和器质性损害，致残率和死亡率均很高，严重危害人类的健康。

（一）高血压病的概念、分类及临床表现

高血压病（hypertension）是以动脉血压升高为主要临床特征，伴或不伴心、脑、肾及血管等组织器官功能性或器质性改变的全身体性疾病。按发病原因可分为原发性高血压和继发性高血压，目前90%以上的高血压原因尚不明确，称为原发性高血压，一般所说的高血压病多指原发性高血压。少数高血压是由于某些疾病（如肾脏病、原发性醛固酮增多症、嗜铬细胞瘤等）引起，称继发性高血压，需通过药物、手术等治疗手段去除原发疾病或病因后才能使高血压得到根治或改善。

高血压病的患病率、发病率及血压水平随年龄的增加而升高，男、女性高血压患病率差别不大，女性在更年期前患病率略低于男性，但在更年期后迅速升高，甚至高于男性。寒冷地区患病率高于温暖地区；钠盐和饱和脂肪酸摄入越高，平均血压水平和高血压患病率也高。

高血压病大多起病缓慢、渐进，一般缺乏特殊的临床表现。约1/5的患者无症状，仅在测量血压时或发生心、脑、肾等并发症时才被发现。高血压病是多种心、脑血管疾病的重要病因和危险因素，其临床表现及危害性除与患者的血压水平相关外，还取决于是否同时存在其他心血管病的危险因素、靶器官损害以及合并其他疾病的情况。长期高血压如得不到有效控制，将影响重要脏器，如心、脑、肾的结构与功能，最终导致这些器官的功能衰竭而死亡。

一般常见的高血压病的症状有头晕、头痛、颈项板紧、疲劳、心悸等，呈轻度持续性，多数症状可自行缓解，在紧张或劳累后加重。也可出现视力模糊、鼻出血等较重症状。典型的高血压头痛在血压下降后即可消失。高血压合并动脉粥样硬化、心功能减退者容易突发严重头晕与眩晕，可能与短暂性脑缺血发作或者过度降压、直立性低血压有

关。此外，高血压患者还可能出现受累器官的症状，如胸闷、气短、心绞痛、多尿等。少数患者病情急骤发展，舒张压持续大于 130 mmHg 以上，并有头痛、视力模糊、眼底出血及渗出、乳头水肿、肾脏损害突出、持续蛋白尿、血尿与管型尿。病情进展迅速，患者如不及时有效降压治疗，预后很差，常死于肾功能衰竭、脑卒中或心力衰竭。

（二）高血压病诊断标准

高血压病的诊断主要根据所测量的血压值，采用经核准的水银柱或电子血压计，测量安静休息坐位时上臂肱动脉部位的血压。首诊时需测量双上臂血压，以后通常测量较高读数一侧的上臂血压。根据世界卫生组织（WHO）和中国高血压防治指南修订委员会制定的高血压病的诊断标准，在未使用降压药物的情况下，非同日 3 次测量上肢血压，收缩压大于 18.6 kPa（140 mmHg）或舒张压大于 12.0 kPa（90 mmHg）考虑为高血压，根据血压升高水平，可进一步将高血压分为 1 ~ 3 级（见表 8 - 6）。当收缩压和舒张压属于不同分级时，以较高的级别作为标准。脉压是收缩压与舒张压的差值，正常为 30 ~ 40 mmHg。脉压增大是动脉硬化的一个指标。

表 8 - 6　血压水平分类和定义

分类	收缩压（mmHg）		舒张压（mmHg）
正常血压	<120	和	<80
正常高值血压	120 ~ 140	和（或）	80 ~ 90
高血压	≥140	和（或）	≥90
1 级高血压（轻度）	140 ~ 159	和（或）	90 ~ 99
2 级高血压（中度）	160 ~ 179	和（或）	100 ~ 109
3 级高血压（重度）	≥180	和（或）	≥110
单纯收缩期高血压	≥140	和	<90

二、高血压病的病因及生化分析

高血压病的病因为多因素，由遗传易感性和环境因素相互作用的结果，70% ~ 80% 的高血压发生与不健康的生活方式有关，其余 20% ~ 30% 与先天遗传因素有关。我国高血压发生的主要危险因素包括：高钠低钾膳食、超重/肥胖、过量饮酒、长期精神紧张、体力活动不足等。

（一）高钠、低钾膳食

每天摄入少量（2 ~ 3 g）食盐是人体维持生命的必需，但过量食盐摄入（ >6 g/d）会导致不良生理反应，其中最主要的就是升高血压。研究证明，钠盐摄入量与血压升高成正比，严格控制钠盐摄入可有效降低血压。钾能促进钠的排出，钾的摄入量与血压水平呈负相关，而我国居民的膳食特点是高钠低钾。高盐膳食不仅是高血压发生的主要危险因素，也是脑卒中、心脏病和肾脏病发生发展的危险因素。每日摄入的钠盐从 9 g 降至 6 g，可使脑卒中发病率下降 22%，冠心病发病率下降 16%。

（二）超重/肥胖

肥胖者血液中过多的游离脂肪酸会引起胰岛素抵抗、血中甘油三酯水平升高和炎症因子增加等，造成机体损害。肥胖者患高血压和糖尿病的危险，分别是正常体质重者的3倍和2.5倍。身体越胖，心输出量就越大，血压随之越高。

（三）过量饮酒

高血压的患病率随饮酒量的增加而增加。大量饮酒刺激交感神经兴奋，心跳加快，血压升高及血压波动性增大。大量证据表明，过量饮酒是心脑血管病、肾功能衰竭、2型糖尿病、骨质疏松症、认知功能受损和老年痴呆等的危险因素。重度饮酒者脑卒中死亡率比不经常饮酒者高3倍。

（四）精神长期过度紧张

由于社会的高速发展，工作节奏增快、竞争压力加剧、人际关系紧张使社会群体普遍压力加大。长期过度的心理反应会明显增加患心血管病的风险。主要机制是：①情绪变化引起大脑皮层兴奋抑制平衡失调，交感神经活动增强，血管收缩，血压升高；②神经内分泌功能失调，诱发心律失常；③血小板活性反应性升高；④诱发冠状动脉收缩、粥样斑块破裂而引发急性事件。有心血管病史者，心理压力增加会使病情复发或恶化。

（五）吸烟与被动吸烟

烟草中含2 000多种有害物质，会引起交感兴奋、氧化应激、损害血管内膜，致血管收缩，血管壁增厚，动脉硬化，不仅使血压升高，还增加冠心病、脑卒中、猝死和外周血管病发生的风险。婴幼儿尤其容易受到二手烟中有毒物质的侵害。孕妇主动或被动吸烟，烟草中的有害成分通过胎盘可直接损害胎儿的心血管系统，造成永久性的损害。

（六）体力活动不足

我国城市居民（尤其是中青年）普遍缺乏体力活动，严重影响心血管健康。体力活动不足是高血压的危险因素。适量运动可缓解交感神经紧张，增加扩血管物质，改善内皮舒张功能，促进糖脂代谢，降低血压，减少心血管疾病的风险。

高血压病的血流动力学特征主要是总外周血管阻力相对或绝对增高。心脏和血管是高血压病理生理作用的主要靶器官。高血压病最大的危害是晚期并发脑血管病、心脏病和肾功能衰竭，严重影响患者的健康，甚至危及生命。

血管内皮功能障碍是高血压最早期和最重要的血管损害，可出现微循环毛细血管稀疏、扭曲变形，静脉顺应性减退。长期高血压引起的全身小动脉病变，主要是壁腔比值增加和管腔内径缩小，促进动脉粥样硬化的形成及发展，导致重要靶器官如心、脑、肾组织缺血。血压增高、儿茶酚胺与血管紧张素Ⅱ增加等都可刺激心肌细胞肥大和间质纤维化，表现为左心室肥厚和扩大，即出现高血压心脏病。高血压心脏病常合并冠状动脉粥样硬化和微血管病变，最终可导致心力衰竭或严重心律失常，甚至猝死。长期高血压使脑血管发生缺血与变性，形成微动脉瘤，从而发生脑出血。高血压促使脑动脉粥样硬化，粥样斑块破裂可并发脑血栓形成。脑小动脉闭塞性病变，引起针尖样小范围梗死病灶，称为腔隙性脑梗死。高血压的脑血管病变部位，特别容易发生在大脑中动脉的豆纹动脉、基底动脉的旁正中动脉和小脑齿状核动脉。这些部位的血管直接来自压力较高的大动脉，血管细长而且垂直穿透，容易形成微动脉瘤或闭塞性病变，因此，脑卒中通常累及壳核、丘脑、尾状核、内囊等部位，是导致血管性痴呆的重要原因。长期持续高血压使肾小球内囊压力升高，肾小球纤维化、萎缩，以及肾动脉硬化，进一步导致肾实质缺血和肾单位不断减少，慢性肾衰竭是长期高血压的严重后果之一。

三、高血压病运动康复的生化分析

高血压病目前尚无法根治，但大量研究证明，高血压患者发生心、脑血管并发症往往与血压高度有密切关系。近年来，在高血压的药物治疗取得了很大进展的同时，非药物疗法也越来越受到人们的重视，而运动疗法作为非药物疗法的一个重要组成部分，因操作简单、容易接受、疗效显著等特点，越来越受到患者的喜爱。

（一）高血压病运动康复的生化原理

血压由心输出量和外周血管阻力两个基本因素决定，心输出量取决于心率和每搏输出量。运动疗法可通过下述机制减少心输出量和降低外周血管阻力而起到降压的作用。

1. 神经调节

有氧训练可以调节大脑皮层及皮层下血管的运动中枢，改善高血压患者的心血管反射功能，使其紧张度趋于正常，血压下降。有氧训练还可增加中枢β-内啡呔的生成，调节自主神经功能，降低交感神经兴奋性，提高迷走神经兴奋性，降低血压。

2. 激素调节

高血压患者经一段时间的有氧训练之后，血中的一些激素发生了相应性的变化，升压激素：胰岛素（In）、去甲肾上腺素（NE）、肾上腺素（E）、血管紧张素（Ang II）的含量减少；而降压激素一氧化氮（NO）、前列腺素（PG）、血浆心钠素（ANP）等的含量增加。

3. 心理调节

焦虑、紧张、恐惧、愤怒等心理因素可影响高血压病的发生和发展。人在紧张等环境条件下，交感神经兴奋，释放大量去甲肾上腺素，导致了血压升高。而持续轻松的有氧运动，可很好地协调人的心理状态和心理调节能力，从而改善血压调节机能，使血压下降。

大量研究证明，长期、有规律的有氧运动可以降低高血压病患者安静时的血压。运动过程中，由于心输出量增大，一般情况下收缩压和舒张压均会上升。但在进行较长时间的全身性运动时肌肉毛细血管大量开放，可使外周阻力降低，此时可表现为收缩压升高而舒张压变化不明显，有时舒张压反而会下降。

（二）高血压病运动康复方法的生化分析

首先要确立血压控制的目标值，其次由于高血压常常与其他心、脑血管病的危险因素如肥胖、血脂异常、糖尿病等合并存在，协同加重对心血管的危害，因此，必须采取综合性治疗措施。

1. 运动治疗目标

高血压病的治疗目的主要是控制血压，预防心脑肾等器官的受损及相关疾病的发生，减少高血压患者心、脑血管病的发生率和患者的死亡率。血压控制的目标值原则上应将血压降到患者能最大耐受的水平，目前一般主张血压控制目标值至少小于140/90 mmHg。糖尿病或慢性肾脏病合并高血压患者，血压控制目标值小于130/80 mmHg。对于老年收缩期性高血压的降压目标水平，收缩压（SBP）140～150 mmHg，舒张压（DBP）小于90 mmHg但不低于65～70 mmHg。

2. 运动方式

高血压病运动疗法主要采取有氧运动的方式。原则上应以方便进行、易调节强度的等张运动为首选。形式多样，可根据年龄及身体状况选择，如散步、慢跑、骑自行车、游泳、慢节奏的交谊舞、太极拳、降压体操、武术、气功、放松练习、峨眉剑等。在运动类型的选择上，要结合自己的运动习惯和爱好，选择相对稳定的运动项目，也要有所变换，避免长时间重复单调的动作所引起的疲劳。由于力量练习时，肌肉做等长收缩可对肌肉中的血管产生挤压，从而增大外周阻力使收缩压和舒张压都明显升高，特别在进行上肢肌力练习时更为明显，因此，一般不推荐高血压病患者做力量性训练。如做力量练习时应选择中低强度，练习时应保持正常呼吸状态，避免憋气。

3. 运动强度和运动时间

高血压患者应采取低或中等运动强度，由于运动中的收缩压随运动强度增加而升高，中等强度运动时收缩压可比安静状态升高30～50 mmHg，因此在运动中控制运动强度非常重要。Ⅰ级高血压患者运动后的心率增加不超过运动前的50%，运动心率应控制在102～125次/min；Ⅱ级的不超过30%，应以低强度、缓慢的运动为宜。安静时血压未能很好控制或超过180/110 mmHg的患者应暂时禁止中度及以上的运动。一般在运动后休息约10 min内，锻炼所引起的呼吸频率增加应明显缓解，心率也恢复到正常或接近正常，无明显疲劳感，否则应考虑运动强度过大，需要减少运动强度。

每次运动持续的时间过短，运动对机体的影响小，达不到预期的治疗效果；过长，则有可能造成疲劳的累积，反而对身体不利。因此，一般要求每次持续运动30～60 min，包括10～15 min的热身活动和5～10 min的整理活动，真正运动的时间为20～30 min。

4. 运动的频率及时间安排

运动可降低安静时的血压，一次10 min以上、中低强度运动的降压效果可以维持10～22 h，因此，高血压患者的有氧运动，每周至少3次，经常运动者可以每周运动5～6次。持续运动1～2周后，出现降压效应，4～6周效应明显，长期坚持规律运动，可以增强运动带来的降压效果。不过，运动训练的降压效果具有可逆性，如果停止运动，运动的良好效果可能在两周内完全消失，血压会再次恢复到运动前水平。因此，应该坚持长期锻炼，持之以恒，才能达到满意的降压效果。高血压患者在一天中进行运动的时机，白天比早晚要好，因为脑溢血的发病有早晚多而白天少的倾向。特别是在冬天，气温低，血压容易升高，在早晚进行运动存在潜在的危险。

5. 注意事项

适应于临界性的和1、2级的高血压病，部分3级高血压患者也可以进行一定的运动锻炼，但必须在医生的监护下才可以进行。症状不稳定和有较严重并发症者不宜参加康复训练，因其他疾病导致的症状性高血压一般不适宜用运动康复的手段进行治疗。在采用运动疗法时必须注意如下几点：

（1）必须与药物治疗相配合，体育锻炼不能代替药物，但适度的运动可以逐渐减少药物的使用量。

（2）运动中要做到精神放松，情绪愉快。

（3）要保证足够的睡眠。

（4）要控制饮食和改变饮食习惯，特别是要限制食盐的摄入。

（5）不要进行带有对抗性的运动，尤其是剧烈的比赛。

（6）运动中不要做用力过猛的动作，也不要做长时间的屏气动作。

总之，高血压病的治疗是长期、系统的过程，单纯的运动治疗不能完全代替药物治疗，应综合多种手段：药物、饮食、生活习惯、减肥、戒烟、运动、心理调整等进行治疗。

第五节　高尿酸血症运动康复的生化分析

近年来，随着经济迅速发展和物质生活水平的提高，人们的生活方式和膳食结构已发生极大改变，特别是富含蛋白质和嘌呤的食物摄入增加，我国高尿酸血症（hyperuricemia）患病率逐年上升，发病呈年轻化趋势，已成为威胁人们健康的重要疾病。研究表明，高尿酸血症与血糖及血脂代谢关系密切，可与高血压、胰岛素抵抗、肥胖、血脂异常、糖耐量异常（IGT）等协同作用，加重动脉硬化，促进心脑血管疾病的发生。因此，控制高尿酸血症对于糖尿病、心脑血管疾病等的防治具有重要意义。

一、高尿酸血症的概述

高尿酸血症是一种嘌呤代谢紊乱所致的疾病，常与糖尿病、血脂异常、肥胖、高血压、动脉硬化等多种心脑血管疾病合并存在，可加重心脑血管及肾脏等重要器官的损害。

（一）高尿酸血症与痛风的概念及其临床表现

体内尿酸是嘌呤类化合物的终末代谢产物，主要通过肾脏排泄的体内尿酸 80% 来源于内源性嘌呤代谢，20% 来源于摄入富含嘌呤或核酸的食物。高尿酸血症是由于长期嘌呤代谢紊乱和（或）尿酸排泄障碍导致血中尿酸增高的一种代谢性疾病。由于尿酸呈弱酸性，在体内主要以尿酸钠的形式存在于血液及关节滑膜液中，37℃时的饱和浓度约为 420 μmol/L（7 mg/dL），当血尿酸浓度过高和（或）在酸性环境下时，尿酸钠易析出结晶，沉积于骨关节、肾脏和皮下等组织，造成组织病理学改变，表现为急性关节炎、痛风石、慢性关节炎、关节畸形、慢性间质性肾炎和尿酸性尿路结石等，高尿酸血症患者只有在出现上述临床表现时才称之为痛风。高尿酸血症是痛风发生的生化基础，仅部分高尿酸血症患者发展为痛风，其确切原因不明。受地域、民族、饮食习惯的影响，高尿酸血症与痛风发病率差异较大，2004 年山东沿海地区流行病学调查显示高尿酸血症的患病率为 23.14%，痛风为 2.84%。

高尿酸血症多见于40岁以上的男性，女性多在更年期后发病，常有家族遗传史，临床上根据发病原因将高尿酸血症分为原发性和继发性两大类，前者多由嘌呤代谢异常所致，常与肥胖、糖脂代谢紊乱、高血压、动脉硬化和冠心病等伴随发生，后者则由某些系统性疾病如高白细胞白血病、淋巴瘤、溶血性贫血、恶性肿瘤放化疗后、慢性肾脏疾病（因肾小管分泌尿酸减少）或药物引起。

高尿酸血症患者在早期可能只有波动性或持续性高尿酸血症，并无明显临床表现，仅在体检时发现，有些患者从血尿酸增高至症状出现的时间可长达数年至数十年，有些甚至终身不出现症状，但随年龄增长痛风的发病率增加，出现急性关节炎、痛风石、慢性关节炎、肾脏病变等，与高尿酸血症的水平和持续时间有关。

（1）痛风性急性关节炎：常因受寒、劳累、饮酒、高蛋白高嘌呤饮食以及外伤、手术、感染等诱发。多在午夜或清晨突然起病，数小时内出现受累关节的红、肿、热、剧痛和功能障碍，初次发作常呈自限性，数日内自行缓解，受累关节局部皮肤出现脱屑和瘙痒，为此病特有的表现。急性发作时以秋水仙碱治疗后，症状可迅速缓解，检查可见关节腔滑囊液内双折光的针形尿酸盐结晶。

（2）痛风石及慢性关节炎：痛风石是痛风的特征性临床表现，常见于耳轮、跖趾、指间和掌指关节，常为多关节受累，关节远端多见，表现为关节肿胀、僵硬、畸形及周围组织的纤维化和变性，严重时患处皮肤发亮、菲薄，破溃时有豆渣样白色物质排出。形成瘘管时周围组织呈慢性肉芽肿，虽不易愈合但很少感染。

（3）痛风性肾病：起病隐匿，早期为间歇性蛋白尿，随病情进展呈持续性蛋白尿，伴肾浓缩功能受损时夜尿增多，晚期可发生肾功能不全，表现为水肿、高血压、血尿素氮和肌酐升高。少数患者表现为急性肾衰竭，出现少尿或无尿。

（4）尿酸性肾结石病：10%～25%的痛风患者肾内尿酸结石，呈泥沙样，常无症状，结石较大者可发生肾绞痛、血尿。当结石引起梗阻时导致肾积水、肾盂肾炎、肾积脓或肾周围炎，感染可加速结石的增长和肾实质的损害。

（二）高尿酸血症的诊断标准

成年人血尿酸正常值范围男性为150～380 μmol/L（2.5～6.4 mg/dL），女性为100～300 μmol/L（1.6～5.0 mg/dL）。男性和绝经后女性血尿酸大于420 μmol/L（7.0 mg/dL）、绝经前女性大于350 μmol/L（5.8 mg/dL）即可诊断为高尿酸血症。中老年男性如出现特征性关节炎表现、尿路结石或肾绞痛发作，伴有高尿酸血症应考虑痛风。关节液穿刺或痛风石活检证实为尿酸盐结晶可确诊。X线检查、CT或MRI扫描对诊断具有一定的价值。急性关节炎期诊断有困难者，秋水仙碱试验性治疗有诊断意义。

二、高尿酸血症的病因、危害及生化分析

嘌呤核苷酸可在机体所有组织中合成及降解，尿酸是人体内嘌呤核苷酸降解的唯一终产物，主要在肝脏和小肠等含黄嘌呤氧化酶的组织中产生，体内尿酸的产生量随饮食中嘌呤含量以及体内嘌呤的生物合成与降解速度而异。正常情况下，2/3～3/4尿酸经尿液排泄，其余经肝胆排入肠腔被细菌分解。血尿酸水平的高低取决于尿酸的产生和排泄

之间的动态平衡，尿酸生成增多和（或）排泄减少时均可导致血中尿酸盐水平增高。影响尿酸排泄及血尿酸水平的因素有嘌呤代谢和尿酸合成酶的活性、肾脏排泄功能、某些药物、饮食结构和各种全身性疾病（如图 8－1 所示）。

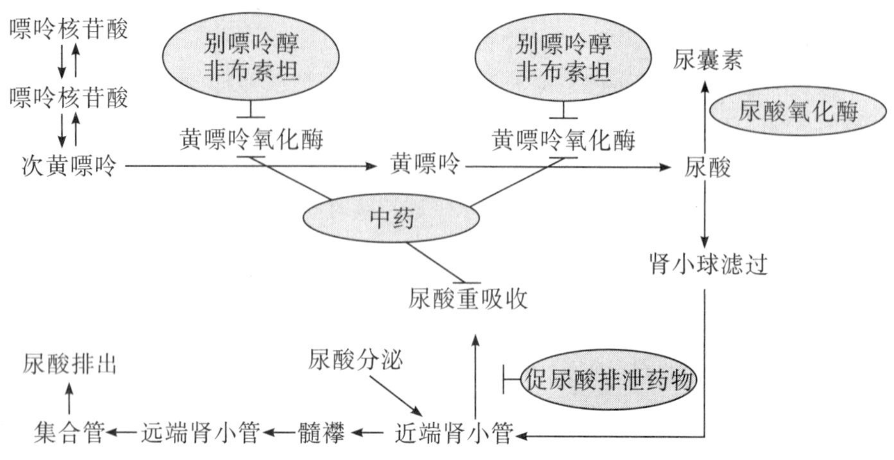

图 8－1　人体内嘌呤代谢及尿酸排泄及影响因素示意图

（1）尿酸排泄减少：尿酸排泄障碍是引起高尿酸血症的重要因素，包括肾小球滤过减少、肾小管重吸收增多、肾小管分泌减少以及尿酸盐结晶沉积。80%～90%的高尿酸血症具有尿酸排泄障碍，且以肾小管分泌减少最为重要。

（2）尿酸生成增多：主要由某些与尿酸生成相关的代谢酶的基因缺陷所致，如磷酸核糖焦磷酸合成酶的活性增高、磷酸核糖焦磷酸酰基转移酶的浓度或活性增高、次黄嘌呤—鸟嘌呤磷酸核糖转移酶部分缺乏导致尿酸生成增多，引发痛风。

临床上仅部分高尿酸血症患者发展为痛风，原因不明。当血尿酸浓度过高和（或）在酸性环境下，尿酸可析出结晶，沉积在骨关节、肾脏和皮下等组织，造成组织病理学改变，导致痛风性关节炎、痛风肾和痛风石等。急性关节炎是由于尿酸盐结晶沉积引起的炎症反应，尿酸盐结晶可趋化白细胞，所以在关节滑囊内尿酸盐沉积处可见白细胞显著增加并吞噬尿酸盐，然后释放白三烯 B_4（LTB_4）和糖蛋白等化学趋化因子；单核细胞受尿酸盐刺激后可释放白介素 1（IL－1）。长期尿酸盐结晶沉积致单核细胞、上皮细胞和巨大细胞浸润，形成异物结节即痛风石。痛风性肾病是痛风特征性的病理变化之一，表现为肾髓质和锥体内有小的白色针状物沉积，周围有白细胞和巨噬细胞浸润。原发性痛风患者少数为尿酸生成增多，大多数由尿酸排泄障碍引起。

近年研究发现，尿酸能通过一系列反应生成自由基、促进脂蛋白的氧化、介导多种氧化前体对血管内皮的损伤，可溶性尿酸还能导致血管平滑肌细胞增殖，可通过增加某些细胞因子的表达，增加肾素血管紧张素系统的活性、增加血管壁 C 反应蛋白的表达等多种机制导致高血压和动脉粥样硬化的发生。因此，高尿酸血症不仅可引起痛风性急性关节炎反复发作、痛风石沉积、痛风石性慢性关节炎和关节畸形、慢性间质性肾炎和尿酸肾结石等，还可与血脂、血压、血糖相互影响增加心脑血管病变的危险性。

三、高尿酸血症运动康复的生化分析

高尿酸血症与痛风常与代谢综合征伴发，因此应积极进行降压、降脂及改善胰岛素抵抗等综合治疗，经有效治疗可维持正常的生活和工作，而经常性急性关节炎发作并出现关节畸形则会严重影响患者的生活质量，若有肾功能损害则预后不良。对于无症状、无肾功能损害及关节畸形的高尿酸血症患者，可采用运动疗法作为辅助治疗手段，达到减轻或改善高尿酸血症的目的。

（一）高尿酸血症运动康复的生化原理

近年发现胰岛素抵抗及内脏脂肪大量增加等多种危险因子与高尿酸血症的发生有关，同时还发现高尿酸血症与肥胖及其他不良生活习惯导致的疾病关系密切，与动脉硬化性疾病的发生、发展也有一定的关系。原发性高尿酸血症常伴有肥胖、糖尿病、血脂异常、动脉粥样硬化和高血压等，目前认为与胰岛素抵抗有关。胰岛素抵抗会导致高胰岛素血症，循环中的胰岛素升高可促进肾小球对尿酸的重吸收，减少尿酸排泄，从而导致血尿酸水平升高。内脏脂肪增加使门脉系统游离脂肪酸增多，肝脏脂肪酸合成亢进时，使 NADP-NADPH 介导的合成系统亢进，导致血尿酸的明显增加。因此，这类高尿酸血症患者在无症状期或痛风急性发作缓解期和慢性痛风患者坚持进行适当的体育锻炼，可减少内脏脂肪生成，防止超重和肥胖，减轻胰岛素抵抗，从而有利于改善高尿酸血症，对预防和减少痛风急性发作等均有良好作用。

（二）高尿酸血症运动康复方法的生化分析

痛风患者通过合理运动，不仅能增强体质、增强机体防御能力，也可减缓关节疼痛、防止关节挛缩及肌肉失用性萎缩。

1. 运动治疗目标

高尿酸血症中只有少数发生痛风并有临床表现，大多数患者无明显症状，人们对其危害性的认识常常不足，因此，提高人们对高尿酸血症的预防意识使其自觉地改变不良生活方式，对控制高危因素、减少发病率具有积极意义。对于原发性高尿酸血症与痛风需排除其他疾病，而继发者则主要由于肾脏疾病致尿酸排泄减少、骨髓增生性疾病致尿酸生成增多、某些药物抑制尿酸的排泄等多种原因所致，应主要针对病因进行治疗。因此，高尿酸血症的防治目标是：①控制高尿酸血症，预防尿酸盐沉积；②迅速终止急性关节炎的发作；③防止尿酸结石的形成和肾功能损害。

2. 运动方式

已有痛风结石的患者，只要表面皮肤没有破溃、肾功能良好、没有明显心血管并发症、关节功能正常，仍可进行身体锻炼。根据身体状况选择合适的体育锻炼项目，确定运动的强度、时间。运动形式选择步行、慢跑、游泳、骑车、太极拳、气功、健身操等中低强度有氧运动，其中以步行、骑车及游泳最为适宜，这些运动动作简单，运动强度和时间较易把握，只要合理分配体力，可以既锻炼身体又防止高尿酸血症。有条件的尽量选择水中运动如游泳、水中体操等，因为痛风患者一般有不同程度的关节损伤，水中运动是全身肌肉的协调运动，有助于改善胰岛素抵抗，同时，不需要关节受力。此外可选择骑自行车，自行车骑行同样以肌肉受力为主，关节受力也比较小。由于剧烈运动后体内乳酸等酸性代谢产物大量增加，可抑制肾小管排泄尿酸，从而升高血中尿酸浓度，不利于患者痛风病情改善，还可能诱发痛风关节炎。因此，痛风患者要避免竞技性强的剧烈运动和消耗体力过多的长时间体力活动项目如快跑、足球、篮球、滑冰、登山、长跑等。

3. 运动强度和运动时间

低至中等强度（40% ~60% VO_2max）的有氧运动，锻炼应先从低强度开始随着体力增强逐渐增加运动强度。高尿酸血症及痛风患者切不可强度过大，使体内乳酸产生增加，诱使尿酸析出结晶，同时还会抑制肾脏排泄尿酸，引发痛风发作。运动时心率控制在100 ~110 次/min 或运动后心率增加不超过运动前的50%，轻微出汗为宜。每次运动持续30 ~60 min 为宜。剧烈、量大、时间长的运动可使患者出汗增加，血容量、肾血流量减少，尿酸、肌酸等排泄减少，出现一过性高尿酸血症。

4. 运动的频率及时间安排

清晨起床时，人体肌肉关节及内脏功能低下，不能很快适应活动，此时锻炼容易造成急、慢性损伤。同时一夜睡眠未曾进食、喝水，血液浓缩，如活动出汗失水，血液更为黏稠，有诱发心脏病和中风的危险。因此，最好选择在午睡后至晚饭前这段时间，运动频率为每周3 ~5 d。

5. 注意事项

在运动前，应接受专科医生指导先做有关检查。注意避免剧烈运动，以防关节损伤或诱发痛风急性发作。冬季注意防寒保暖，增加准备活动时间。如运动过程中痛风发作，应及时停止锻炼，待症状完全消退后再恢复。

本章小结

肥胖症、糖尿病、血脂异常、高血压、高尿酸血症等是当今极为常见的慢性非传染性疾病，致残率和致死率高，除影响个体健康水平和生活质量外，还给家庭和社会带来沉重的经济和精神负担。这类疾病多由包括遗传和环境因素在内的多种因素相互作用所引起，病因及病理机制非常复杂，治疗困难且常不能完全有效，治疗的有效性主要取决于对疾病生化或病理生理机制的认识程度、早期确诊及在发展至不可逆的组织损伤或并发症之前尽早治疗。此外，通过有效的干预措施即控制共同的危险因素——不健康饮食、不锻炼身体、吸烟和过量饮酒等可在很大程度上预防、缓解和控制这类疾病和病情的发生发展。

肥胖症是由包括遗传和环境因素在内的多种因素相互作用所引起的，以体内脂肪堆积过多和（或）分布异常、体重增加为表现特征的慢性代谢性疾病。肥胖症主要表现为大量脂肪沉着，轻度肥胖除形体受影响外多无明显症状，中或重度肥胖可引起一系列生理功能的改变，长期中重度肥胖（特别是向心性肥胖）与糖尿病之间关系密切，也是引起多种心血管疾病如血脂异常、高血压、冠心病、脑卒中和某些癌症等的重要因素。

糖尿病是一组慢性血葡萄糖（简称血糖）水平增高为特征的代谢性疾病。机体在多种遗传和环境因素共同作用下造成胰岛素分泌和（或）功能缺陷，导致糖、脂肪、蛋白质等多种物质代谢和能量代谢紊乱，长期可引起多系统损害，出现眼、肾、神经、心脏、血管等组织器官的慢性进行性病变、功能减退及衰竭，病情严重或应激时可发生急性严重代谢紊乱，如糖尿病酮症酸中毒（DKA）、高血糖高渗状态等。

血脂异常是体内脂质代谢紊乱或转运异常所致的血浆中一种或几种脂质高于正常的代谢性疾病，通常表现为血浆或血清中总胆固醇（TC）、甘油三酯（TG）、低密度脂蛋白—胆固醇（LDL－C）升高和（或）高密度脂蛋白—胆固醇（LDL－C）降低。主要通过加速全身动脉粥样硬化，对身体造成隐匿性、渐进性、全身性和器质性的损害。

高血压病是以动脉血压升高为主要临床特征，伴或不伴心、脑、肾及血管等组织器官功能性或器质性改变的全身体性疾病。高血压病的血流动力学特征主要是总外周血管阻力相对或绝对增高。心脏和血管是高血压病理生理作用的主要靶器官。长期高血压如得不到有效控制，将影响重要脏器，如心、脑、肾的结构与功能，最终导致这些器官的功能衰竭而死亡。

高尿酸血症是由于长期嘌呤代谢紊乱和（或）尿酸排泄障碍导致血中尿酸增高的一种代谢性疾病。在体内主要以尿酸钠的形式存在于血液及关节滑膜液中，当血尿酸浓度过高和（或）在酸性环境下，尿酸钠结晶，沉积于骨关节、肾脏和皮下等组织，造成组织病理学改变，表现为急性关节炎、痛风石、慢性关节炎、关节畸形、慢性间质性肾炎和尿酸性尿路结石等症状时即为痛风。高尿酸血症和痛风常与糖尿病、血脂异常、肥胖、高血压、动脉硬化等多种心脑血管疾病合并存在，可加重心脑血管及肾脏等重要器官的损害。

运动疗法是一种经济而健康的治疗手段，对预防、缓解或治疗以上常见慢性疾病或病理过程具有显著作用。长期坚持规律的全身性运动，建立健康的生活方式是关键环节，在实施运动疗法前必须针对病患个体进行机能评定，确定相应的运动项目、运动强度、运动持续时间、运动频率等，以制定个体化运动处方，才能达到有效的治疗效果。

思考与练习

一、名词解释

肥胖症　糖尿病　血脂异常　高血压病　高尿酸血症　痛风

二、问答题

1. 肥胖症的主要致病原因有哪些？
2. 肥胖症的临床表现有哪些？如何进行诊断？
3. 长期肥胖对机体主要产生哪些危害？
4. 简述肥胖症患者运动康复的生化原理。
5. 肥胖症患者的运动康复处方如何制订？试给一肥胖症患者制订出运动康复处方。
6. 糖尿病的诊断标准是什么？
7. 简述糖尿病的病因及生化分析。
8. 简述糖尿病运动康复的生化原理。
9. 糖尿病运动康复处方如何制定？
10. 血脂异常的临床表现及诊断标准有哪些？
11. 简述血脂异常的病因及生化分析。
12. 简述血脂异常运动康复的生化原理。

13. 简述血脂异常的运动康复方法并进行生化分析。
14. 高血压病的临床表现及诊断标准是什么?
15. 高血压病的主要病因有哪些?
16. 简述高血压病运动康复的生化原理。
17. 高血压病患者如何进行运动康复?
18. 高尿酸血症的临床表现及诊断标准有哪些?
19. 造成高尿酸血症的原因有哪些?
20. 高尿酸血症患者如何进行运动康复?

第九章

健康体适能的生化评价

健康与长寿是医学永恒的主题，也是体育运动的根本目的所在。生命在于运动，适宜的体育锻炼，能促进身体健康，增强体质。人体在衰老或衰退的过程中，最大的改变就是健康体适能的减退，包括身体机能与运动机能。因此，评价健身锻炼的有效性，探讨运动能否改善健康状态、促进身体机能等问题，关键是看健康体适能的改变。本章主要介绍机能代谢平衡的生化评价和运动机能的生化评价方法。

第一节 健康体适能评价的意义

在科技进步的文明社会中，人类身体活动的机会越来越少，热量相关营养素摄取越来越高，能量消耗却越来越少，工作与生活压力和休闲时间相对增加，每个人更加感受到良好体适能和规律运动的重要性。

一、评价运动对促进健康体适能的作用

每个人在不同的年龄阶段、不同的环境、不同的条件下都会有不同的健康需求，这时运动的选择应该适合其健康和相应需求的需要，例如儿童少年时期特别需要体育锻炼来促进身体各器官系统的全面生长发育；青年时期需要体育锻炼促进肌肉形态和力量的增长，并保持体形；中年时期需要运动来保持旺盛的精力，预防疾患，以更好地承担工作与生活的责任；老年时期则需要通过体育锻炼减缓衰老，保持健康，做到延年益寿。另外，随着环境或条件的改变，运动的方法、方式也应随之做出调节或改变。例如，在有规律的学习和工作环境下，可以安排定时、定点的体育锻炼；但如果是出差、外出实习、外出旅游，或是学习、工作繁忙等，就要根据实际情况做出调整，既能做到体育锻炼不间断，持之以恒，又不影响其他方面的工作。这种因人而异、因时因地而异地获取健康的体适能的概念要求每一个人在各种不同情况下，都应选择适合自己需要的运动方式、运动量，坚持体育锻炼，以增强体能，才能获得和保持最佳的健康状态。因此，适时对健康体适能做出评价，是每个体育锻炼者获得健康的重要保证。

二、为运动处方制定提供理论依据

适宜的体育运动可以提高健康体适能。由于不同体能水平的人对运动量和运动强度的承受能力不同，因此，个体适宜运动负荷的选择是必要的。而要做到适宜的运动负荷，必须适时对健康体适能做出评价，然后根据健康体适能的情况制定运动处方，给予相应的运动干预。例如，体能好的人在运动时，能承受较大的运动负荷，应付自如；而体能基础差的人，就会感到很辛苦，运动进行不下去，甚至会发生损伤。因此，运动时要考虑每个人的体能基础，根据个人健康体能的评价结果，选择适宜的运动负荷，制定科学的运动处方，为运动健身方案的制订提供理论依据。

第二节 机能代谢平衡的生化评价

身体机能代谢平衡状态是指人的整体及其组成的各器官、系统所表现的生命活动，是反映人体健康水平的重要指标。良好的身体机能足以维持机体心血管系统、神经系统、免疫系统、运动系统及泌尿系统等的正常工作状态。机体各个组织器官的功能正常与否，都可通过其代谢产物反应出来，而其代谢产物会进入血液，甚至从尿液排出体

外。因此，从生化角度来说，可从人体的血液生化指标和尿液生化指标来评价身体机能和健康的状况。

一、机能平衡的血液生化检查与健康评价

身体机能的正常与否，可表现为血液中功能性物质、代谢产物等是否异常。因此，采用血液进行身体机能检查时，常检查血常规、血糖、血尿酸、血脂等指标来评价身体机能的情况。

（一）血常规的检查与运动健康评价

血常规是身体机能与健康体检的最基础的化验检查之一，包括红细胞、白细胞、血小板、血红蛋白及相关分类数据的计数检测分析。血常规检验不仅是诊断各种血液病的主要依据，而且对机体身体机能状况、体育健身效果及对其他系统疾病的诊断和鉴别也提供许多重要信息。血常规常用针刺法采集指血或耳垂末梢血，经血细胞分析仪进行分类计数，从而得到血液中各类常见细胞的各种参数。在血常规的各项检查内容当中，与身体机能关系较为密切且常被关注的指标为红细胞计数、血红蛋白含量、白细胞及其分类计数等。

1. 血常规中红细胞的指标与运动健康评价

红细胞（RBC）是血液中的主要成分，红细胞的主要成分是血红蛋白，占红细胞干重的95%左右。血红蛋白的主要功能是作为红细胞运输氧气和部分二氧化碳的载体，又有维持体液酸碱平衡的作用，故能直接影响体内的物质代谢与能量代谢，影响人体的身体机能及运动能力。

正常情况下人体每天约有1/120的红细胞衰亡，同时又有1/120的红细胞产生，从而使红细胞的生成与衰亡保持动态平衡，因而红细胞和血红蛋白含量维持在一定的稳定水平。红细胞的正常参考值为：男性 $4.0 \sim 5.5 \times 10^{12}$/L，女性 $3.5 \sim 5.0 \times 10^{12}$/L；血红蛋白的正常参考值为：男性120～160 g/L，女性110～150 g/L；新生儿及儿童的红细胞数量及血红蛋白量比成年人高。多种原因可使红细胞的生成与衰亡的动态平衡遭到破坏，导致RBC与Hb的数量减少或增多，或质量发生变化，当身体机能下降或运动性贫血时红细胞和血红蛋白可出现减少或增多，甚至变化出现分离。例如，连续剧烈的呕吐、大量出汗等可使血浆中的水分丢失，血液浓缩，从而使红细胞计数及Hb增多；而缺铁所导致的缺铁性贫血会引起红细胞计数不变或稍增多，而Hb降低的小细胞低色素性贫血的现象。

一般情况下，血液中红细胞计数与Hb的含量是一致的，而Hb的测定方法比较直接、精确，因此常以Hb作为优先的参考指标。成年人贫血的标准为，男性Hb低于120 g/L，女性低于110 g/L。临床根据Hb减少的程度将贫血分为4级：轻度，Hb小于正常值但大于90 g/L；中度，Hb小于90 g/L但大于60 g/L；重度，Hb小于60 g/L但大于30 g/L（见表9－1）。贫血可分为生理性及病理性。3个月以后的婴儿至15岁以前的儿童，可因生长发育迅速而致造血原料供应相对不足，红细胞计数与Hb较正常成人低10%～20%；妊娠中、后期的孕妇由于造血原料不足及血容量相对增加，可出现轻度贫血；老

年人可因骨髓造血功能逐渐减弱导致红细胞计数与 Hb 含量下降；此外，在大运动量的体育健身及运动训练过程中也会出现红细胞计数与 Hb 含量下降，这些均属于生理性贫血，会引起身体机能的下降，但在临床上一般不造成严重危害，给予对症治疗可获得改善。

表 9－1　红细胞相关指标的参考值及贫血程度诊断

			Hb（g/L）	RBC	HCT
成年人	正常	男性	120～160	$4.0～5.5\times10^{12}/L$	0.40～0.54
		女性	110～150	$3.5～5.0\times10^{12}/L$	0.37～0.48
贫血	轻度	男性	90－120		
		女性	90～110		
	中度	男性	60～90		
		女性	60～90		
	重度	男性	30～60		
		女性	30～60		
儿童	正常		110～160	$3.5～4.7\times10^{12}/L$	0.35～0.49
新生儿	正常		170～200	$6.0～7.0\times10^{12}/L$	0.50～0.60

在贫血类型诊断时，红细胞系统中红细胞压积（HCT）、红细胞平均体积（MCV）等几项检查也具有一定的参考价值。红细胞压积（HCT）是指在一定容积的血液中红细胞与血浆体积的比值，各种原因如失水、大量血浆渗出等使血液浓缩，可使 HCT 增高；各种原因所致的贫血会使 HCT 减低。红细胞平均体积（MCV），表示每一个红细胞的平均体积，正常人的 MCV 为 80～100 fl，MCV 小于 80 fl 则红细胞为小细胞，MCV 大于 100 fl 为大细胞。无论大细胞还是小细胞，都表示贫血，只不过贫血的类型不同而已。此外，红细胞平均血红蛋白含量（MCH）、红细胞平均血红蛋白浓度（MCHC）、红细胞平均直径（MCD）、红细胞体积分布宽度（RDW）、红细胞平均厚度（MCT）等的变化程度亦可反映不同的贫血类型。

在日常生活及健身过程中，红细胞及血红蛋白量过高和过低都对身体机能及运动能力产生一定的影响。血红蛋白过低时，红细胞运输氧气和二氧化碳的能力不足；而血红蛋白过高时，动脉血管中的血液黏滞性增大，也不利于血液在血管中的运输，因而影响周围组织器官的血液供应。因此，通常在体育健身及运动训练过程中认为血红蛋白保持 160 g/L 是血红蛋白运输氧气的最佳状态。若运动量过大引起身体机能下降，或营养补充不足时易产生运动性贫血，其发生原因主要有三方面。

（1）红细胞生成减少。运动中大量排汗使体内的铁元素随汗排出，同时由于运动训练会导致机体组织新陈代谢速率加快，对铁的需要量增加、铁丢失增加、铁摄入不足以及铁贮备耗竭，因而铁处于负平衡状态。而铁是人体造血的主要原料，若不及时补充，可因失铁过多而引起缺铁性贫血。

（2）红细胞破坏或丢失过多。运动时，脾脏释放溶血卵磷脂，血液中及红细胞膜自由基生成增加，使红细胞的脆性增加，再加上运动时血液循环速度加快，使红细胞相互间、红细胞与血管壁间猛烈碰撞与摩擦，导致红细胞机械性破碎增加；血液 pH 值的下降加速了红细胞的破坏和血红蛋白的分解；此外，体温的升高以及肾小球滤过膜的通透性增大也增加了红细胞从肾脏的排出，使红细胞丢失增多。

（3）运动引起血容量改变。运动引起的高血浆容量反应，可降低血液的黏滞度，减少外周阻力，有利于血液的灌注和氧的运输。一般认为，有利于氧运送和向组织释放的最佳红细胞压积为45%。高血浆容量反应，伴随血红蛋白、红细胞压积浓度相对下降，并不是真正的贫血，因为单位体积内血红蛋白、红细胞压积虽有下降，但总血量增加，血红蛋白总量仍然是增加。机体通过增加心输出量来代偿血红蛋白、红细胞压积的相对下降，以保证组织的供血、供氧。同时，血红蛋白、红细胞压积相对降低可刺激、动员红细胞生成素系统，加速红细胞生成，以维持血液中血红蛋白、红细胞等成分的动态平衡。

2. 血常规中白细胞指标与运动健康评价

白细胞是机体免疫活动的基本功能单位。血液中的白细胞占全身所有免疫细胞的1%～2%，是具有高度异质性的细胞群，观察血液中免疫细胞的数量和活性可了解整个机体免疫状况。在组织学水平，白细胞可根据其显微镜下的形态学特征（如核、颗粒、染色、突起等）分为中性粒细胞、淋巴细胞、单核细胞、嗜酸性粒细胞、嗜碱性粒细胞等不同成分。各类白细胞的正常值及其具有的防御保护作用见表9-2。

表9-2　白细胞及其分类正常参考范围与功能

细胞	正常值（%）	正常值（$\times10^9$/L）	主要功能
白细胞		4～11	
中性粒细胞	60～70	2.4～7.1	杀伤细菌、真菌、病毒
嗜酸性粒细胞	0.1～1	0.01～0.06	参与寄生虫感染免疫反应
嗜碱性粒细胞	1～3	0.04～0.12	参与炎症反应
淋巴细胞	25～35	1.45～3.6	免疫调节、免疫巡视
单核/巨噬细胞	6～10	0.4～1.0	吞噬、抗原提呈

一般来说，新生儿白细胞含量最高，儿童略高于成年人；妊娠5个月至分娩后4～5 d、月经期、饭后、剧烈运动后、寒冷及情绪激动时白细胞数都可增高；下午血液中白细胞比上午时高，这些均称为生理性白细胞增多，但当白细胞处于临界值者，则应注意定时检查。当身体机能下降时，白细胞会增加或降低，例如机体免疫力下降引起急性细菌性感染或炎症；当出现运动损伤甚至创伤时，白细胞数会增加；但某些疾病如伤寒、副伤寒杆菌、结核杆菌等引起的感染、流感、麻疹病毒等引起病毒感染，或营养不良时，白细胞数会减少。

运动也可引起外周血白细胞的数量发生改变。急性运动后机体免疫系统反应的一个重要特征是外周血中白细胞化，包括中性粒细胞、单核细胞、淋巴细胞的外周化，是机体对运动应急的一种炎性反应，其幅度与运动强度和持续时间有关。有研究分别对以有氧代谢供能为主的持续运动、以糖酵解代谢供能和磷酸原代谢供能为主的间歇运动进行观察，三种运动后白细胞总数都增加，但以有氧持续性运动增加最为明显；长期体育锻炼或运动训练对安静状态下的白细胞及分类影响与运动强度的不同有关。一般中等强度的长期锻炼或训练对白细胞计数及其分类的影响不大。但长期进行大强度运动训练，可对白细胞计数及其分类产生影响，如一些耐力性项目（长跑、自行车等），大负荷训练过程中可发生白细胞计数下降，同时伴有过度训练的倾向，但多数在临床正常范围内，此时运动员机体免疫能力下降。在训练中运动员若一旦出现白细胞病理性下降，恢复起来较困难。在项目分布上，病理性下降只在游泳项目中检出率较高。

（二）血糖的检查与运动健康评价

血液中的糖称为血糖，绝大多数情况下都是葡萄糖。血糖是中枢神经系统的基本能源的来源，也是长时间运动时骨骼肌可动用的重要肌外能源物质。处于静息状态的骨骼肌虽然摄取一定量的血糖作为能量代谢的底物，但其量相对较少，而脑组织则几乎完全依赖摄取血糖进行能量代谢，故血糖浓度显著下降时会出现头晕、眼花、注意力不集中的现象，耐力运动引起低血糖时则出现中枢性疲劳。

血糖空腹正常值为4.44～6.66 mmol/L之间，正常情况下均能维持在相对恒定水平。血糖的基本来源是食物糖（主要是淀粉），在长时间运动过程中及在饥饿状态下，肝脏释放葡萄糖是血糖的又一来源。空腹状态人体血糖低于3.8 mmol/L时称为低血糖，高于7.1 mmol/L称为高血糖。当血糖浓度高于8.8 mmol/L时即超过了肾小球的重吸收能力，出现糖尿。

血糖受胰岛素和胰高血糖素的调节，从而维持血糖于一定的稳定水平。但当机体组织对血糖的利用产生障碍或糖的激素调节发生紊乱时，则会出现空腹血糖和餐后血糖的升高，甚至出现糖尿病，故在运动健康检查过程中评价机体糖代谢时，通常检测空腹血糖和餐后血糖两项指标，这两个指标同时也是糖尿病诊断和病情控制监测的指标。空腹血糖又称为基础血糖，其功能主要是维持人体正常生理功能，保证人体的正常活动。基础血糖的控制多受肝脏的调节，如果出现血糖过低，肝脏会将储存的肝糖原分解后释放到血液，确保血糖的稳定。但肝脏储存的肝糖原是有限的，为保证生命活动的需要，人体还必须从自然外界摄入更多的糖原。餐后摄入的食物很快被吸收，形成快速的血糖升高，称为餐后血糖。近年来，国际糖尿病组织根据糖尿病的发生发展情况，拟定了糖尿病的诊断标准，包括空腹血糖损害、糖耐量损害和糖尿病三个阶段（见表9－3）。当机体出现空腹血糖损害和糖耐量损害时，则须采取运动、饮食、健康教育甚至服药的方式进行全面治疗，这个时期进行治疗也是糖尿病治疗的最佳时期。

表9－3　糖尿病的诊断标准

阶段	检测时状态	静脉（全血）	毛细血管	静脉（血浆）
糖尿病	空腹	≥6.1	≥6.1	≥7.0
	服糖后2 h	≥10.0	11.1	≥11.1
糖耐量损害	空腹	<6.1	<6.1	<7.0

续上表

阶段	检测时状态	静脉（全血）	毛细血管	静脉（血浆）
	服糖后 2 h	≥6.7	≥7.8	≥7.8
空腹血糖损害	空腹	>5.6　<6.1	>5.6　<6.1	≥6.1　<7.0
	服糖后 2 h	<6.7	<7.8	<7.8

一般来说，如果空腹血糖的水平高，餐后血糖的水平也是相对升高的。糖尿病患者空腹血糖水平的高低受糖尿病治疗控制状况的影响，如饮食治疗、运动治疗、药物治疗等不规范，比如过分控制饮食，运动量过大，用药量过大时会引起低血糖，之后还会出现低血糖后的高血糖反应。有研究表明，空腹血糖与餐后 30 min 及 1 h、2 h、3 h、4 h 的绝对血糖水平及血糖升幅密切相关，与餐后血糖曲线下的面积相关。除此之外，影响餐后血糖的因素还有很多，受餐后人体胰岛素第一时相的分泌，胰高血糖素的分泌，肌肉、肝脏和脂肪组织胰岛素的敏感性，餐前血糖水平，进食的种类和时间，胃肠道的消化吸收功能等都会对餐后血糖有影响。2 型糖尿病患者由于餐后胰岛素的分泌发生了障碍，胰岛素分泌峰值延迟，并且同时伴有胰高血糖素不下降，肝糖产生及周围组织糖利用异常，导致餐后血糖持续升高。研究表明，餐后血糖升高是糖尿病心血管病变死亡的独立危险因素。严格控制餐后血糖将使血管内皮细胞的结构和功能得到更好地保护，降低心血管并发症的死亡率。

（三）尿酸的检查与运动健康评价

尿酸是嘌呤核苷酸分解代谢的最终产物。体内核苷酸分解代谢类似于食物中核苷酸的消化过程。首先细胞中的核苷酸在核苷酸酶的作用下水解成核苷，核苷经核苷磷酸化酶的作用分解成自由的碱基及 1－磷酸核糖，碱基最终分解代谢即生成尿酸。尿酸主要由肾脏随尿液排出体外。尿酸有两种存在形式，一为烯醇式，一为酮式。烯醇式的尿酸具有酸性，主要以其钾、钠等盐类形式存在于尿中。

健康成人体内尿酸含量约为 1.1 g，其中约 15% 存在于血液中，血液中的尿酸经肾小球过滤后，98% ~100% 在近端肾小管重吸收。世界卫生组织规定，尿酸正常值男性为 149 ~416 μmol/L，女性为 89 ~357 μmol/L。尿酸是血浆中非蛋白氮重要成分之一，当肾小球滤过功能受损时，尿酸即潴留于血中，故血尿酸测定不但对诊断痛风有帮助，而且是诊断肾功能严重受损的敏感指标。血尿酸超过正常值时称为高尿酸血症。37℃、pH 值为 7.4 时血浆尿酸饱和度为 0.38 mmol/L，当血浆尿酸浓度超过 0.38 mmol/L 则易形成结晶物而沉积在人体的关节及周围结缔组织中，导致痛风。尿中尿酸的浓度，在痛风所致的肾损害中发挥重要作用，尿中尿酸浓度的增高会损害肾小管和肾间质，也使肾结石易于形成。

血尿酸增高主要见于痛风，但少数痛风患者在痛风发作时血尿酸测定正常。血尿酸增高无痛风发作者为高尿酸血症。在肾功能减退时，常伴有血清尿酸增高，常发生于肾脏疾病如急慢性肾炎，其他肾脏疾病的晚期如肾结核、肾盂肾炎、肾盂积水等疾病中。此外，食用海鲜等富含核酸的食物等，均可引起血中尿酸含量增高。激烈的运动也会引起血中尿酸增加，因此，高尿酸血症患者如盲目进行体育锻炼，将会得到相反的结果。

一般高尿酸血症患者宜参加全身性的、有节奏的放松活动，运动强度保持在30%～40% VO_2max、20～40 min之间的运动比较合适。

值得注意的是，一般制订尿酸的正常参考值，是以一群人的血中尿酸平均值加上两个标准差为上限，大约有10%的人会尿酸偏高，但这只是一种生化上的异常，不能与痛风混为一谈。虽说尿酸值越高者，患痛风的概率越大。不过有高达30%左右的病例，在血尿酸值正常的情况下，仍有痛风发作。有时急性痛风关节炎发作后，体内血尿酸的水平可以没有大幅度的变化，这是由于身体在症状出现以后，进行了自我调节，加速了尿酸的排出。例如痛风急性发作时由于肾上腺皮质激素分泌增加可促进尿酸排泄。另外，饮水、利尿和药物应用等因素均可影响血尿酸水平。因此仅有血尿酸的水平增高不能作为诊断痛风标准。但对有高尿酸血症的痛风患者来说，血尿酸的监测对指导治疗具有重要意义。

（四）血脂的检查内容与运动健康评价

血脂是血浆中所含脂类物质的总称，包括胆固醇、甘油三酯、磷脂和游离脂肪酸。血脂的来源有两方面：一为外源性，从食物摄取的脂类经消化吸收进入血液；二是内源性，由肝、脂肪细胞以及其他组织合成后释放入血。由于血浆中的脂类物质有不溶于水的特性，血浆中的甘油三酯、磷脂、胆固醇等与载脂蛋白以不同比例结合，共同构成各种不同密度大小的脂蛋白（见表9－4），包括乳糜微粒（CM）、极低密度脂蛋白（VLDL）、低密度脂蛋白（LDL）和高密度脂蛋白（HDL），血浆脂蛋白是血脂的运输形式。脂蛋白中的蛋白质部分称为载脂蛋白，现发现的载脂蛋白有10多种，其主要有apoA、apoB、apoC、apoD、apoE五类。某些载脂蛋白除脂肪外，还有一些特殊的功能，如apoA1能激活卵磷脂胆固醇酰基转移酶（LCAT），apoC能激活脂蛋白脂肪酶（LDL）。CM和VLDL中含甘油三酯较多，胆固醇很少。CM是外源性脂肪的主要运输形式，而VLDL是内源性脂肪的主要运输形式。LDL和HDL含甘油三酯较少，但胆固醇和磷脂的含量较高。LDL可将肝合成的内源性胆固醇转运至外周组织，并调节胆固醇的合成。HDL是肝合成的密度较高、颗粒较小的脂蛋白，因蛋白质与脂质含量不同，又分为 HDL_2 和 HDL_3，其主要功能是完成胆固醇的逆向转运，把外周组织的游离胆固醇转运至肝脏得到清除，从而减少血液中胆固醇的含量。

表9－4 血浆脂蛋白的分类、密度、大小、含量及功能

电泳分类法命名	密度分类法命名	符号	密度 g/cm^3	颗粒直径（mμm）	平均空腹血浆含量（mg/dL）		功能
					男	女	
乳糜微粒	乳糜微粒	CM	<0.96	80～500	少量	少量	运输外源性脂肪
前β－脂蛋白	极低密度脂蛋白	VLDL	0.96～1.006	25～80	150	87	运输内源性甘油三酯
β－脂蛋白	低密度脂蛋白	LDL	1.006～1.063	20～25	458	422	转运内源性胆固醇到血液

续上表

电泳分类法命名	密度分类法命名	符号	密度 g/cm³	颗粒直径（mμm）	平均空腹血浆含量（mg/dL）		功能
					男	女	
α－脂蛋白	高密度脂蛋白	HDL	1.063～1.210	6.5～9.5	241	345	转运外源性胆固醇到肝脏

通常在健康检查时，血脂的检查指标包括游离脂肪酸（FFA）、甘油三酯（TG）、总胆固醇（TC）、高密度脂蛋白（HDL－C）、低密度脂蛋白（LDL－C）、载脂蛋白A1（apoA1）和载脂蛋白B（apoB）等。检测血脂时，要求受试者在空腹状态下或在禁食8～12 h后进行检测，以避免进食对血脂浓度造成的影响。摄取高脂膳食时，血浆甘油三酯在餐后2～4 h达最高，6～8 h恢复至饭前水平；而总胆固醇、LDL－C和HDL－C受饮食影响较小。血清TC、LDL－C和HDL－C水平与心血管病危险性息息相关，且与年龄关系密切（见表9－5），通常可通过血脂各项检查进行综合评价（见表9－6）。

表9－5　不同年龄阶段血清TC、LDL－C和HDL－C水平与心血管病危险性的关系

项目		20～29岁			30～39岁			>40岁		
危险度		中度	高度	冠心病危险	中度	高度	冠心病危险	中度	高度	冠心病危险
TC（mmol/L）		>5.17	>5.69		>5.69	>6.21		>6.21	>6.72	
LDL-C（mmol/L）		>3.36	>3.88		>3.38	>4.39		>4.14	>4.65	
HDL-C（mmol/L）	男			<0.78			<0.75			<0.75
	女			<0.91			<0.91			<0.88

表9－6　血脂检查的综合评价

指　标	参考值	综合评价
总胆固醇（TC）	2.80～5.85 mmol/L	TC≥6.47 mmol/L为高TC血症 TG>2.26 mmol/L为TG血症
甘油三酯（TG）	0.56～1.80 mmol/L	HDL－C<0.1 mmol/L为异常低值，可作为分析个体冠心病危险时考虑的一项指标
高密度脂蛋白胆固醇（HDL－C）	男：>1.45 mmol/L 女：>1.65 mmol/L	对儿童的高脂血症要引起全社会高度关注，对儿童血脂的定期监测应引起足够的重视
低密度脂蛋白胆固醇（LDL－C）	1.34～4.90 mmol/L	血清TC最佳值为<4.4 mmol/L，临界值为4.4～5.1 mmol/L，≥5.2 mmol/L属于高值；血清LDL－C最佳值为<2.8 mmol/L，临界值为2.8～3.3 mmol/L，≥3.3 mmol/L属于高值

甘油三酯（TG）是心血管疾病的危险因素，正常人甘油三酯水平的高低受生活条件的影响，其个体内差异及个体间差异均大于总胆固醇，且随年龄增加而逐渐升高，其成人空腹正常参考值为0.56～1.69 mmol/L。当TG大于4.5 mmol/L（>400 mg/dL）即可诊断为高甘油三酯血症。单纯的高TG血症不是冠心病的独立危险因子，只有伴以高TC、高LDL－C、低HDL－C时才容易导致心血管疾病的发生。

游离脂肪酸（FFA）与TG增多后进入外周组织，使肝脏和肌肉中FFA氧化增加，会抑制糖原分解代谢，同时使肝脏的胰岛素受体减少，从而引起胰岛素抵抗。FFA正常参考值为0.3～0.9 mmol/L。

血清总胆固醇（TC）水平受年龄、性别等的影响。中青年期女性低于男性，50岁以后女性高于男性；长期高脂饮食、高热量饮食可使TC升高；此外，遗传因素、缺少运动、脑力劳动、精神紧张等也可导致总胆固醇升高。高胆固醇血症与动脉粥样硬化的形成有明确关系，降低血清胆固醇可降低冠心病的发病率及粥样斑块的进展。其正常参考值为2.23～5.17 mmol/L。当TC大于6.47 mmol/L（>250 mg/dL）时即可诊断为高胆固醇血症，TC大于7.76 mmol/L（>300 mg/dL）时为严重高胆固醇血症。

高密度脂蛋白（HDL－C）与心血管疾病的发病率和病变程度呈负相关，是降低临床冠心病的先兆，并能阻止动脉粥样硬化的发展。HDL－C或HDL－C/TC比值较TC能更好地预测心脑动脉粥样硬化的危险性。其正常参考值为男0.90～1.45 mmol/L，女1.15～1.68 mmol/L。

低密度脂蛋白（LDL－C）是动脉粥样硬化发生和发展的主要指标和危险因素。其正常参考值为1.3～4.0 mmol/L。

载脂蛋白A1（apoA1）、载脂蛋白B（apoB）可直接反应HDL和LDL的含量。血清apoA1与HDL－C呈明显正相关。但在一些病理状态下apoA1的含量不一定与HDL－C成比例，如冠心病患者、脑血管患者apoA1偏低。血清apoB与LDL－C成显著正相关。所以apoB与LDL－C同时测定有利于判断高脂血症对机体的危害性。载脂蛋白的正常参考值为apoA1 1.00～1.60 g/L；apoB 0.60～1.10 g/L。

二、机能平衡的尿液生化检查评价

尿液是人体检查中最容易获取的体液，取样方便，无损伤，可重复取材，容易被受试者所接受，因此，无论在医学检验还是在运动训练中都得到了广泛的应用。尿液生化指标如尿蛋白、尿潜血和尿肌酐等已广泛应用于健康检查和运动训练中的运动负荷强度、运动员身体机能以及运动训练效果评定等方面。目前，使用较多的是尿常规生化检查。

尿常规生化检查的内容主要包括尿液酸碱度、蛋白质、尿比重、尿糖定性、尿潜血、尿胆原和尿亚硝酸盐以及红细胞、白细胞检查等。所用的检查仪器主要是尿八（十）项分析仪和显微镜进行镜下观察。尿液常规检查是健康体检的重要项目，它不仅可反映泌尿系统疾病，对糖尿病、黄疸肝炎、胆道梗阻等多种疾病的筛选也有重要意义。

（一）尿蛋白（PRO）

正常尿常规检查一般无蛋白，或仅有微量，检查时呈现尿蛋白阴性。尿蛋白增多并持续出现多见于肾脏疾病；发热以及妊娠期也会出现尿蛋白；身体机能下降时，尿蛋白的排出量也随着增加。进行大强度剧烈运动后尿蛋白的含量也会增加，且运动强度越大，尿蛋白升高越明显。运动性尿蛋白在运动后 15 ~ 20 min 排出量达到最高峰，但休息 4 h 以后会自行恢复到正常，故尿中有蛋白时需追踪观察，以便明确引起尿蛋白增加的原因。如果运动后发现尿蛋白较高且长时间不恢复，则考虑过度疲劳或病理性蛋白尿的可能，需要继续观察给予鉴别。

（二）尿糖（GLU）

正常情况下尿糖为微量，定性检查呈阴性。尿糖阳性要结合临床身体状况分析，可能是糖尿病，也可能是因肾糖阈降低所致的肾性糖尿，应结合血糖检测及相关检查结果明确诊断。由于尿中维生素 C 和阿司匹林能影响尿糖结果，故查尿糖前 24 h 要停服维生素 C 和阿司匹林。运动也可影响尿糖水平，当短时间大强度运动时肾上腺素等应激激素分泌增加，糖原分解增多使血糖升高超过肾糖阈时，尿液中也会出现尿糖。

（三）尿红细胞（RBC）

正常人尿中可偶见红细胞，离心沉淀后每高倍镜视野不超过 3 个。每个高倍显微镜视野下，尿液红细胞超过 5 个以上，称为镜下血尿；大量红细胞时，称“肉眼血尿”，可见于泌尿系统炎症、感染、结石、肿瘤等，高原训练及大强度运动引起身体机能下降时也可能出现血尿，应加重视，需立即到泌尿专科进一步检查，以明确引起血尿的部位和原因。

（四）尿白细胞（WBC）

正常人尿中有少数白细胞存在，离心尿每高倍镜视野不超过 5 个。每个高倍显微镜视野下，尿液白细胞超过 5 个以上，称白细胞尿，大量白细胞时，称脓尿，它表示尿路感染，如肾盂肾炎、膀胱炎、尿道炎等。

（五）尿潜血（BLD）

正常情况下尿潜血试验阴性。尿潜血阳性同时有尿蛋白者，首先考虑肾脏疾病和出血性疾病，可进一步做肾功能检查；如尿蛋白阴性应到有关专科查明出血部位和性质。此外，在高原训练及大负荷运动期间，也可出现尿中蛋白质排出量增加及尿潜血的现象，此时必须多休息并跟踪观察尿潜血和尿蛋白的变化情况。需要注意的是，若检查到女性受试者尿潜血强阳性，则要询问受试者的月经情况，以排除月经期引起的假阳性可能。

（六）尿胆原（URO）、尿胆红素（BIL）

正常情况下尿胆原微量或“ + ”“ - ”，胆红素阴性。尿胆原和尿胆红素阳性，多提示有黄疸存在，有助于黄疸的诊断和鉴别诊断。

（七）尿亚硝酸盐（NIT）

尿亚硝酸盐主要用于尿路感染的过筛试验。新鲜尿的亚硝酸盐呈阴性，如标本放置时间过久或有细菌生长繁殖可呈假阳性。

（八）尿酮体定性（KET）

正常情况下尿酮体定性检查呈阴性。妊娠剧吐、长期饥饿、营养不良、剧烈运动后也可呈阳性反应，其原因可能为血糖降低后引起脂肪大量分解代谢，从而造成血酮体升高继而从尿液排出体外。糖尿病患者严重低血糖时，易导致酮体大量生成使尿酮体呈强阳性，从而会引起糖尿病性酮症酸中毒。低糖饮食或长时间大强度运动时，脂肪代谢增加，其不完全代谢产物酮体生成也会增多，因而此时尿酮体也会呈现阳性。

（九）酸碱度

尿 pH 值一般介于 5.4 ~ 8.4 之间，正常尿常为弱酸性，也可为中性或弱碱性，尿的酸碱度在很大程度上取决于饮食种类、运动方式、服用的药物及疾病类型。肉食者及大强度运动如力量和速度运动后尿液多为酸性，食用蔬菜、水果等可致尿液呈碱性，酸中毒及服用氯化铵等酸性药物可呈酸性。

（十）尿比重

尿液的比重在 1.015 ~ 1.025 之间，婴幼儿的尿比重偏低。尿比重受年龄、饮水量和出汗量的影响。尿比重的高低，主要取决于肾脏的浓缩功能，故测定尿比重可作为肾功能试验之一。

需要注意的是，健康机能检测时留取尿液标本进行尿常规检查一般应尽量采用新鲜晨尿，因为夜间饮水较少，肾脏排到尿液中的多种成分都储存在膀胱内并进行浓缩，易于查到，提高阳性检出率；留取随意尿液时应留取中段尿，取尿液不少于 10 mL。若是女性，留取尿标本时则要避开女性月经期，以防止阴道分泌物混入尿液中，影响检查结果。在运动后留取尿液的时间则需根据检查目的来确定，如评定体育锻炼的运动负荷强度时需要在运动后 15 ~ 20 min 留取中段尿；评定运动后身体恢复情况或身体机能时则需留取运动后 4 h 尿液或第二天晨尿进行检测。

第三节　健康体适能的生化评价

健康体适能是指健康人体各器官系统的机能在体育活动中表现出来的能力，包括力量、速度、灵敏、耐力和柔韧等基本的身体素质与人体的基本活动能力（如走、跑、跳、投掷、攀登和支撑等）。在日常的体育锻炼及运动训练过程中，适宜的运动负荷的刺激会使机体产生一系列适应性变化，表现为健康体适能和运动能力的提高。健康体适能的提高可通过普通的身体素质测试及比赛时的运动成绩得到检验。然而，由于身体素质的测试及运动成绩会受到动作技术及其他因素的影响，因此测试时难免会产生误差，不能客观真实地反映健康体适能水平。运动生化从分子水平上探讨人体对运动产生的适应，所以采用运动生化指标评价健康体适能是行之有效的方法。下面介绍健康体适能中的力量素质、速度耐力素质和有氧耐力素质的生化评价方法。

一、力量、速度素质的生化评价

从运动生物化学观点出发，肌肉力量主要取决于肌肉收缩蛋白的数量和性能，肌肉中的收缩蛋白，常指肌肉中的肌球蛋白和肌动蛋白以及两者相互结合时合成的肌球—肌动蛋白复合体，在 ATP 的参与下，肌球蛋白与肌动蛋白不断地进行结合与解离，从而完成肌肉的收缩与舒张，因此 ATP 是肌肉工作时唯一的直接能源物质。从能量代谢的角度分析，力量与速度的能量来源主要是 ATP 和磷酸肌酸，即属磷酸原供能类型，故力量素质的生化评价主要是测定全身肌肉中 ATP 和磷酸肌酸的含量以及 ATP 酶、肌酸激酶等的活性。直接测定肌肉中的 ATP、磷酸肌酸的方法虽多，如肌肉活检法、核磁共振法等，但由于或是方法复杂，或是经费昂贵，或是被测试者难接受，故较少用。目前，评定磷酸原供能系统的常见方法是尿肌酐系数测定、血乳酸评定法、30 m 冲刺法等间接方法。

（一）尿肌酐评定法

磷酸肌酸是体内高能磷酸化合物的贮存库，其储量与速度、力量素质密切相关。磷酸肌酸在体内可以自行分解，失去磷酸后进一步代谢生成肌酐，后者经肾从尿中排出，即为尿肌酐。尿肌酐是磷酸肌酸的代谢产物，测定尿肌酐也可间接了解体内磷酸肌酸的含量。在运动机能的生化评价中，常间接通过尿肌酐来评价人体的力量与速度素质。

1. 尿肌酐的测试

在测定尿肌酐时，最好收集 24 h 尿，并分析全日尿肌酐量，然后根据下列公式求出尿肌酐系数。

$$尿肌酐系数=\frac{全日尿肌酐量（mg）}{体重（kg）}$$

尿肌酐的测定方法虽简单，只需普通的仪器和试剂，且对受试者无任何损伤。然而，测定时需连续收集 3 ~ 5 d 全日尿样，受试者感到活动受限制不堪其烦，往往会漏尿，特别是在大便和洗澡时。因此，收集 24 h 全日尿测定尿肌酐日排出量实际上是简而不便，难以广泛应用。尿肌酐的测定可以采用一段尿推测全日尿肌酐的方法，即通过某一时段的尿肌酐推测全日的尿肌酐的近似方法。使用一段法时，最好应用次晨推测全日尿，因为收集夜间尿比较方便，误差小，晨尿肌酐量与全日尿肌酐量的相关系数也最大。

2. 评价

正常人的尿肌酐系数男子为 18 ~ 32 mg/kg · BW，女子为 10 ~ 25 mg/kg · BW。运动员则在 25 ~ 40 mg/kg · BW 之间，有的甚至高于此最高值。进行不同运动项目的健身锻炼，其尿肌酐系数不同，通常是以力量、速度为主的短跑、举重、投掷运动项目的尿肌酐系数最高。

（二）血乳酸评定法

乳酸是糖无氧酵解的产物，通过测试乳酸就可了解糖无氧酵解的比例。在短时间激烈大强度运动测试时，如受试者乳酸生成速率或量增加，说明此时是以糖无氧代谢占优势，相反则以磷酸原代谢为主。因此，在缺氧状态下运动，乳酸的生成量又可作为区别磷酸原系统和糖无氧系统供能能力的主要指标。一般来说，10 s 左右的极大强度运动，乳酸生成量少，而所做的总功率提高，这是磷酸原代谢能力提高的表现。根据磷酸原供能系统的供能特点，受试者从事短时间激烈运动，乳酸少成绩好，说明磷酸原供能能力强。基于这一原理，血乳酸评定法常包括 10 s 内快速运动评定法、磷酸原商（AQ）评定法和 30 m 冲刺法等三种测试方法。

1. 10 s 内快速运动评定法

（1）方法。一般多采用 30～60 m 跑，也可根据具体运动专项进行。如篮球 10 s 内的 30 m 跑、运球跑、曲线变向跑，羽毛球、乒乓球的多球训练等。测试运动后 3 min 的血乳酸。

（2）评定。用血乳酸评定磷酸原供能能力时，运动后的血乳酸量越少，说明磷酸原供能能力越好。

2. 磷酸原商（AQ）的评定法

（1）方法。受试者在自行车功率计（Monark 测功计等）上做 2～3 min 准备，然后在最大负荷以最大速度运动 15 s，运动负荷约 600 W（100 PRM），但对于运动能力一般的受试者及少年运动员应略减。一般 11～13 岁男少年运动负荷为 400～450 W，14～17 岁男少年为 500 W，而 12～13 岁女少年为 300 W，14～17 岁女少年为 400 W 左右。分别于安静时和运动后第 6 min 测定受试者末梢血乳酸，以运动后 6 min 血乳酸减去运动前血乳酸作为 Δ 血乳酸（单位 mmol/L），并计算 15 s 完成的总功率。AQ 可通过下列公式计算：

$$AQ = \frac{\text{TWP 15 s (kJ)}}{\Delta \text{乳酸 (mmol/L) 15 s}}$$

式中：AQ 表示磷酸原商；TWP 表示 15 s 总功（kJ）；Δ 乳酸表示运动后血乳酸—运动前血乳酸的绝对值。

（2）评定。进行 AQ 测试时，AQ 值越高，说明乳酸生成少，功率输出大，故磷酸原供能能力好。

3. 30 m 冲刺法

（1）方法。在运动场地取安静时血乳酸后，进行 3×30 m 跑，每次间歇 2 min，第三次 30 m 跑后测恢复期第 1 min 血乳酸；休息 5 min 后，再安排一组 4×30 m 跑，每次间歇约 2 min；第 4 次 30 m 跑后测试恢复期 1 min 血乳酸；休息 5 min 后，再进行一组 5×30 m 跑，每次仍间歇 2 min；最后一次 30 m 跑后分别测恢复期第 1、4 min 血乳酸。在所有各次 30 m 跑时，均需记录跑速，即 30 m 跑时间，取数次血乳酸测定中的最高值。

计算：血乳酸增加值 = 血乳酸最高值 - 安静值。

（2）评价。30 m 全力跑是以磷酸原系统为主，如果在测定中跑速快，血乳酸增加值低者，说明磷酸原供能能力强，即力量素质越好。

（3）注意事项。多次 30 m 反复跑的目的是降低肌肉黏滞性，充分动员肌肉中的磷酸原供能系统，并使肌肉生成的乳酸处于稳定状态。30 m 跑中休息间歇应严格掌握在 2 min，间歇时间过短会导致乳酸积累，影响评定效果。此外，要注意把跑速和乳酸值综合考虑后再下结论。

在应用生化方法评定力量素质时，应根据不同项目的特点灵活掌握，并在实践中逐渐积累经验，当前利用血乳酸间接评定力量素质的方法，是一种能在运动场上进行的实用方法。

二、速度耐力素质的生化评价

人体从事短时间剧烈运动时，乳酸在肌细胞内不断生成，同时不断地向周围组织扩散，并被其他组织氧化分解。在运动强度不大时，乳酸的生成与分解形成动态平衡，在一定范围内，乳酸生成量越大，运动可持续时间越长；当乳酸的生成大大超过一定范围时，大量乳酸堆积，从而反馈抑制糖无氧酵解酶系，使糖无氧酵解的速度减慢。由于血乳酸的最大浓度受遗传因素的影响较大，所以，每个人产生血乳酸的能力不同，对最大乳酸的耐受力也不同。在最大强度运动中，产生较多的血乳酸说明其通过糖酵解合成ATP的能力强，无氧耐力好。可见，血乳酸的最大浓度直接影响运动员的速度耐力素质，是糖无氧酵解系统供能能力的具体表现。目前直接评定糖酵解的供能能力尚无较满意的方法。由于糖酵解的终产物为乳酸，因此，多采用产物血乳酸的浓度来进行间接评定素质，其评价方法有乳酸能商（LQ）评定法、实验室负荷法和400 m全力跑血乳酸评定法。

（一）乳酸能商（LQ）评定法

（1）方法。受试者在自行车功率计（Monark 测功计等）上做2～3 min准备，然后在最大负荷以最大速度运动45 s，运动负荷约600 W（100 RPM），并记录45 s总功率。分别于安静时和运动后第6 min测定受试者末梢血乳酸，以运动后6 min血乳酸减去运动前血乳酸作为Δ血乳酸（单位mmol/L），并按以下公式计算：

$$LQ = \frac{\text{TWP 45 s（kJ）}}{\Delta\text{乳酸（mmol/L）45 s}}$$

式中：LQ表示乳酸能商；TWP45 s表示为45 s运动的总功率；Δ乳酸表示运动后血乳酸—运动前血乳酸的绝对值。

（2）评价。进行LQ测试时，如果LQ值越高，且45 s所做的总功率越高，说明其速度耐力素质越好。

（二）实验室负荷法

（1）方法。人为地设计一种最大运动负荷实验，以求最大限度地刺激乳酸的生成，并测试出最大乳酸浓度。一般常采用跑台法和功率自行车法，在跑台法中，让受试者以一定的坡度（男7.5%，女5%），一定的速度（男22 km/h，女20 km/h）跑步，全力运动到筋疲力尽，分别于运动前与运动后即刻和第3、5、7、9 min测定末梢血乳酸值。

（2）评价。如果受试者跑的时间越长，产生的乳酸峰值越高，其无氧耐力越好。功率自行车也与跑台法相似，要求受试者在功率自行车上尽全力运动，前后记录平均功率值与运动前后血乳酸最大浓度。如果在30～45 s极限运动中完成的功率高，乳酸峰值大，说明其无氧酵解能力好，速度耐力好。

（三）400 m全力跑血乳酸评定法

（1）方法。受试者在田径场跑道上全力跑400 m，由于全力跑400 m时机体的供能方式主要是以糖无氧酵解供能为主，在400 m全力跑时机体的糖无氧酵解速率可达最高峰，故可通过测定受试者跑后的血乳酸值来评定其糖酵解供能能力。测试的具体程序为：①取安静时血乳酸；②做准备活动；③全力跑400 m，记录成绩；④运动后第3、6、9 min取血测定血乳酸值。

（2）评价。一般来说，全力跑400 m后3 ~ 9 min，运动后的血乳酸可达高峰，如果所测得的血乳酸最高值在14 ~ 18 mmol/L左右，说明该运动员的供能能力好；相反，如果在10 mmol/L左右，则说明其乳酸能供能能力差。此外，在阶段性运动效果评定中，在采用血乳酸来评定运动员的乳酸能供能能力时，应结合运动成绩来进行评定。如果400 m全力跑后，血乳酸水平提高，成绩也提高，这说明受试者的乳酸能供能能力提高；如果血乳酸仍为原来水平，而运动成绩提高，这说明受试者速度素质水平提高，而且有一定的潜力；如果血乳酸不变或下降，而运动成绩下降，这是受试者机能水平下降的表现。

三、有氧耐力素质的生化评价

耐力素质是长时间进行运动的能力的大小。有氧代谢供能是机体长时间运动时主要的供能方式，其供能能力的高低决定了长时间运动项目的运动能力。在长时间耐力运动中，机体的氧气供应充足，肌肉收缩所需的能量主要来源于糖、脂肪和蛋白质等能源物质的有氧氧化，运动后的乳酸升高不大；如果升高多了就说明无氧酵解参与供能的比例增多，有氧氧化供能比例下降。在同一强度运动，如果运动后乳酸增高值少，可说明其有氧代谢供能能力好；反之，其有氧代谢供能能力差。所以，从物质代谢出发，还是较多采用运动时或运动后乳酸的变化来评定有氧代谢供能能力，通常评定耐力素质的方法有乳酸阈评定法、最大乳酸稳态评定法和12 min运动评定法。

（一）乳酸阈评定法

1. *方法*

乳酸阈是根据血乳酸浓度随运动强度而变化的特点而提出的。乳酸阈的测定方法很多，但不论哪种方法，均以乳酸—功率曲线为原理，即采用逐级递增负荷方法。用逐级递增负荷方法测定乳酸阈，包括场地和测功器的选择、运动负荷的设置及求出乳酸阈等。

（1）场地和测功器的选择。要使乳酸阈能客观反映运动专项特点，最好是选择运动场（田径场或游泳池），但由于运动场的运动负荷很难控制和计算。所以，更多的情况是在实验室中进行。在实验室中测乳酸阈，也应选择适应于运动专项的运动方式的测功器，如径赛运动员用跑台、自行车；速滑运动员用自行车功率计；赛艇运动员用划船；投掷运动员用手摇测功器等。

（2）运动负荷的制订。运动负荷常包括起始负荷、递增负荷（级差）、每次负荷的持续时间和间歇时间等。起始负荷主要取决于运动员的年龄、性别及训练水平等。如在跑台上运动，无训练者的起始负荷应为2.5 m/s（9.0 km/h），中等训练水平的男子和具有高度耐力训练的女运动员为3.0 m/s（10.8 km/h），耐力训练水平很高的男运动员可达3.5 m/s（12.6 km/h）。

递增负荷大小以及持续时间长短的影响也较大，递增负荷过大影响乳酸阈值准确性，递增负荷过小使实验的时间延长，一般不超过7级，常采用3～5级负荷。每级的负荷时间对乳酸阈的影响很大，常为3 min，如持续时间缩短为2 min，达4 mmol/L乳酸时的速度偏快，影响结果的准确性。每次负荷的间歇对乳酸阈的影响较小，因此采血时可边运动边采血，也可暂时停止运动进行采血，一般功率自行车运动需停15 s，跑台实验一般需停30 s。

在运动场上测定时，可采用3级至5级强度跑，如在田径场上可采用5×2400 m跑的方法，跑前受试者进行10 min准备活动，测试中由教练员用口令调整跑速，使受试者尽快达到匀速跑。每组跑后第2 min末取血，按血乳酸值与运动速度作图，求出乳酸阈跑速来评定有氧代谢能力。在游泳项目中，也同样采用递增强度的负荷方法。

（3）取血样。在安静跑台上以及每次负荷后即刻准确取耳血或指尖血20 μL，分析血乳酸浓度。

（4）绘制血乳酸—功率（速率）曲线。以功率为横坐标，血乳酸浓度为纵坐标，把各负荷后的血乳酸值在相应点上标记，并连成一条曲线，对应于4 mmol/L血乳酸浓度的功率值为乳酸阈功率（速率）。

（5）个体乳酸阈的提出与测定。多年来，许多研究者都习惯用4 mmol/L乳酸浓度作为乳酸阈的乳酸浓度。4 mmol/L血乳酸所对应的强度或功率作为乳酸阈强度或功率。然而，许多事实证明，对于不同项目和不同的受试者或运动员个体，相同受试者或运动员个体不同的运动训练阶段，这种乳酸阈值是会变动的，称为个体乳酸阈，个体乳酸阈值变化范围为2.0～7.5 mmol/L。

个体乳酸阈的测定，不仅可用于诊断不同受试者个体有氧代谢能力的差异与优劣，更重要的是可以定量的根据不同受试者的具体情况，提供相应的有氧耐力训练的训练计划，根据个体乳酸阈选择最佳的训练强度，为科学训练提供理论依据。此外还可根据个体乳酸阈的变化，科学地评定耐力训练效果。可见，个体乳酸阈在运动实践中的应用越来越广泛。

2. 评价

乳酸浓度不仅仅用于评定糖无氧酵解供能能力，有时更多用于评定运动员的有氧代谢供能能力，很多研究结果表明，乳酸阈和个体乳酸阈是评定有氧代谢供能能力的主要方法。

一般来说，随着耐力水平的提高，功率（或跑、游速度）增大。如果血乳酸不增加，而速度却增快，说明受试者或运动员的有氧耐力能力明显提高；假如血乳酸增加了，而速度反而减慢，说明受试者或运动员的有氧耐力能力下降；假如乳酸阈徘徊或无位移则是耐力运动能力无改善。

（二）最大乳酸稳态评定法

最大乳酸稳态（MLSS）这一概念在1985年由Heck提出后，已有多名研究者对其进行了研究。1993年Tegtbur将最大乳酸稳态定义为“在恒定负荷运动中，除了运动开始短暂的变化外，血乳酸长时间不再增加的最大运动强度”。换句话说，最大乳酸稳态时的强度，代表着乳酸转运进入血液与乳酸被转运出血液达到平衡的最大强度。最大乳酸稳态主要用于评定氧转运系统的适应性和专项耐力运动的能力，是监测耐力训练效果和评定机能的灵敏手段之一。

1. 方法

测试时无须运动达到力竭程度，受试者或运动员在训练前后均接受最大乳酸稳态试验。使机体在恒定负荷运动中，除了运动开始短暂的变化外，血乳酸长时间不再增加的最大运动强度为有氧代谢强度。测试运动后血乳酸和心率的变化情况。

2. 评定

训练后稳态试验时血乳酸和心率明显下降，表示受试者有氧代谢能力改善。研究证实，跑台和功率车测试中，乳酸阈（4 mmol/L）及个体乳酸阈与最大乳酸稳态负荷的均值相一致。但也有报道，在划船测功器测试中，乳酸阈（4 mmol/L）及个体乳酸阈的负荷及乳酸均明显高于最大乳酸稳态负荷。

（三）自行车功率评定法

1. 方法

让运动员在自行车功率计上完成 10 min 运动，根据运动后血乳酸变化来评定其代谢机能。

2. 评定

10 min 自行车运动，主要是有氧代谢供能（占 85% ~90%），故血乳酸越低，说明受试者有氧耐力机能水平越高。根据 10 min 自行车运动后血乳酸的变化，可将耐力运动机能分为五个等级进行评定（见表 9 –7）。

表 9 –7 在自行车功率计上运动 10 min 后血乳酸浓度及有氧耐力机能评定

指标	安静	休息 10 min 后进行测定和评定				
		优秀	很好	好	及格	不及格
血乳酸（mmol/L）	2	<3	4 ~5	6 ~7	8 ~10	11 ~15

（四）12 min 运动评定法

12 min 跑是一种强度低、运动时间长的有氧耐力练习，是目前测定有氧耐力最常用的方法。依据 12 min 跑的成绩，不同年龄、性别和级别的等级评价标准，可对受试者或运动员进行耐力水平评估。

1. 方法

先测定安静时血乳酸值，然后让受试者做准备活动后进行 12 min 跑，记录 12 min 的最大跑距和跑后第 3、5、10、15 min 的血乳酸。用跑距和血乳酸值综合评定。

2. 评定

跑的距离长，跑后血乳酸消除速度快，是有氧代谢能力强、机能状态好的表现；跑的距离短，跑后血乳酸消除速度慢，是有氧代谢能力差、训练水平低的表现。

总之，关于代谢供能系统供能能力的评定，除采用上述常用的方法外，更应根据专项特点和运动能力的要求，选择适合发展专项供能代谢的方法，才能获得更佳的效果。

本章小结

健康体适能的生化评价包括机能代谢平衡的评价和健康体适能的评价两方面。从生化角度来说，机能代谢平衡可从人体的血液生化指标和尿液生化指标来评价；健康体适能可从力量、速度以及耐力运动时代谢供能系统的供能能力进行评价。

机能代谢平衡的评价可通过血常规、血糖、血尿酸、血脂等指标进行评价。血常规的评价测定的指标为红细胞计数、血红蛋白含量、白细胞及其分类计数等，其中红细胞反映健康机体运输氧气的能力和身体机能状态，白细胞反映机体的非特异性免疫功能的情况；血糖是中枢神经系统的基本能源，也是长时间运动时骨骼肌可动用的重要肌外能源，空腹正常值为4.44～6.66 mmol/L之间，空腹血糖低于3.8 mmol/L时为低血糖，高于7.1 mmol/L为高血糖；尿酸是嘌呤核苷酸分解代谢的最终产物，血尿酸增高无痛风发作者为高尿酸血症，激烈的运动也会引起血中尿酸增加，高尿酸血症患者如果盲目进行体育锻炼将会适得其反；血脂是血浆中所含脂类物质的总称，包括胆固醇、甘油三酯、磷脂和游离脂肪酸，包括外源性和内源性两方面，健康机能检查中常检测乳糜微粒（CM）、极低密度脂蛋白（VLDL）、低密度脂蛋白（LDL）和高密度脂蛋白（HDL）、游离脂肪酸、总胆固醇等；尿常规生化检查的内容主要包括尿液酸碱度、蛋白质、尿比重、尿糖定性、尿潜血、尿胆原和尿亚硝酸盐以及红细胞、白细胞检查等，其中尿蛋白、尿潜血和尿肌酐等已广泛应用于健康检查和运动训练中运动负荷强度、运动员身体机能以及运动训练效果评定等方面。

健康体适能是指健康人体各器官系统的机能在体育活动中表现出来的能力，包括力量、速度、灵敏、耐力和柔韧等基本的身体素质与人体的基本活动能力。从生化角度来讲力量素质、速度素质和有氧耐力素质分别取决于磷酸原供能系统、糖酵解供能系统和有氧代谢供能系统的供能能力。其中评定磷酸原供能系统的常见方法有尿肌酐系数测定、血乳酸评定法、30 m冲刺法等；速度素质的生化评价多采用产物血乳酸的浓度来进行间接评定素质，其评价方法有乳酸能商（LQ）评定法、实验室负荷法和400 m全力跑血乳酸评定法；有氧代谢供能能力即耐力素质的评定方法有乳酸阈评定法、最大乳酸稳态评定法和12 min运动评定法。

思考与练习

1. 血常规测试主要包括哪些指标？并简述其在健康中的重要作用。
2. 体内脂类的存在形式有哪几种？试说明其作用及对健康的影响。
3. 尿十项分析是测试尿液中的哪些指标？其变化与机体哪些健康问题有关？
4. 评定力量素质的方法有哪些？并简述其测试及评定方法。
5. 评定速度素质的方法有哪些？并简述其测试及评定方法。
6. 评定有氧耐力素质的方法有哪些？并简述其测试及评定方法。

参考文献

[1] 林文弢. 运动生物化学 [M]. 北京：人民体育出版社，2009.

[2] 谢敏豪，林文弢，冯炜权. 运动生物化学 [M]. 北京：人民体育出版社，2008.

[3] 冯炜权，谢敏豪，王香生，等. 运动生物化学研究进展 [M]. 北京：北京体育大学出版社，2006.

[4] 冯美云. 运动生物化学 [M]. 北京：人民体育出版社，1999.

[5] 王镜岩，朱圣庚，徐长法. 生物化学 [M]. 3 版. 北京：高等教育出版社，2002.

[6] 周爱儒. 生物化学 [M]. 6 版. 北京：人民卫生出版社，2005.

[7] 朱明德. 现代临床生物化学 [M]. 上海：上海医科大学出版社，1996.

[8] 冯炜权. 运动生物化学原理 [M]. 北京：北京体育大学出版社，1995.

[9] 许豪文. 运动生物化学概论 [M]. 北京：高等教育出版社，2000.

[10] HOFFMAN J. Physiological aspects of sports training and performance [M]. Champaign：Human Kinetics，2002.

[11] 马军，冯宁，等. 儿童青少年身体脂肪含量和非脂体重的变化分析 [J]. 首都公共卫生，2007，1 (1)：17－24.

[12] 林文弢. 运动生物化学 [M]. 北京：人民体育出版社，1999.

[13] 张洪渊. 生物化学原理 [M]. 北京：科学出版社，2006.

[14] 张蕴琨，丁树哲. 运动生物化学 [M]. 北京：高等教育出版社，2006.

[15] 许豪文. 运动生物化学概论 [M]. 北京：高等教育出版社，2001.

[16] 张迺蘅. 生物化学 [M]. 北京：北京医科大学出版社，1999.

[17] CORBIN C B，WELK G J，CORBIN W R，et al. Concepts of physical fitness：active lifestyles for wellness [M]. 14th ed. New York：The McGraw－Hill Companies，2008.

[18] BOUCHARD C，HOFFMAN E P. Genetic and molecular aspects of sport performance [M]. Oxford：Blackwell Publishing Ltd，2011.

[19] BAKER J S，MCCORMICK M C，ROBERGS R A. Interaction among skeletal muscle metabolic energy systems during intense exercise [J]. Journal of nutrition and metabolism，2010：905612.

［20］吴向军．提高无氧糖酵解训练与自行车短距离运动成绩的关系［J］．山西体育科技，1997，19（3）：22－26.

［21］李之俊．优秀短距离自行车运动员无氧代谢能力特征研究［J］．体育科学，2005，25（12）：28－31.

［22］邱俊强．女子手球运动员无氧耐力的监控与评定［J］．中国体育科技，2006，42（4）：50－52.

［23］国家体育总局．运动健身指南［M］．北京：人民体育出版社，2011.

［24］国家体育总局．运动健身的能量消耗［M］．北京：人民体育出版社，2013.

［25］田野，陆一帆，赵杰修，等．国民运动健身科学指导系统研究与建立［J］．体育科学，2010，30（2）：3－10.

［26］蒋子乐，郑莹莹．运动健身中的疲劳及营养补充策略研究［J］．科技与企业，2014（23）：136.

［27］王志勇，张生芳，唐光旭．大学生运动健康与风险管理研究［J］．安徽体育科技，2013，34（4）：58－62.

［28］王健，何玉秀．健康体适能［M］．北京：高等教育出版社，2010.

［29］罗伊曼．ACSM'S 健康与体适能证照检定要点回顾［M］．台北：品度出版社，2006.

［30］MAUGHAN R J. The encyclopaedia of sports medicine：an IOC medical commission publication，sports nutrition［M］. New Jersey：John Wiley & Sons Inc.，2013.

［31］MOUGIOS V. Exercise biochemistry［M］. Champaign：Human Kinetics. 2006.

［32］MANORE M，MEYER N L，THOMPSON J. Sport nutrition for health and performance［M］. Champaign：Human Kinetics，2009.

［33］冯炜权．运动后恢复过程规律的生化研究进展［J］．沈阳体育学院学报，2004，23（1）：4－7.

［34］王自勉．人体组成学［M］．北京：高等教育出版社，2008.

［35］BENARDOT D. Advanced sports nutrition［M］. Champaign：Human Kinetics，2012.

［36］陈瑗．自由基与衰老［M］．北京：人民卫生出版社，2011.

［37］乔玉成．健身运动抗衰老机制研究［M］．太原：山西科学技术出版社，2007.

［38］刘学礼．挑战衰老［M］．上海：上海人民出版社，2002.

［39］冯美云．运动抗衰老的机理研究［J］．健康指南，2000（3）：7.

［40］杨则宜．生命在于运动和营养［M］．北京：北京体育大学出版社，2006.

［41］孙立娟，张勇，刘健康．运动与衰老：线粒体功能和氧化还原的调控［J］．生理科学进展，2014，45（5）：321.

［42］胡明曦，张栩，陈畅．细胞氧化还原调控与衰老［J］．生物化学与生物物理进展，2014，41（3）：289.

［43］孟思进．衰老性肌萎缩的运动干预及其机理实验研究［D］．武汉：华中科技大学，2010.

［44］BROWN A B，MCCARTNEY N，SALE D G. Positive adaptations to weight-lifting training in the elderly［J］. Journal of applied physiology，1990，69（5）：1 725－1 733.

[45] HECKMAN G A, MCKELVIE R S. Cardiovascular aging and exercise in healthy older adults [J]. Clinical journal of sport medicine, 2008, 18 (6): 479 -485.

[46] PETERSON M D, RHEA M R, SEN A, et al. Resistance exercise for muscular strength in older adults: a meta-analysis [J]. Ageing research review, 2010, 9 (3): 226 - 237.

[47] OLOMIO S, ERMOLAO A, LALLI A, et al. The effect of a multicomponent dual-modality exercise program targeting osteoporosis on bone health status and physical function capacity of postmenopausal women [J]. Journal of women & aging, 2010, 22 (4): 241 - 254.

[48] 陆再英，钟南山. 内科学 [M]. 北京：人民卫生出版社，2008.

[49] 荣湘江，姚鸿恩. 体育康复学 [M]. 北京：人民体育出版社，2008.

[50] 王建枝，殷莲华. 病理生理学 [M]. 北京：人民卫生出版社，2013.

[51] 陈国伟. 高级临床内科学 [M]. 长沙：中南大学出版社，2002.

[52] 纪树荣. 运动疗法技术学 [M]. 北京：华夏出版社，2011.

[53] 黄晓琳，燕铁斌. 康复医学 [M]. 北京：人民卫生出版社，2013.

[54] 中华医学会糖尿病学分会. 中国2型糖尿病防治指南（2013年版）[J]. 中国糖尿病杂志，2014，22 (8)：2 -42.

[55] 中国成人血脂异常防治指南制订联合委员会. 中国成人血脂异常防治指南 [J]. 中华心血管病杂志，2007，35 (5)：1 -30.

[56] 中国高血压防治指南修订委员会. 中国高血压防治指南2010 [J]. 中华高血压杂志，2011，19 (8)：701 -743.

[57] 杨毅，沈剑英，王晓岭. 关于有氧运动改善中年女性体成分、形态、肥胖度的研究 [J]. 运动竞赛，2010 (1)：44 -45.

[58] 冯连世，冯美云，冯炜权. 优秀运动员身体机能评定方法 [M]. 北京：人民体育出版社，2003.

[59] 冯连世，李开刚. 运动员机能评定常用生理生化指标测试方法及其应用 [M]. 北京：人民体育出版社，2002.

[60] 刘成玉，罗春丽. 临床检验基础 [M]. 5版. 北京：人民卫生出版社，2012.

[61] 府伟灵，徐克前. 临床生物化学检验 [M]. 5版. 北京：人民卫生出版社，2012.

[62] MADER A. Evaluation of the endurance performance of marathon runners and theoretical analysis of test results [J]. Journal of sports medicine and physical fitness, 1991, 31 (1): 1 -19.